PLUTARCH

Alexander

Caesar

ÜBERSETZT UND HERAUSGEGEBEN
VON MARION GIEBEL

PHILIPP RECLAM JUN. STUTTGART

Universal-Bibliothek Nr. 2495[3]
Alle Rechte vorbehalten. © Philipp Reclam jun. Stuttgart 1980
Herstellung: Reclam Stuttgart. Printed in Germany 1980
ISBN 3-15-002495-1

Alexander

1. Das Leben des Königs Alexander und das des Caesar, der den Pompeius gestürzt hat, möchte ich in diesem Buch darstellen, und wegen der Fülle des vorliegenden Materials will ich nichts weiter vorausschicken als die Bitte an meine Leser, es mir nicht übelzunehmen, wenn ich die Ruhmestaten nicht sämtlich eine nach der anderen ausführlich darstelle, sondern das meiste nur kurz streife. Denn ich bin nicht Geschichtsschreiber, sondern Biograph, und es sind durchaus nicht immer die großen Heldentaten, in denen sich die Tüchtigkeit oder die Verworfenheit offenbart. Oft sagt ein unbedeutender Vorfall, ein Ausspruch oder ein Scherz mehr über den Charakter eines Menschen aus als die blutigsten Schlachten, die größten Heeresaufgebote und die Belagerungen von Städten.

Die Porträtmaler suchen die Ähnlichkeit aus dem Gesicht und den Zügen um die Augen zu gewinnen, in denen sich der Charakter darstellt, und schenken den übrigen Körperteilen weniger Aufmerksamkeit. In entsprechender Weise muß man es auch mir gestatten, daß ich mich mehr mit den kennzeichnenden seelischen Zügen befasse und daraus das Lebensbild eines jeden zeichne. Die großen Heldentaten und die Schlachten aber überlasse ich anderen.

2. Alexander stammte väterlicherseits durch Karanos von Herakles ab, mütterlicherseits durch Neoptolemos von Aiakos,[1] dies gilt als sicher bezeugt. Philipp, so wird erzählt, wurde mit Olympias zusammen in Samothrake in die Mysterien eingeweiht. Er war selber noch ein sehr junger Mann und sie noch ein Kind, eine Waise. Dort habe ihn die Liebe zu ihr erfaßt, und er habe sich mit ihr verlobt, indem er ihren Bruder Arybbas[2] für sich gewann. Als Braut hatte sie nun in der Nacht, bevor sie im

Brautgemach zusammengegeben wurden, einen Traum. Es war ihr, als donnere es, und ein Blitz schlüge in ihren Leib. Von dem Schlag entzündete sich ein heftiges Feuer, das in hellen Flammen auflöderte, nach allen Seiten hin um sich griff und dann verlöschte. Philipp aber träumte einige Zeit später nach der Hochzeit, er drücke ein Siegel auf den Leib seiner Frau, und auf diesem Siegel, so schien es ihm, sei ein Löwe abgebildet. Die Wahrsager äußerten alle ihre Bedenken wegen dieses Traumes: Philipp müsse sorgfältiger über seine Frau wachen, meinten sie; nur Aristandros von Telmessos erklärte, Philipps Frau sei schwanger, denn was leer sei, werde ja nicht versiegelt. Und zwar sei sie schwanger mit einem Knaben von leidenschaftlicher, löwenhaft kühner Art. Philipp sah auch einmal, während Olympias schlief, wie eine Schlange sich neben ihr ausstreckte, und dies, so sagt man, kühlte seine Liebe und Zuneigung zu ihr ab, so daß er nicht mehr so oft zu ihr ging, um bei ihr zu ruhen. Vielleicht fürchtete er Hexenkünste oder Gifttränke von seiten der Frau, vielleicht scheute er aber auch den Verkehr mit ihr, weil er annahm, sie stehe mit einem höheren Wesen in Verbindung. Es gibt jedoch noch eine andere Erklärung dafür. Denn alle Frauen in diesem Lande sind Anhängerinnen des orphischen Kultes und der dionysischen Mysterien, und zwar schon von alters her. Sie werden Klodonen und Mimallonen genannt und üben viele Bräuche aus, die denen der Edoninnen und der Thrakerinnen am Berge Haimon ähnlich sind. Daher stammt wohl auch das Wort »thrakische Bräuche üben«[3] für das Begehen wilder und ekstatischer Feiern. Olympias aber war noch mehr als andere eine eifrige Anhängerin dieser Mysterien und gab sich der religiösen Begeisterung mit barbarischer Wildheit hin. Bei den dionysischen Umzügen hatte sie große zahme Schlangen bei sich, die oftmals aus dem Efeu und den heiligen Körben herausgekrochen kamen, sich um die Thyrsosstäbe und Kränze der Frauen

ringelten und dadurch die Männer in Schrecken versetzten.
3. Jedenfalls schickte Philipp nach dieser Traumerscheinung den Chairon von Megalopolis nach Delphi und soll von dort ein Orakel erhalten haben. Der Gott befahl ihm, dem Ammon[4] zu opfern und diesen Gott besonders zu verehren. Es wird auch erzählt, Philipp habe sein eines Auge[5] verloren, das er an den Türspalt gelegt habe, als er beobachtete, wie der Gott in Gestalt einer Schlange bei seiner Frau lag. Wie Eratosthenes[6] berichtet, gab Olympias ihrem Sohn das Geleit beim Auszug in den Krieg und verriet ihm dabei unter vier Augen das Geheimnis seiner Geburt. Dabei ermahnte sie ihn, er solle sich einer solchen Abkunft würdig erweisen. Andere berichten dagegen, Olympias habe sich gegen derartige Gerüchte verwahrt und gesagt: »Wird Alexander denn nicht aufhören, mich bei Hera in ein schlechtes Licht zu setzen?«
Alexander kam nun zur Welt am 6. Tag des Monats Hekatombaion, den die Makedonen Loos nennen, am selben Tag, an dem der Artemistempel von Ephesos niederbrannte.[7] Darüber gibt es einen Ausspruch des Hegesias von Magnesia[8], eine so frostige Bemerkung, daß sie leicht den ganzen Brand hätte löschen können: es sei kein Wunder, daß der Tempel niedergebrannt sei, Artemis habe ja gerade bei Alexanders Geburt zu tun gehabt.[9] Die Wahrsager, die damals in Ephesos waren, hielten das Unglück des Tempelbrandes für das Vorzeichen eines weiteren Unglücks. Sie rannten herum, schlugen sich das Gesicht und schrien, dieser Tag habe Verderben und großes Unheil für Asien gezeugt. Philipp, der gerade die Stadt Potidaia erobert hatte, erhielt zur gleichen Zeit drei Botschaften: die erste, daß die Illyrer von Parmenion[10] in einer großen Schlacht geschlagen worden seien, die zweite, eines seiner Pferde habe bei den Olympischen Spielen im Pferderennen gesiegt, und die dritte schließlich von der Geburt Alexanders. Die Freude, die er von

sich aus darüber empfand, wurde noch gesteigert durch die Erklärung der Seher, der gleichzeitig mit drei Siegen geborene Knabe werde unbesiegbar sein.

4. Die äußere Erscheinung Alexanders geben am besten die Statuen des Lysipp[11] wieder, der als einziger die Ehre hatte, ihn in Bronze darstellen zu dürfen. Denn die Eigenart, die später viele seiner Nachfolger und Freunde nachzuahmen suchten, die leichte Biegung und Neigung des Halses nach links und den verschwimmenden Blick der Augen, das hat der Künstler genau festgehalten. Apelles[12], der ihn mit dem Donnerkeil in der Hand malte, hat seine Hautfarbe nicht getroffen, sondern ihn dunkler und bräunlicher wiedergegeben. Den Berichten nach war seine Haut aber weiß, und die weiße Farbe ging besonders auf der Brust und im Gesicht etwas ins Rötliche über. Seine Haut roch sehr angenehm, und von seinem Mund und seinem ganzen Körper ging ein Wohlgeruch aus, von dem auch seine Kleider durchdrungen waren, wie ich in den Aufzeichnungen des Aristoxenos[13] gelesen habe. Der Grund dafür war wohl die Mischung der Körpersäfte, die sehr warm und feurig war. Denn Wohlgeruch entsteht, wenn die Feuchtigkeit von der Wärme verzehrt wird, so meint jedenfalls Theophrast.[14] Daher gibt es in den trockenen und heißen Ländern der Erde auch die meisten und schönsten Gewürze, denn die Sonne zieht die Feuchtigkeit heraus, die auf der Oberfläche der Körper den Nährboden für die Fäulnis bildet. Diese Wärme des Körpers war wohl auch der Grund für Alexanders Trinkfreudigkeit und seinen Hang zu Temperamentsausbrüchen.

Schon als Knabe zeigte er seine Selbstbeherrschung: So leidenschaftlich und ungestüm er sonst war, ließ er sich doch von leiblichen Genüssen nicht leicht beherrschen, sondern zeigte darin große Zurückhaltung. Sein Streben nach Ruhm und Ehre verband sich in größerem Maße, als es sein Alter erwarten ließ, mit einer festen und edlen

Gesinnung. Er strebte auch nicht nach Ruhm auf jedem Gebiet und um jeden Preis wie Philipp, der sich wie ein Sophist mit seiner Redegabe großtat und seine Olympiasiege im Wagenrennen auf seine Münzen prägen ließ. Als dagegen Alexander, der ein guter Läufer war, von den Leuten aus seiner Umgebung darauf angesprochen wurde, ob er sich am Wettlauf in Olympia beteiligen wolle, antwortete er: »Ja, wenn ich dort Könige zu Gegnern hätte.« Offenbar hatte er für Athleten überhaupt nicht viel übrig, denn er veranstaltete zwar sehr viele Agone nicht nur für Tragödiendichter, für Flöten- und Kitharaspieler, sondern auch für den Vortrag epischer Dichtungen, dazu Jagd- und Fechtkonkurrenzen aller Art, aber er hielt es nicht für der Mühe wert, für den Faustkampf oder den Fünfkampf Preise auszusetzen.

5. Einmal waren in Abwesenheit Philipps Gesandte vom Perserkönig gekommen. Alexander empfing sie, unterhielt sich mit ihnen und schlug sie ganz in seinen Bann durch sein freundliches Wesen und seine Art zu fragen. Er stellte nämlich keine Fragen, wie sie seinem kindlichen Alter entsprachen, oder über unbedeutende Dinge, sondern er fragte nach der Länge der Straßen und der Art der Verkehrswege ins Landesinnere sowie nach dem Großkönig selber, nach dessen Tapferkeit im Kriege, und wie groß die Wehrkraft und die militärische Macht der Perser seien. Darüber staunten sie so sehr, daß ihnen die vielgerühmte Tatkraft Philipps ein Nichts zu sein schien gegenüber der Energie dieses Knaben und seinem Drang zu großen Taten.

Sooft die Nachricht kam, Philipp habe eine bedeutende Stadt erobert oder eine ruhmreiche Schlacht gewonnen, machte Alexander gar keine frohe Miene dazu, sondern sagte zu seinen Altersgenossen: »Freunde, mein Vater nimmt mir noch alles vorweg. Er wird mir keine Gelegenheit mehr übriglassen, mit euch ein großes, glanzvolles Werk zu vollbringen.« Denn sein Ziel war nicht Genuß oder Reichtum, sondern Heldentaten und Ruhm, und er glaubte daher, je mehr ihm sein Vater hinterlassen werde, desto weniger werde er selbst später leisten können. Bei dem steten Anwachsen der Macht, so meinte er, würden alle Möglichkeiten zur Tat bereits von seinem Vater ausgeschöpft, er wünschte sich aber, eine Herrschaft zu übernehmen, die ihm nicht Reichtum, Überfluß und Genuß brächte, sondern Kämpfe, Kriege und ein Betätigungsfeld für sein Streben nach Ehre.

Viele Personen waren, wie leicht vorzustellen, mit der Sorge um seine Erziehung betraut, Erzieher, Hofmeister und Lehrer, und die Leitung aller hatte Leonidas, ein Mann von strengem Charakter, ein Verwandter der Olympias. Dieser hatte selbst nichts gegen den Titel eines Hofmeisters, der ja eine schöne und ehrenvolle Aufgabe bezeichnet, er ließ sich aber doch von den anderen wegen seines Ansehens und seiner Verwandtschaft mit dem Königshause Erzieher und Lehrmeister Alexanders nennen. Die Stellung und den Titel des Hofmeisters hatte sich Lysimachos angeeignet, ein Mann aus Akarnanien, der im übrigen ziemlich ungebildet war. Aber weil er sich selber Phoinix, den Alexander aber Achill und den Philipp Peleus nannte,[15] stand er in Gunst und hatte die zweite Stelle inne.

6. Ein Thessalier namens Philoneikos bot Philipp den Bukephalos[16] für 13 Talente[17] zum Kauf an. Man ging hinaus ins freie Gelände, um das Pferd auszuprobieren, und da zeigte es sich, daß es schwierig und ganz unbrauchbar war, da es niemanden aufsitzen und sich nicht einmal von jemandem aus Philipps Gefolge ansprechen ließ, sondern sich immer aufbäumte, wenn ihm jemand in die Nähe kam. Philipp verlor die Geduld und befahl, es wegzuführen, es sei völlig wild und nicht zu zähmen. Da sagte Alexander, der dabeistand: »Was für ein Pferd geht da verloren, bloß weil sie aus Unverstand und Weichlichkeit nicht mit ihm umzugehen wissen.« Zunächst

schwieg Philipp dazu, als Alexander aber weiter darüber sprach und große Erregung zeigte, sagte Philipp: »Du willst Älteren Vorwürfe machen, als ob du besser Bescheid wüßtest als sie und besser mit einem Pferd umgehen könntest?« »Mit diesem da würde ich jedenfalls besser zurechtkommen als irgend jemand sonst.« »Wenn du es aber nicht schaffst, welche Strafe willst du dann hinnehmen für deinen Vorwitz?« »Wahrhaftig, dann will ich den Preis für das Pferd bezahlen!« Alles lachte, und als man sich über den Preis geeinigt hatte, lief Alexander sogleich auf das Pferd zu, nahm es am Zügel und drehte es gegen die Sonne. Offenbar hatte er bemerkt, daß es scheute, wenn es seinen Schatten vor sich fallen und sich hin und her bewegen sah. Dann lief er ein paar Schritte neben ihm her, streichelte es, und als er sah, daß es wieder feurig und temperamentvoll wurde, ließ er behutsam seinen Mantel fallen, sprang aufs Pferd und setzte sich zurecht. Zunächst hielt er es ohne Schlagen und Zerren noch eine kurze Zeit zurück, indem er mit den Zügeln die Gebißstange leicht anzog. Als er aber sah, daß das Pferd seinen Widerstand aufgegeben hatte und jetzt heftig vorwärtsdrängte, gab er ihm die Zügel und ließ es laufen, indem er es durch lauteren Zuruf und Schenkeldruck noch vorwärtstrieb. Philipp und seine Begleiter waren zunächst stumm und voller Angst. Als er aber in einer dressurmäßigen Wendung stolz und froh zurückgeritten kam, jubelten ihm alle zu, sein Vater aber soll Freudentränen vergossen haben. Beim Absitzen küßte er seinen Sohn und sagte zu ihm: »Mein Sohn, such dir ein Reich, das deiner würdig ist; denn Makedonien ist zu klein für dich.«

7. Philipp erkannte, daß Alexander in seinem Wesen nicht leicht zu beeinflussen war und sich gegen jeden Zwang sträubte, sich aber durch vernünftige Argumente leicht auf den richtigen Weg bringen ließ. Daher suchte er ihn mehr durch Überzeugen als durch Befehlen zu

lenken, und weil er den Lehrern der wissenschaftlichen und der allgemeinen Bildung die Erziehung und Ausbildung seines Sohnes nicht ganz und gar anvertrauen wollte – er hielt diese für eine höhere Aufgabe, bei der man gemäß dem Wort des Sophokles Zügel und Steuerruder zugleich braucht – [18], berief er den Aristoteles, den berühmtesten und gelehrtesten aller Philosophen, und zahlte ihm einen hohen und würdigen Lohn für seine Lehrtätigkeit: Er ließ nämlich die Heimatstadt des Aristoteles, die Stadt Stageira, die er zerstört hatte, wieder aufbauen und die Bürger, die geflüchtet oder zu Sklaven gemacht worden waren, wieder ansiedeln. Als Schul- und Aufenthaltsort wies er den beiden den Nymphenhain bei Miëza an, wo man noch heutzutage die Steinsitze des Aristoteles und die schattigen Wandelgänge zeigt. Wie es scheint, wurde Alexander nicht nur in Ethik und Politik unterrichtet, sondern auch in die geheimen und tieferen Lehrsysteme eingeführt, die nach Aussage der Philosophen nur »zum Hören und Sehen bestimmt sind« und die sie nicht der Allgemeinheit bekanntmachen. Denn als Alexander schon auf seinem Feldzug in Asien war und erfuhr, daß einige dieser Lehren von Aristoteles in Buchform veröffentlicht worden seien, schrieb er ihm einen Brief, in dem er freimütig für diese Philosophie eintrat. Der Text lautet: »Alexander wünscht Aristoteles alles Gute. Es war nicht richtig von dir, daß du die nur zum Hören bestimmten Lehren veröffentlicht hast. Denn worin werden wir uns nun von den anderen abheben, wenn die Lehren, in denen wir erzogen wurden, Allgemeingut werden? Ich für mein Teil möchte mich jedenfalls lieber durch die Kenntnis der höchsten Werte als durch äußerliche Machtmittel vor anderen auszeichnen. Leb wohl.« Um diese Ehrbegierde Alexanders zu beschwichtigen, schreibt Aristoteles zu seiner Verteidigung, was jene Lehren angehe, so seien sie veröffentlicht und doch wieder auch nicht veröffentlicht. Und in der Tat enthält das

Werk über die Metaphysik nichts Brauchbares zum Lehren und Lernen, sondern es ist von Anfang an mehr als eine Gedächtnisstütze für die Eingeweihten aufgezeichnet worden.

8. Auch die Vorliebe Alexanders für die Medizin scheint mir vor allem auf dem Einfluß des Aristoteles zu beruhen. Denn Alexander beschäftigte sich nicht nur gerne mit ihr als Wissenschaft, er leistete auch seinen erkrankten Freunden ärztliche Hilfe und verordnete ihnen Heilmittel und Kuren, wie aus seinen Briefen hervorgeht. Er war überhaupt von Natur aus wißbegierig und ein leidenschaftlicher Leser. Die *Ilias* sah er als ein Lehrbuch der Kriegskunst an und nannte sie auch so. Er hatte eine von Aristoteles verbesserte Ausgabe bei sich, die aus dem Kästchen, wie sie genannt wird,[19] und diese hatte er immer neben seinem Schwert unter dem Kopfkissen liegen, wie Onesikritos[20] überliefert hat. Als er dann im Innern Asiens mit Büchern nicht gut versehen war, schrieb er an Harpalos[21], er solle ihm welche schicken. Dieser schickte ihm dann auch die Werke des Philistos[22], viele Tragödien des Euripides, Sophokles und Aischylos sowie die Dithyramben des Telestes und Philoxenos.

Anfangs bewunderte er den Aristoteles und liebte ihn nach seinen eigenen Worten nicht weniger als seinen Vater, denn durch den einen lebe er, durch den anderen aber lebe er auf die rechte Weise. Später aber hatte er nicht mehr das rechte Vertrauen zu ihm; nicht daß er ihm etwas zuleide getan hätte, aber seine Gunstbeweise hatten nicht mehr diese unmittelbar von Herzen kommende Art, ein Beweis dafür, daß eine Entfremdung eingetreten war. Doch die Liebe und Neigung zur Philosophie, die ihm von Jugend an eingepflanzt war und mit ihm groß wurde, verließ ihn nicht, dafür zeugt seine Wertschätzung des Anaxarchos[23], die Tatsache, daß er dem Xenokrates[24] 50 Talente geschickt hat, sowie seine Bemühungen um Dandamis und Kalanos.[25]

9. Als Philipp gegen die Byzantier zu Felde zog, betraute er Alexander, obwohl dieser erst 16 Jahre alt war, mit der Regentschaft über Makedonien und mit dem Reichssiegel. Alexander unterwarf die abgefallenen Maider, nahm ihre Stadt ein, vertrieb die Barbaren und siedelte dort eine gemischte Kolonie an, die er Alexandropolis nannte. An der Schlacht von Chaironeia[26] gegen die Griechen nahm er teil, und er soll als erster in die Heilige Schar der Thebaner[27] eingebrochen sein. Noch in unserer Zeit zeigte man am Fluß Kephisos eine alte Eiche, die Alexandereiche genannt, an der sein Zelt gestanden haben soll, und das Grab der gefallenen Makedonen ist nicht weit davon entfernt. Kein Wunder, daß Philipp seinen Sohn aus all diesen Gründen vergötterte, er hatte sogar seine Freude daran, wenn die Makedonen Alexander ihren König, Philipp aber ihren Feldherrn nannten. Aber die Störungen des Familienlebens – durch Philipps Heiraten und Liebschaften krankte das ganze Reich in gewisser Weise mit an den Leiden des Frauengemachs – führten zu einer Menge von Vorwürfen und heftigen Streitereien. Diese wurden dadurch verschärft, daß Olympias, eine eifersüchtige, leidenschaftliche Frau, in ihrer Unverträglichkeit auch noch Alexander aufhetzte. Zum offenen Zerwürfnis kam es durch Attalos auf der Hochzeit Philipps mit Kleopatra, die er heiratete, weil er sich trotz seines Alters in dieses junge Mädchen verliebt hatte. Ihr Oheim Attalos forderte nämlich berauscht beim Bankett die Makedonen auf, sie sollten zu den Göttern beten, daß Philipp und Kleopatra dem Reich einen rechtmäßigen Thronfolger schenkten. Darauf geriet Alexander in Wut und rief ihm zu: »Bin ich etwa für dich ein Bastard, du elender Kerl?«, und er warf einen Becher nach ihm. Philipp sprang auf, wandte sich gegen Alexander und zog das Schwert, aber zum Glück für beide stolperte er in seinem Zorn und Rausch und fiel hin. Alexander aber rief höhnisch: »Schaut doch, Leute, der da rüstet sich, von Europa nach Asien hinüberzugehen, und jetzt fällt er hin, wenn er von einem Tisch zum andern will!« Nach diesem Auftritt im Rausch nahm er Olympias mit sich und brachte sie nach Epirus, er selber aber hielt sich in Illyrien auf. Inzwischen kam Demaratos aus Korinth zu Philipp. Er war sein Gastfreund und konnte sich ein offenes Wort erlauben. Nachdem sie die ersten Begrüßungsworte und Höflichkeiten ausgetauscht hatten, fragte Philipp, wie es um die Eintracht der Griechen stehe. »Da bist du gerade der richtige Mann dazu, Philipp«, entgegnete Demaratos, »dir um die Griechen Sorgen zu machen! Du hast doch selber Zerwürfnis und Unheil in Fülle über dein eigenes Haus gebracht.« Dadurch kam Philipp wieder zur Vernunft, sandte Demaratos als Vermittler und brachte Alexander dazu, heimzukehren.

10. Pixodaros[28], der Satrap von Karien, hätte durch eine Verschwägerung mit Philipp diesen gern als Bundesgenossen gewonnen. Deshalb wollte er dem Arrhidaios[29], einem Sohn Philipps, seine älteste Tochter zur Frau geben und schickte den Aristokritos in dieser Angelegenheit nach Makedonien. Daraufhin kamen Alexander wieder Gerüchte und Verdächtigungen von seiten der Freunde und der Mutter zu Ohren: Arrhidaios solle von Philipp durch eine glänzende Heirat und die Verbindung mit einem einflußreichen Hause legitimiert werden. Alexander geriet dadurch in Unruhe und schickte seinerseits den Tragödienschauspieler Thessalos nach Karien, um Pixodaros mitzuteilen, er solle doch den Bastard lassen, der noch dazu nicht richtig im Kopf sei, und sich statt dessen mit Alexander verschwägern. Dem Pixodaros gefiel dieser Plan viel besser als sein bisheriger. Als aber Philipp davon erfuhr, nahm er den Philotas, den Sohn des Parmenion, einen von Alexanders Freunden und Gefährten, mit und ging zu Alexander auf sein Zimmer. Dort machte ihm Philipp heftige Vorwürfe und tadelte ihn bitter, er benehme sich unedel und seiner hohen

Stellung unwürdig, wenn er sich dazu hergeben wolle, der Schwiegersohn eines Karers zu werden, eines Sklaven des Barbarenkönigs. An die Korinther schrieb er, sie sollten ihm den Thessalos in Fesseln ausliefern. Von den übrigen Freunden Alexanders verbannte er Harpalos und Nearchos sowie Erigyios und Ptolemaios aus Makedonien. Alexander holte sie später wieder zurück und hielt sie in höchsten Ehren.
Pausanias, ein Mann, der auf Anstiften des Attalos und der Kleopatra schwer beleidigt worden war und keine Genugtuung erhalten hatte, ermordete dann Philipp, und man gab die meiste Schuld daran der Olympias, sie habe den schwer gereizten jungen Mann dazu ermuntert und aufgehetzt. Und es fiel auch einiger Verdacht auf Alexander. Als Pausanias sich nach der erlittenen Beschimpfung an ihn gewandt und sich darüber beklagt hatte, soll Alexander nämlich den Vers aus der *Medea* des Euripides zitiert haben:

»Den Vater und die Tochter und den Bräutigam.«[30]

Er ließ jedoch alle an dem Anschlag Beteiligten ermitteln und bestrafen, und als Olympias in seiner Abwesenheit Kleopatra auf grausame Weise zu Tode brachte, gab er Olympias seinen Unwillen darüber zu erkennen.
11. Er übernahm nun mit zwanzig Jahren die Regierung, die durch feindseligen Neid, grimmigen Haß und Gefahren von allen Seiten bedroht war. Denn die benachbarten Barbarenstämme wollten die Knechtschaft nicht länger ertragen, sondern wünschten sich ihre eigenen Könige zurück. Griechenland aber hatte Philipp zwar militärisch besiegt; er hatte aber keine Zeit gehabt, es zu zähmen und gefügig zu machen, sondern nur einen Umsturz und ein politisches Chaos herbeigeführt und es in einem Zustand der Unruhe und des Aufruhrs zurückgelassen, da es sich noch nicht an die veränderte Lage gewöhnt hatte. Die Makedonen waren wegen der gegenwärtigen Situa-

tion beunruhigt und meinten, Alexander solle Griechenland ganz aufgeben und keinerlei Zwang ausüben, die abgefallenen Barbaren aber durch eine versöhnliche Haltung wiederzugewinnen suchen und so allen Aufstandsbewegungen gleich von Anfang an vorbeugen. Alexander selber aber ging von entgegengesetzten Erwartungen aus: er wollte durch kühnen Wagemut und entschlossenes Durchgreifen seiner Herrschaft Sicherheit und Frieden verschaffen, denn er vermutete, daß bei dem ersten Anzeichen von Nachgiebigkeit alle zugleich über ihn herfallen würden. Den Barbarenaufständen und den dortigen Kriegen machte er ein Ende, indem er mit seinem Heer rasch bis an die untere Donau vordrang, wo er auch Syrmos, den König der Triballer, in einer gewaltigen Schlacht besiegte. Er bekam nun die Nachricht, die Thebaner seien abgefallen und die Athener stünden auf ihrer Seite. Daraufhin marschierte er sofort mit seinem Heer durch die Thermopylen. Er sagte, Demosthenes[31] habe ihn, solange er bei den Illyrern und Triballern war, einen Knaben, als er in Thessalien war, einen jungen Burschen genannt. Jetzt wolle er ihm vor den Mauern von Athen zeigen, daß er ein Mann sei. Er rückte vor die Stadt Theben, wollte aber den Bürgern noch die Möglichkeit geben, sich von ihrer bisherigen Politik abzuwenden, und so verlangte er nur die Auslieferung des Phoinix und des Prothytes und ließ Straflosigkeit für alle verkünden, die zu ihm übergingen. Die Thebaner aber stellten die Gegenforderung, man solle ihnen Philotas und Antipater ausliefern und riefen öffentlich dazu auf, alle, die Griechenland befreien wollten, sollten sich mit ihnen verbünden. Daraufhin gab er den Makedonen den Befehl zum Angriff. Die Thebaner kämpften zwar mit übermenschlicher Heldenhaftigkeit und Tapferkeit gegen den zahlenmäßig weit überlegenen Feind, als aber die makedonische Besatzung der Kadmeia[32] einen Ausfall machte und sie im Rücken faßte, waren sie von allen Seiten eingekreist.

Die meisten fielen in der Schlacht selbst, die Stadt aber wurde erobert, ausgeplündert und dem Erdboden gleichgemacht. Alexander ging dabei von der Überlegung aus, daß die Griechen, durch eine solche Katastrophe in Schrecken versetzt, klein beigeben und Ruhe halten würden. Außerdem gebrauchte er den Vorwand, er habe Beschuldigungen der Bundesgenossen nachgeben müssen. Denn die Phoker und Platäer hatten Klage geführt gegen die Thebaner. Mit Ausnahme der Priester, aller Gastfreunde der Makedonen, der Nachkommen Pindars[33] und der Leute, die gegen den Beschluß zum Aufstand gestimmt hatten, ließ er die gesamte Bevölkerung in die Sklaverei verkaufen. Es waren etwa 30000 Menschen, gefallen waren über 6000.

12. In all diesem Unglück und diesen Greueln, die die Stadt trafen, geschah es, daß ein Haufen Thraker in das Haus einer vornehmen und tugendhaften Dame namens Timokleia eindrang. Die Soldaten plünderten die Habe, ihr Anführer vergewaltigte die Frau und fragte sie dann, ob sie irgendwo Gold oder Silber versteckt habe. Sie bejahte dies und führte ihn allein in den Garten und zeigte ihm einen Brunnen. Dort habe sie bei der Eroberung der Stadt ihre wertvollsten Schätze hineingeworfen. Der Thraker bückte sich und spähte hinunter, da stieß ihn die Frau von hinten in den Brunnen hinab und warf so viele Steine auf ihn, bis er tot war. Die Thraker schleppten sie gefesselt vor Alexander, aber sie erschien schon durch ihre Miene und ihr Auftreten würdig und hoheitsvoll, wie sie unerschrocken und furchtlos ihren Führern folgte. Als der König sie dann fragte, wer sie sei, antwortete sie: »Ich bin die Schwester des Theagenes, der für die Freiheit Griechenlands gegen Philipp gekämpft hat und als Feldherr in der Schlacht von Chaironeia gefallen ist.« Voller Bewunderung über ihre Antwort und ihre Tat gab Alexander Befehl, die Frau mit ihren Kindern freizulassen.

13. Mit den Athenern gelang ihm eine Aussöhnung, obwohl sie schwer an dem Schicksal Thebens trugen. Zum Zeichen der Trauer brachen sie die gerade begonnene Feier der Mysterien ab und setzten sich aufopfernd für die thebanischen Flüchtlinge in Athen ein. Alexander hatte nun entweder wie ein Löwe seinen Blutdurst gestillt, oder er wollte der überaus grausamen und unmenschlichen Tat einen Akt der Milde gegenüberstellen; er verzichtete jedenfalls nicht nur auf jede Beschwerde gegen die Athener, sondern riet ihnen sogar, die politische Entwicklung aufmerksam im Auge zu behalten, denn wenn ihm etwas zustieße, seien sie das Oberhaupt von Hellas. Später aber soll ihm das Unglück, das er über Theben gebracht hatte, leidgetan und ihn milde gestimmt haben gegen viele. Er war überzeugt, daß die im Rausch verübte Tat an Kleitos[34] sowie die feige Umkehr der Makedonen in Indien,[35] die so den Feldzug gleichsam nicht zum Ziel kommen ließ und seinen Ruhm schmälerte, auf den Zorn und die Vergeltung des Dionysos[36] zurückzuführen seien. Es gab keinen von den überlebenden Thebanern, der nicht später jeden Wunsch und jede Bitte von ihm erfüllt bekam. Das war das Schicksal der Stadt Theben.

14. Die Griechen versammelten sich auf dem Isthmos von Korinth und faßten den Beschluß, mit Alexander den Feldzug gegen die Perser zu unternehmen, und wählten ihn zum obersten Befehlshaber. Daraufhin kamen viele Politiker und Philosophen zu ihm und gratulierten ihm, und Alexander nahm an, auch Diogenes von Sinope, der in Korinth lebte, werde das gleiche tun. Da dieser aber überhaupt keine Notiz von Alexander nahm und in aller Ruhe im Kraneion[37] blieb, ging er selber zu ihm. Als er kam, lag Diogenes gerade in der Sonne. Er setzte sich nur ein wenig auf, als eine solche Menge von Leuten erschien, und blickte Alexander an. Dieser begrüßte ihn und fragte, ob er eine Bitte an ihn habe. Darauf entgegnete Diogenes: »Geh mir nur ein wenig aus der Sonne!« Alexander soll davon sehr beeindruckt gewesen sein und den Stolz und die Größe des Mannes, der ihn mit solcher Nichtachtung behandelt hatte, so sehr bewundert haben, daß er, während seine Begleiter beim Weggehen lachten und spotteten, sagte: »Wahrhaftig, wenn ich nicht Alexander wäre, dann möchte ich wohl Diogenes sein!« Er begab sich nach Delphi, um von dem Gott ein Orakel über den Feldzug zu erhalten. Es waren aber zufällig gerade ungünstige Tage, an denen kein Orakel erteilt werden durfte. Alexander schickte zunächst nach der Pythia und forderte sie auf zu kommen. Als sie es ablehnte und sich auf das Gesetz berief, ging er selber hin und brachte sie mit Gewalt zum Tempel. Da sagte sie, von seiner Beharrlichkeit gleichsam überwältigt: »Du bist unüberwindlich, Knabe!« Als Alexander dies hörte, meinte er, nun brauche er keinen weiteren Seherspruch mehr, er habe bereits das gewünschte Orakel von ihr.

Als er zu dem Feldzug aufbrach, ereigneten sich manche Götterzeichen. So gab die hölzerne Statue des Orpheus in Leibethra, die aus Zypressenholz war, in diesen Tagen eine Menge Schweiß von sich. Alle gerieten in Bestürzung deswegen, Aristandros aber hieß Alexander zuversichtlich zu sein, denn er werde rühmenswerte und überall gepriesene Taten vollbringen, die die Dichter und Musiker, die davon berichteten, viel Schweiß und Mühe kosten würden.

15. Seine Truppenstärke wird von denen, die die geringste Zahl nennen, mit 30 000 Fußsoldaten und 4000 Reitern angegeben, diejenigen aber, die die höchste Zahl angeben, sprechen von 43 000 Fußsoldaten und 5000 Reitern. Zum Unterhalt für dieses Heer besaß er nicht mehr als 70 Talente, wie Aristobulos[38] berichtet. Duris[39] sagt, er hätte nur Verpflegung für 30 Tage gehabt, Onesikritos spricht dazu noch von 200 Talenten Schulden. Aber obwohl seine Mittel bei seinem Aufbruch zum Feldzug so gering und beschränkt waren, ging er nicht eher an Bord, bis er sich einen Überblick über die Lage seiner Freunde verschafft hatte und dem einen ein Landgut, dem anderen ein Dorf, dem dritten die Einkünfte aus einer Stadt oder einem Hafen geschenkt hatte. Als schon fast alle königlichen Güter auf diese Weise vergeben und überschrieben waren, fragte Perdikkas[40]: »Und was behältst du für dich selber übrig, o König?« »Die Hoffnungen«, erwiderte Alexander. »So werden wir, die wir mit dir ins Feld ziehen, doch auch daran teilhaben,« gab Perdikkas zur Antwort und lehnte die ihm überschriebenen Güter ab, und einige Freunde folgten seinem Beispiel. Denen aber, die seine Geschenke annahmen und sich welche ausbaten, gab er bereitwillig alles und verschenkte so das meiste, was er in Makedonien besaß. In dieser Stimmung und innerlich so vorbereitet, überschritt er den Hellespont. Er stieg bei Ilion an Land, wo er der Athene opferte und an den Gräbern der Heroen Trankopfer spendete. Die Grabsäule des Achill bekränzte er, nachdem er sie gesalbt und mit seinen Freunden nackt, wie es Sitte war, einen Wettlauf um die Säule gemacht hatte. Den Achill pries er glücklich, daß er im Leben einen treuen Freund und nach dem Tode einen großartigen Künder seiner Taten gefunden habe.[41] Als er in der Stadt umherging und die Sehenswürdigkeiten besichtigte, fragte ihn jemand, ob er die Lyra des Alexandros[42] sehen wolle. Er gab zur Antwort, darauf sei er am wenigsten neugierig, er suche die Lyra des Achill, zu der dieser den Ruhm und die Taten der Helden besungen habe.[43]

16. Inzwischen hatten die Feldherrn des Dareios ein großes Heer zusammengezogen und sich am Übergang des Flusses Granikos aufgestellt. Es war ohne Zweifel unvermeidlich, hier, gleichsam an den Toren Asiens, um den Eingang in das Reich zu kämpfen. Aber die meisten fürchteten die Tiefe des Flusses und das unebene, steile

Ufer gegenüber, das man während des Kampfes gewinnen mußte, einige wiesen auch darauf hin, man müsse sich an die Kalendergewohnheit halten: im Monat Daision pflegten die makedonischen Könige nämlich keine Feldzüge zu unternehmen. Dieses Bedenken räumte Alexander dadurch aus, daß er befahl, diesen Monat den zweiten Artemision[44] zu nennen. Parmenion, der mit Rücksicht auf die späte Tageszeit den Angriff nicht zulassen wollte, erhielt von Alexander zur Antwort, er müsse sich ja vor dem Hellespont schämen, wenn er sich nun vor dem Granikos fürchte, nachdem er den Hellespont überschritten habe. Und er stürzte sich an der Spitze von 13 Reiterschwadronen in den Fluß. Wie er so im Geschoßhagel gegen ein steiles, mit Fußvolk und Reitern besetztes Gelände lossprengte, von der Strömung mitgerissen und von Wogen umbrandet, sah er eher aus wie ein Rasender und Verrückter als wie einer, der einem strategischen Plan folgte. Aber er erzwang den Übergang und gewann unter Mühen und Schwierigkeiten das Ufer. Dort war alles feucht und glatt, weil es Lehmboden war, und Alexander sah sich augenblicklich in der Zwangslage, ohne feste Ordnung Mann gegen Mann mit den Angreifern in einem Handgemenge zu kämpfen, noch ehe die übersetzenden Soldaten sich in Schlachtordnung aufstellen konnten. Denn die Feinde drangen sofort mit Geschrei auf sie ein, trieben ihre Pferde neben die der Gegner und kämpften mit den Speeren und dann mit den Schwertern, wenn die Speere zerbrochen waren.

Eine große Menge stürmte gegen Alexander an, denn er war leicht zu erkennen an seinem Schild und seinem Helmbusch, der auf beiden Seiten eine auffallend lange weiße Feder trug. Alexander wurde von einem Wurfspeer in einer Fuge seines Harnischs getroffen, war aber nicht verwundet. Jetzt galoppierten die beiden Feldherrn Rhoisakes und Spithridates gleichzeitig auf ihn los. Dem einen wich er aus, dem Rhoisakes aber brachte er mit der

Lanze einen Stoß auf den Panzer bei, und als die Lanze dabei zerbrach, griff er zum Schwert. Während des Zweikampfes trieb Spithridates sein Pferd von der Seite her neben ihn, hob sich mit einem Schwung im Sattel empor und hieb mit der persischen Streitaxt nach ihm. Er traf den Helmbusch samt der einen Feder, der Helm aber hielt dem Hieb gerade noch so weit stand, daß die Axt mit ihrer Scheide nur die Haare oben berührte. Spithridates holte gerade zum zweiten Hieb aus, da kam ihm der schwarze Kleitos zuvor und rannte ihm den Speer mitten durch den Leib. Zugleich fiel auch Rhoisakes, von Alexanders Schwert getroffen.

Während die Reiterschlacht so auf Messers Schneide stand, setzte die makedonische Phalanx über den Fluß, und das persische Fußvolk rückte gegen sie vor. Dieses leistete aber weder tapfere noch anhaltende Gegenwehr, sondern wandte sich zur Flucht, ausgenommen die griechischen Söldner. Diese stellten sich geschlossen an einem Hügel auf und boten Alexander ihre Übergabe an. Er aber stürmte, mehr dem Zorn als vernünftiger Überlegung folgend, allen voran gegen sie los, verlor dabei sein Pferd, das von einem Schwerthieb in die Seite getroffen wurde – es war aber nicht Bukephalos, sondern ein anderes –, und es gab hier die meisten Gefallenen und Verwundeten auf makedonischer Seite. Denn es war ein Kampf mit tapferen Männern, die mit dem Mut der Verzweiflung fochten. Es sollen von den Barbaren 20000 Fußsoldaten und 2500 Reiter gefallen sein. Auf Alexanders Seite wird die Anzahl der Toten von Aristobulos mit nur 34 angegeben, davon 9 Fußsoldaten. Alexander ließ von ihnen eherne Standbilder errichten, die von Lysipp gearbeitet wurden. Er wollte die Griechen als an diesem Sieg beteiligt erscheinen lassen, deshalb schickte er den Athenern eigens 300 der erbeuteten Schilde und ließ auf die übrigen, die für alle bestimmten Beutestücke, die sehr ehrenvolle Aufschrift setzen: »Alexander, Philipps Sohn,

und die Griechen außer den Lakedaimoniern, als Beute von den Barbaren in Asien.«
Die Becher, Purpurdecken, und was er sonst von den Persern erbeutet hatte, schickte er fast alle seiner Mutter.
17. Diese Schlacht schuf mit einem Schlag eine veränderte Lage zugunsten Alexanders, so daß er sogar Sardes, das Bollwerk des Barbarenreiches zum Meer hin, einnehmen konnte und auch die übrigen Städte in seine Hand bekam. Allein Halikarnaß und Milet leisteten noch Widerstand. Er eroberte beide Städte nach einer Belagerung und unterwarf die Gebiete im Umkreis. Danach war er unschlüssig über seine nächsten Schritte. Oft war er drauf und dran, dem Dareios entgegenzuziehen und die Entscheidungsschlacht zu schlagen, dann plante er wieder, sich zunächst des Machtpotentials und der Geldquellen der Länder am Meer zu bemächtigen, sich zuerst daran zu üben und dadurch zu stärken und dann erst gegen Dareios weiter ins Landesinnere vorzurükken.
In Lykien bei der Stadt Xanthos gibt es eine Quelle. Diese soll damals ganz von selbst in Bewegung gekommen und übergelaufen sein und dabei aus der Tiefe eine eherne Tafel mit altertümlichen Schriftzeichen zum Vorschein gebracht haben. Darauf stand, die Herrschaft der Perser solle durch die Hellenen ein Ende finden. Das ermutigte Alexander, und er eilte nun, das Küstengebiet bis nach Phoinikien und Kilikien hin von den Feinden zu säubern. Der Marsch an der Küste von Pamphylien entlang hat vielen Geschichtsschreibern Stoff für eine dramatische und prächtig ausgeschmückte Schilderung gegeben. Das Meer, so heißt es, das sonst immer heftig von draußen her an die Küste anbrandet und nur selten unter den steilen, schroffen Gebirgsrändern schmale, ans Land angrenzende Felsplatten hervortreten läßt, sei durch ein göttliches Eingreifen vor Alexander zur Seite gewichen.

Auch Menander[45] spielt in einer Komödie darauf an, wenn er über unvermutete Ereignisse scherzhaft sagt:

»Ganz nach Alexanderweise geht das hier: Such ich einen,
Kommt er schon von selbst daher. Muß ich aber einmal
Suchen einen Weg durchs Meer, gleich wird er mir gangbar sein.«

Alexander selbst berichtet in seinen Briefen nichts von einem Wunder; er sagt, er habe den Weg durch die sogenannte Klimax[46] genommen und sei von Phaselis aus hindurchgezogen. Daher hielt er sich auch mehrere Tage in dieser Stadt auf. Als er auf dem Marktplatz eine Statue des Theodektes[47] erblickte – dieser war inzwischen verstorben, er stammte aus Phaselis –, veranstaltete er nach dem Abendessen, vom Wein beschwingt, einen Festzug dorthin und warf der Statue viele Kränze zu, eine nicht unfeine, scherzhafte Huldigung für den Mann, dessen Bekanntschaft er durch Aristoteles und die Philosophie gemacht hatte.

18. Darauf unterwarf er die Pisidier, die sich ihm widersetzt hatten, und nahm Phrygien ein. Die Stadt Gordion, die sagenhafte Residenz des altberühmten Königs Midas, eroberte er und besichtigte dort den bekannten Wagen, der mit dem Bast von Kornelkirschen zusammengebunden war. Er hörte auch die Sage, die sich an ihn knüpft und die die Barbaren für wahr halten, daß nämlich derjenige, der den Knoten löse, dazu bestimmt sei, König über die ganze Erde zu werden. Die meisten berichten nun, daß die Enden des Knotens, da vielfach ineinander verschlungen und verknotet, nicht zu sehen gewesen seien, und daher sei Alexander nicht in der Lage gewesen, den Knoten aufzulösen, sondern habe ihn mit dem Schwert durchtrennt, wodurch viele Enden zum Vorschein gekommen seien. Aristobulos erzählt dagegen, das Auflö-

sen sei Alexander ganz leichtgefallen, indem er einfach den Pflock, mit dem der Jochriemen festgehalten war, aus der Deichsel herauszog und so das Joch vom Wagen trennte.
Anschließend brachte er die Paphlagonier und Kappadokier auf seine Seite, und auf die Nachricht von Memnons[48] Tod fühlte er sich in seinem Entschluß bestärkt, ins Landesinnere vorzurücken. Denn von diesem Mann hatte man von allen Feldherrn des Dareios in den kleinasiatischen Küstenländern den meisten Widerstand und tausenderlei Schwierigkeiten und Hindernisse für Alexanders Zug erwartet. Schon war auch Dareios von Susa her im Anmarsch, siegesgewiß wegen seiner Truppenstärke – er hatte nämlich 600000 Mann bei sich – und dazu noch ermutigt durch einen Traum, den die Wahrsager mehr ihm zu Gefallen als der Wahrscheinlichkeit nach ausgelegt hatten. Er hatte nämlich geträumt, die makedonische Phalanx stünde in hellen Flammen, Alexander aber mache ihm seine Aufwartung, und zwar in dem Gewand, das er, Dareios, selber getragen hatte, als er den Titel eines Reichskommissars für das Postwesen führte. Dann sei aber Alexander in den Tempel des Belos[49] gegangen und darin verschwunden. Vermutlich wollte die Gottheit durch dieses Traumbild offenbaren, daß die makedonische Macht weithin sichtbar in hellem Glanze erstrahlen und Alexander der Herrscher über Asien werden würde, so wie Dareios vom obersten Mann des Postwesens zum König geworden sei, aber bald darauf sein Leben ruhmvoll beschließen werde.
19. Noch zuversichtlicher wurde Dareios, als Alexander so lange Zeit in Kilikien blieb, was er ihm als Feigheit auslegte. Der Grund für den langen Aufenthalt war aber eine Krankheit Alexanders, die man teils den großen Strapazen zuschreibt, teils als Folge eines Bades im eiskalten Wasser des Flusses Kydnos ansieht. Von den Ärzten wagte keiner, einschneidende Maßnahmen vorzuneh-

men, sie glaubten vielmehr, die Gefahr sei zu groß im Vergleich zu jeder Art von Hilfe, und daher fürchteten sie sich im Falle des Mißlingens vor den Vorwürfen der Makedonen. Philippos aus Akarnanien dagegen war sich zwar im klaren über die Bedenklichkeit seiner Lage, er vertraute aber auf die Freundschaft des Königs und hielt es für schmachvoll, wenn sich Alexander in höchster Gefahr befand, nicht selber ebenfalls jede Gefahr auf sich zu nehmen, unter Einsatz des eigenen Lebens zu helfen und das Äußerste zu wagen. Daher bereitete er eine Arznei und beredete Alexander auch, sich zu überwinden und sie einzunehmen, wenn es ihm darum ginge, schnell wieder gesund zu werden, um den Krieg fortsetzen zu können. Mittlerweile schickte Parmenion aus dem Lager einen Brief, in dem er Alexander aufforderte, vor Philippos auf der Hut zu sein, er sei nämlich von Dareios durch große Geldsummen und die Aussicht auf die Heirat mit einer seiner Töchter gewonnen worden, Alexander umzubringen. Dieser las den Brief, zeigte ihn aber keinem seiner Freunde, sondern verbarg ihn unter dem Kopfkissen. Als nun Philippos zur festgesetzten Stunde mit den Freunden des Königs eintrat und die Arznei in einem Becher brachte, übergab ihm Alexander den Brief, er selber aber nahm bereitwillig ohne eine Spur von Argwohn die Medizin ein. Das war ein wundersamer Anblick, gerade wie auf der Bühne, wie der eine den Brief las, der andere die Medizin austrank und sie dann gleichzeitig einander anblickten, aber mit ganz verschiedener Miene. Denn Alexander gab mit heiterem und freundlichem Gesicht seinem Wohlwollen und Vertrauen Philippos gegenüber Ausdruck, während dieser über die Verleumdung ganz außer sich geriet und bald die Götter anrief und die Hände zum Himmel hob und bald sich vor dem Bett niederwarf und Alexander beschwor, ganz sicher zu sein und sich auf ihn zu verlassen. Die Arznei wirkte nämlich zuerst sehr stark auf den Körper, verdrängte alle Lebenskraft und drückte sie so stark nieder, daß die Stimme versagte und man nur noch kaum merkliche und schwache Lebenszeichen wahrnahm, während der Kranke in einer tiefen Ohnmacht lag. Aber Philippos brachte ihn bald wieder auf die Beine, er kam zu Kräften und konnte sich den Makedonen zeigen. Diese ließen sich nämlich nicht aus ihrer Niedergeschlagenheit herausreißen, bis sie Alexander wieder mit eigenen Augen sahen.

20. Im Heer des Dareios war ein makedonischer Flüchtling namens Amyntas, dem Alexanders Wesensart wohl vertraut war. Er sah, daß Dareios eben dabei war, durch die Engpässe Alexander entgegenzuziehen, und riet ihm daher, hierzubleiben, wo er in der weiten, ausgedehnten Ebene mit seiner überlegenen Truppenmacht dem zahlenmäßig schwächeren Feind die Schlacht anbieten könne. Dareios antwortete, er habe Bedenken, daß die Feinde sich aus dem Staube machten und Alexander ihm entkommen könnte. Darauf meinte Amyntas: »Deswegen brauchst du dir keine Sorgen zu machen, König. Alexander wird gegen dich vorrücken, und sicher ist er schon im Anmarsch.« Damit konnte Amyntas den König aber nicht überzeugen, Dareios brach auf und marschierte nach Kilikien, zugleich rückte Alexander nach Syrien gegen ihn vor. In der Nacht verfehlten sie einander jedoch[50] und kehrten wieder um. Alexander war erfreut über den Zufall und beeilte sich, den Feind noch in der Gegend der Engpässe anzutreffen, Dareios aber war bestrebt, seinen früheren Lagerplatz wiederzugewinnen und sein Heer aus dem Paß herauszuziehen. Denn es war ihm nun klargeworden, daß er sich zu seinem Nachteil in ein Gelände begeben hatte, das durch Meer, Gebirge und den mitten hindurchfließenden Fluß Pinaros sehr ungünstig für die Reiterei und vielfach durchschnitten war, während es dem zahlenmäßig unterlegenen Feind einen Vorteil bot. Dem Alexander hatte nun zwar das Glück

einen solchen Kampfplatz beschert, aber sein strategisches Talent war noch weit mehr ausschlaggebend für den Sieg als dieser Vorteil, den ihm das Glück bot.[51] Denn obwohl er zahlenmäßig den Barbaren unterlegen war, bot er ihnen keine Möglichkeit zur Einkreisung, er dehnte vielmehr seinen rechten Flügel über ihren linken aus, fiel ihnen in die Flanke und schlug die ihm gegenüber aufgestellten Barbaren in die Flucht. Er selbst kämpfte dabei in vorderster Front und trug daher eine Wunde am Schenkel durch einen Schwerthieb davon, und zwar, wie Chares[52] berichtet, von Dareios selber, denn sie seien miteinander in einen Zweikampf geraten. Alexander aber erwähnt in seinem Kriegsbericht an Antipater nicht, von wem die Wunde stammte, er teilte nur mit, daß er durch einen Schwerthieb am Schenkel verwundet worden sei, die Wunde habe aber keine schlimmen Folgen gehabt. Er errang einen glänzenden Sieg und tötete von den Feinden über 110000 Mann, den Dareios aber holte er nicht ein, da dieser auf der Flucht einen Vorsprung von 4 bis 5 Stadien hatte, seinen Wagen und seinen Bogen aber erbeutete er und kehrte dann um. Er fand die Makedonen damit beschäftigt, die Schätze aus dem Lager der Barbaren fortzuschleppen, die in reichster Fülle vorhanden waren, obwohl die Perser nur mit leichtem Gepäck in die Schlacht gezogen waren und den größten Teil des Trosses in Damaskos zurückgelassen hatten. Das Zelt des Dareios hatte man für Alexander aufgehoben, es war voll auserlesener Dienerschaft und Ausstattung sowie voll reicher Schätze. Er legte nun sogleich die Rüstung ab, ging zum Bad und sagte dabei: »Gehen wir, den Schweiß der Schlacht im Bade des Dareios abzuwaschen.« Einer seiner Vertrauten aber meinte: »Nein, vielmehr in dem Bad Alexanders, denn der Besitz des Besiegten muß dem Sieger gehören, und nach ihm muß man ihn auch benennen.« Als Alexander die Gefäße im Bad, die Wasserkrüge und Salbenfläschchen sah – alles

aus Gold und kunstreich gearbeitet –, den köstlichen
Duft im Raum einatmete wie von den edelsten Gewürzen
und Essenzen und als er dann in das Zelt selber trat, das
durch seine Höhe und Größe und den Prunk der Betten,
Tische und des Tafelgeschirrs Bewunderung erregte, sah
er seine Freunde bedeutungsvoll an und sagte: »Das war
also wohl sein Königtum!«

21. Er wollte sich gerade zur Mahlzeit niederlassen, da
meldete man ihm, unter den Gefangenen befänden sich
auch die Mutter und die Gattin des Dareios sowie seine
zwei jungen Töchter. Diese seien beim Anblick des Wagens und des Bogens in Weinen und Wehklagen ausgebrochen, da sie glaubten, Dareios sei tot. Eine Zeitlang
verharrte Alexander in Schweigen, das Schicksal der
Frauen beschäftigte ihn mehr als sein eigenes. Dann
schickte er den Leonnatos zu ihnen mit der Botschaft,
Dareios sei noch am Leben, und sie brauchten keine
Angst vor Alexander zu haben. Nur mit Dareios führe er
Krieg um die Herrschaft, ihnen aber werde alles zu Gebote stehen, wie sie es ihrem Rang nach unter Dareios als
König hätten beanspruchen können. Durch diese Botschaft erschien er den Frauen schon freundlich und edelmütig, aber noch weit mehr durch die großmütige Art,
mit der er sie während ihrer Gefangenschaft behandelte.
Er gestattete ihnen, so viele Perser begraben zu lassen,
wie sie wollten, und dazu Gewänder und Schmuck aus
der Beute zu nehmen. Von der Dienerschaft und der
ehrenvollen Aufwartung, die sie gewohnt waren, entzog
er ihnen nicht das geringste, sie erhielten im Gegenteil
noch höhere Einkünfte zugewiesen als früher. Der
schönste und königlichste Gnadenerweis, den er den edlen, tugendhaften Frauen, die nun Gefangene geworden
waren, zuteil werden ließ, war aber, daß sie keinerlei
Ehrenkränkung weder hören noch argwöhnen oder befürchten mußten. Sie durften vielmehr ein Leben für sich,
keinem unbefugten Auge zugänglich, führen, gerade als

ob sie nicht in einem feindlichen Heerlager, sondern streng behütet in einer geweihten, unantastbaren Wohnstätte von Jungfrauen lebten. Dabei heißt es, die Gemahlin des Dareios habe an Schönheit alle anderen königlichen Frauen bei weitem übertroffen, wie auch Dareios selber an Schönheit und Körpergröße alle Männer überragte, und die Töchter seien das Abbild dieser Eltern gewesen. Aber Alexander hielt offenbar den Sieg über sich selber für königlicher als den über die Feinde, er rührte jedenfalls keine dieser Frauen an, noch hatte er überhaupt eine andere Frau vor seiner Heirat, mit Ausnahme der Barsine. Diese war die Witwe des Memnon und wurde bei Damaskos gefangengenommen. Sie wurde von Alexander seiner Liebe gewürdigt, denn sie war griechisch erzogen, hatte einen edlen Charakter, und ihr Vater war Artabazos, der Sohn einer Königstochter. Parmenion hatte Alexander nach der Darstellung des Aristobulos noch dazu ermuntert, sich mit einer so schönen und edlen Frau zu verbinden. Beim Anblick der übrigen gefangenen Frauen, die alle besonders schön und stattlich waren, sagte Alexander im Scherz, es schmerzten einem ordentlich die Augen beim Anblick der Perserinnen. Um aber der Schönheit ihrer Erscheinung den Adel seiner Mäßigung und Selbstbeherrschung gegenüberzustellen, ließ er sie wie leblose Statuen an sich vorüberziehen.

22. Einmal schrieb ihm Philoxenos, der Befehlshaber der Küstentruppen, ein gewisser Theodoros aus Tarent sei bei ihm, der zwei ausnehmend schöne Knaben zu verkaufen habe, und fragte an, ob Alexander sie kaufen wolle. Dieser nahm das sehr übel auf und rief mehr als einmal seinen Freunden zu: »Welche Schändlichkeit hat denn dieser Philoxenos jemals bei mir entdeckt, daß er sich erdreistet, für mich solche Schandkerle auftreiben zu wollen!« Dem Philoxenos selber machte er brieflich allerhand Vorwürfe und hieß ihn, den Theodoros samt seinem Angebot zum Henker zu schicken. Ebenso grob ließ er auch den Hagnon abfahren, der ihm schrieb, er wolle den Krobylos, einen vielbewunderten Knaben aus Korinth, kaufen und zu ihm bringen. Als er erfuhr, daß Damon und Timotheos, zwei Makedonen aus dem Heer des Parmenion, die Frauen einiger Söldner vergewaltigt hätten, schickte er dem Parmenion einen Brief mit dem Befehl, die beiden, wenn sie der Tat überführt seien, als wilde Tiere, die nur zum Schaden der menschlichen Gesellschaft da seien, mit dem Tode zu bestrafen. Von sich selber sagt er in diesem Brief wörtlich: »Was mich betrifft, so wird man feststellen können, daß ich es nicht einmal geduldet habe, wenn andere die Schönheit der Gemahlin des Dareios priesen, geschweige denn, daß ich sie mir betrachtet oder den Wunsch dazu gehabt hätte.«

Er pflegte auch zu sagen, Schlaf und Liebe lehrten ihn am eindringlichsten, daß er ein sterblicher Mensch sei, denn Ermüden und Genießen entsprängen aus derselben Schwäche der menschlichen Natur.

Auch im Essen war er äußerst mäßig, dies zeigte sich neben vielem anderen besonders in seiner Antwort an Ada, der er den Titel einer Mutter und die Herrschaft über Karien verliehen hatte.[53] Sie schickte ihm nämlich, da sie ihm sehr zugetan war, Tag für Tag eine Menge feiner Speisen und Leckerbissen, schließlich sogar die besten Köche und Bäcker. Daraufhin ließ er ihr sagen, er brauche diese Leute nicht, er habe nämlich viel bessere Köche, die ihm sein Erzieher Leonidas gegeben habe: für das Frühstück einen nächtlichen Marsch und für das Abendessen ein mageres Frühmahl. »Der gleiche Mann«, fuhr er fort, »ging umher und öffnete meine Bettkästen und Kleiderschränke, um nachzusehen, ob mir die Mutter irgendeine Leckerei oder sonst etwas Überflüssiges zugesteckt hätte.«

23. Auch dem Wein war er nicht so zugetan, wie man allgemein annimmt. Es hatte nur diesen Anschein, weil er so lange Zeit dabei verweilte, aber er verbrachte diese

Zeit nicht so sehr mit Trinken als vielmehr mit Plaudern, da er bei jedem Becher immer eine lange Unterhaltung anfing, und dies zumal, wenn er Muße hatte. Galt es aber zu handeln, dann hielten ihn weder Wein noch Schlaf, keine Vergnügung, kein Hochzeitsfest und kein Schauspiel ab, wie es bei so manchen anderen Feldherrn der Fall ist. Das beweist sein ganzes Leben, das er, so kurz es war, ganz und gar ausgefüllt hatte mit einer Vielzahl von außerordentlichen Taten. Hatte er freie Zeit, so stand er auf, opferte den Göttern und nahm im Sitzen sein Frühstück ein. Dann verbrachte er den Tag damit, auf die Jagd zu gehen oder Gerichtsfälle zu entscheiden, militärische Angelegenheiten zu regeln oder zu lesen. Mußte er einen Weg zurücklegen, bei dem es nicht eilte, so übte er sich unterwegs im Bogenschießen oder darin, auf einen fahrenden Wagen auf- und wieder abzuspringen. Oft jagte er auch zum Vergnügen Füchse und Vögel, wie aus seinen Tagebuchaufzeichnungen zu entnehmen ist.[54] Nach der Rückkehr begab er sich ins Bad oder zum Salben und fragte die Bediensteten, die die Küche und Bäckerei unter sich hatten, ob alles ordentlich vorbereitet sei zum Abendessen. Die Abendmahlzeit begann er erst spät, wenn es schon dunkel war, und nahm sie im Liegen ein. Erstaunlich war dabei, wie genau und umsichtig er bei der Tafel darauf achtete, daß alles gleichmäßig und sorgfältig verteilt wurde. Das Trinken aber dehnte sich bei ihm, wie gesagt, wegen seiner Freude am Plaudern immer sehr lange aus. Während er sonst der angenehmste Gesellschafter von allen Königen überhaupt war und jede erdenkliche Liebenswürdigkeit zeigte, wirkte er dann durch einen Hang zur Ruhmredigkeit unangenehm und kehrte gar zu sehr den Soldaten heraus, indem er nicht nur selber großsprecherisch auftrat, sondern sich auch hemmungslos seinen Schmeichlern in die Hände gab. Diese brachten nun die Verständigeren unter den Anwesenden in Verlegenheit, denn sie wollten ja weder mit den

Speichelleckern wetteifern noch sich von ihnen in ihren Lobeserhebungen den Rang ablaufen lassen; das eine erschien ihnen ehrlos, das andere aber war gefährlich. Nach dem Trinken badete er und schlief dann oft bis zum Mittag, es kam aber auch vor, daß er den ganzen Tag im Bett zubrachte. Was den Genuß von Leckereien anging, so war er darin so enthaltsam, daß er die seltensten Früchte und Fische, die er oftmals geradewegs vom Meer zugesandt bekam, an seine Freunde verteilte und oft nichts für sich selber zurückbehielt. Seine Tafel war jedoch immer glänzend gedeckt, und der Aufwand wuchs entsprechend seinen großen Erfolgen und stieg so zuletzt auf eine Summe von 10000 Drachmen. Dabei ließ er es aber bewenden, und diese Summe wurde auch als oberste Grenze für Alexanders Gastgeber festgesetzt.

24. Nach der Schlacht von Issos schickte er eine Abteilung Soldaten nach Damaskos und erbeutete die Schätze, das Gepäck und die Frauen und Kinder der Perser. Die größte Beute fiel dabei den thessalischen Reitern zu. Diese Männer, die sich in der Schlacht als besonders tapfere Krieger bewährt hatten, schickte Alexander nämlich mit voller Absicht auf diesen Zug, damit sie reiche Beute machen konnten. Aber auch das übrige Heer füllte das ganze Lager mit erbeuteten Schätzen an. Die Makedonen, die jetzt zum ersten Mal in den Genuß des Goldes und Silbers, der Frauen und der verschwenderischen Lebensweise der Barbaren kamen, waren wie Hunde, die eine Fährte aufgenommen haben, eifrig darauf aus, sie weiterzuverfolgen und den Hauptsitz des persischen Reichtums aufzuspüren.

Alexander war jedoch entschlossen, zuerst seine Machtstellung in den Ländern an der Küste zu festigen. Die Insel Kypros wurde sogleich durch die dortigen Könige übergeben, dazu erfolgte die Übergabe von Phoinikien mit Ausnahme von Tyros. Deshalb belagerte er Tyros sieben Monate lang mit Dammbauten und Belagerungsmaschinen sowie mit 200 Schiffen von der Seeseite her. Während dieser Zeit träumte er, Herakles strecke ihm von der Mauer aus die Hand entgegen und rufe ihn zu sich. Vielen Bewohnern von Tyros dagegen schien es im Traum, als erkläre Apollo, zu Alexander übergehen zu wollen, weil er mit der Haltung von Tyros nicht einverstanden sei. Daher legten die Einwohner Ketten um das Riesenstandbild des Gottes und befestigten es mit Nägeln am Sockel, gerade als ob sie den Gott wie einen Menschen als Überläufer zu den Feinden auf frischer Tat ertappt hätten. Dazu nannten sie ihn Alexandristes, Alexanderanhänger. Alexander aber hatte noch eine andere Traumerscheinung. Ein Satyr schien sich ihm zu zeigen und ihn aus einiger Entfernung zu necken, als er aber nach ihm greifen wollte, lief er davon. Schließlich jedoch, nach vielem Bitten und Herumlaufen, ließ er sich fangen. Die Wahrsager zerlegten nun das Wort in Sa Tyros und kamen so auf die recht einleuchtende Deutung: Tyros wird dein sein. Man zeigt auch noch eine Quelle, bei der Alexander den Satyr im Traum gesehen haben soll.

Während der Belagerung unternahm er einen Kriegszug gegen die Araber am Antilibanon und kam dabei durch seinen Erzieher Lysimachos in große Gefahr. Dieser war ihm nämlich mit der Begründung gefolgt, er sei weder schwächer noch älter als Phoinix.[55] Als Alexander sich nun dem Gebirge näherte, ließ er die Pferde zurück und marschierte zu Fuß weiter. Die Soldaten rückten weiter vor, Alexander aber konnte sich nicht dazu durchringen, den erschöpften Lysimachos, der sich kaum noch auf den Füßen halten konnte, zurückzulassen; es wurde nämlich schon Abend, und die Feinde waren in der Nähe. Er sprach ihm vielmehr Mut zu und suchte ihm weiterzuhelfen, und dabei wurde er, ohne es zu merken, mit nur wenigen Begleitern von seinen Truppen abgeschnitten und mußte die Nacht in Finsternis und grimmiger Kälte auf einem gefährlichen Terrain zubringen. In der Ferne sah er zahlreiche Wachtfeuer der Feinde, über die Gegend verstreut, brennen. Im Vertrauen auf seine körperliche Gewandtheit und gewohnt, stets durch persönlichen Einsatz den Kampfgeist seiner Soldaten zu stärken, lief er vor zu dem nächsten Feuer. Er stieß zwei am Feuer sitzende Barbaren mit dem Schwert nieder, entriß ihnen einen Feuerbrand und brachte ihn zu seinen Begleitern zurück. Diese entfachten nun ein hochauflodernde Feuer und versetzten dadurch sogleich einem Teil der Feinde einen solchen Schrecken, daß sie die Flucht ergriffen. Die anderen, die einen Angriff wagten, schlugen sie zurück und verbrachten die Nacht nun ohne Gefahr. So lautet der Bericht des Chares.

25. Die Belagerung fand auf folgende Weise ihr Ende. Alexander ließ sein Hauptkontingent von den bisherigen Strapazen ausruhen und bestimmte nur eine kleinere Abteilung, um dem Feind keine Erholungspause zu gönnen, zum Sturm auf die Mauern. Währenddessen brachte der Seher Aristandros ein Opfer dar, und nach der Opferschau erklärte er den Anwesenden mit Bestimmtheit, die Stadt werde noch in diesem Monat erobert werden. Darauf gab es Spott und Gelächter, es war nämlich schon der Letzte des Monats. Der König, der den Seher in ziemlicher Verlegenheit sah und immer bestrebt war, sich im Einklang mit der Weissagekunst zu befinden, gab den Befehl, diesen Tag nicht als den 30., sondern als den 28. des Monats zu zählen. Er ließ die Trompeter zum Angriff blasen und unternahm einen härteren Angriff auf die Mauern, als er ursprünglich beabsichtigt hatte. Bei diesem starken Ansturm, bei dem auch die Truppen im Lager nicht unbeteiligt blieben, sondern Aufstellung nahmen und zur Hilfeleistung ausrückten, gaben die Tyrer ihre Gegenwehr auf, und Alexander nahm die Stadt noch an diesem Tag ein. Anschließend belagerte er Gaza, die größte Stadt Syriens. Dabei fiel ihm ein Erdbrocken auf die Schulter, den ein Vogel in der Luft hatte fallen lassen.

Der Vogel ließ sich dann auf einer der Belagerungsmaschinen nieder und verwickelte sich unversehens in dem Tauwerk, das man zum Anziehen der Spannseile benutzte. Das Vorzeichen bewahrheitete sich, wie es Aristandros gedeutet hatte: Alexander wurde an der Schulter verwundet, eroberte aber die Stadt. Er schickte einen großen Teil der Beute an Olympias und Kleopatra[56] sowie an seine Freunde, seinem Erzieher Leonidas aber übersandte er 500 Talente Weihrauch und 100 Talente Myrrhen in Erinnerung an eine Hoffnung aus seiner Kindheit. Leonidas hatte nämlich einmal bei einem Opfer, als Alexander mit beiden Händen Räucherwerk nahm und ins Feuer warf, zu ihm gesagt: »Wenn du einmal das Weihrauchland erobert hast, Alexander, dann kannst du so reichlich Räucherwerk spenden, jetzt aber geh sparsam um mit dem, was da ist.« Jetzt schrieb Alexander an ihn: »Ich habe einen reichen Vorrat von Weihrauch und Myrrhen an dich abgeschickt, damit du endlich aufhörst, den Göttern gegenüber den Geizigen zu spielen.«

26. Man brachte ihm einmal ein Kästchen, das denen, die die Schätze und das Gepäck des Dareios zu registrieren hatten, als das kostbarste Stück erschien. Da fragte er seine Freunde, was ihrer Meinung nach am ehesten einen Platz in diesem Kästchen verdiene. Die einen rieten dies, die anderen das, und da entschied er selber, er wolle die *Ilias* darin aufbewahren. Das haben nicht wenige glaubwürdige Schriftsteller bezeugt. Wenn auch das stimmt, was die Alexandriner erzählen, die sich dabei auf das Zeugnis des Herakleides[57] stützen, so ist Homer für ihn ganz offensichtlich kein müßiger und unnützer Feldzugsgenosse gewesen. Sie berichten nämlich, Alexander habe nach der Eroberung Ägyptens eine große und reichbevölkerte Stadt gründen und ihr seinen Namen geben wollen, und er hatte nach den Plänen der Architekten das Gelände dafür schon so gut wie abmessen und eingren-

zen lassen. Da hatte er nachts im Schlaf ein wundersames Traumbild. Es war ihm, als trete ein grauhaariger Mann von würdiger Erscheinung vor ihn hin und spreche die folgenden Verse:[58]

> Eine der Inseln liegt im wogenstürmenden Meere
> Vor des Aigyptos Strome, die Menschen nennen sie
> Pharos.

Sofort stand er auf und begab sich nach Pharos, das damals noch eine Insel war, ein wenig oberhalb der Kanobischen Nilmündung. Heute ist es durch einen Damm mit dem Festland verbunden. Als er nun die außerordentlich günstige Lage sah – es ist nämlich ein schmaler Landstrich, der in Form eines verhältnismäßig breiten Isthmos einen weiten See und das in einen großen Hafen auslaufende Meer zweckentsprechend voneinander trennt –, sagte er, Homer sei einfach in allem zu bewundern, er sei auch noch ein äußerst kluger Baumeister. Und er ordnete an, einen an das Gelände angepaßten Grundriß der künftigen Stadt zu zeichnen. Weiße Kreide hatte man nicht da, deshalb nahm man Mehl und beschrieb damit auf dem dunklen ebenen Boden einen Kreisbogen, dessen innere Fläche zwei gerade gegeneinander laufende Grundlinien, wie bei einem Kriegsmantel von den Säumen ausgehend, in gleich große Teile teilten. Der König war sehr erfreut über diese Skizze, als sich plötzlich vom Fluß und dem See her ein riesiger Schwarm von Vögeln aller möglichen Arten und Größen wie eine Wolke auf den Platz niedersenkte und von dem Mehl nicht das geringste Stäubchen übrigließ. Alexander zeigte sich über das Vorzeichen bestürzt, aber die Seher hießen ihn, guten Mutes zu sein. Sie erklärten, er werde eine Stadt gründen, die vielen Menschen Raum geben und Leuten von überall her Nahrung und Brot bieten werde. Daraufhin gab er den dafür Zuständigen die Weisung, die Stadtgründung eifrig weiter zu betreiben.

Er selber aber unternahm einen Zug zum Orakel des Ammon. Der Weg dorthin war weit, voller Mühsal und Beschwerden und in zweifacher Hinsicht sehr gefahrvoll. Einmal gibt es kaum Wasser dort, wodurch das Land mehrere Tagereisen weit zur Wüste wird, und dann besteht die Gefahr, daß ein heftiger Südsturm die Reisenden im tiefen, unwegsamen Sand überfällt. Ein solcher Sandsturm soll den Berichten zufolge einstmals das Heer des Kambyses mit 50000 Mann überschüttet und vernichtet haben, indem der Sturm hohe Sanddünen aufwarf und die ganze Ebene mit Sandwellen bedeckte.[59] Diese Gefahren standen nahezu jedermann vor Augen, aber Alexander von einem einmal gefaßten Plan abzubringen war so gut wie unmöglich. Denn da das Glück seine Unternehmungen immer begünstigte, verlieh es seinen Entschlüssen die innere Sicherheit, und sein feuriger Tatendrang trieb ihn in seiner Ruhmbegierde bis zum Äußersten, so daß er, im Glauben, unbesiegbar zu sein, sogar Raum und Zeit sich untertan machen wollte.

27. Bei diesem Zug damals fand jedenfalls die Hilfe, die Alexander in seinen Nöten zuteil wurde, in ihrem göttlichen Ursprung mehr Glauben als die späteren Orakel, man glaubte gewissermaßen dieser Hilfe wegen dann an die Orakel. Denn zunächst sandte der Himmel starken, anhaltenden Regen. Er bannte die Gefahr des Verdurstens und kühlte den trockenheißen Sand ab, der angefeuchtet wurde und dadurch eine fest zusammenhängende Masse bildete. Als Folge davon wurde auch die Luft reiner und besser zum Atmen. Ferner waren zwar die Wegemarkierungen, nach denen sich die Führer zu richten pflegten, verschüttet, und die Karawane zog daher in ihrer Unkenntnis ziellos umher und zerstreute sich, aber plötzlich erschienen Raben und übernahmen die Führung des Zuges. Sie flogen rasch voraus, wenn die Reisenden folgten, warteten aber, wenn diese zurückblieben und langsamer wurden. Das Wunderbarste dabei

aber war folgendes, wie Kallisthenes berichtet:[60] Durch ihr Schreien und Krächzen riefen sie in der Nacht die Verirrten auf den rechten Weg zurück.

Nach dem Marsch durch die Wüste kam Alexander endlich an dem Orakelort an, und der Oberpriester des Ammon hieß ihn im Namen des Gottes als seines Vaters willkommen. Alexander aber richtete die Frage an ihn, ob keiner der Mörder seines Vaters seiner Strafe entgangen sei. Der Oberpriester hieß ihn darauf, sorgfältiger in der Wahl seiner Worte zu sein, er habe keinen sterblichen Vater. Da drückte sich Alexander anders aus, er fragte, ob alle Mörder Philipps ihre Strafe gefunden hätten. Dann fragte er nach der Herrschaft, ob der Gott es ihm gewähre, Herrscher über alle Menschen zu sein. Der Gott gab zur Antwort, dies werde ihm zuteil werden, und Philipp habe ausreichende Sühne erhalten. Darauf brachte Alexander dem Gott herrliche Weihgeschenke dar und beschenkte die Menschen dort mit Geld.

So lauten die meisten Berichte über die Orakel. Alexander selbst schreibt in einem Brief an seine Mutter, er habe einige geheime Weissagungen erhalten, die er ihr ganz allein bei seiner Rückkehr mitteilen wolle. Einige berichten hingegen, der Oberpriester habe Alexander auf griechisch mit der freundlichen Anrede »Liebes Kind« begrüßen wollen, habe sich aber als Nichtgrieche mit dem s vertan, indem er ein s statt eines n gebrauchte und so gesagt hätte: »O Paidios«[61], und dieser Lapsus sei Alexander sehr willkommen gewesen; es habe sich daraufhin das Gerücht verbreitet, Alexander sei von dem Gott als Sohn des Zeus angeredet worden. Es heißt auch, Alexander habe in Ägypten den Philosophen Psammon gehört, und von dessen Vortrag habe der Satz seine besondere Billigung gefunden, daß alle Menschen vom Gott regiert würden, denn das herrschende und leitende Prinzip in jedem Menschen sei göttlichen Ursprungs. Er habe diesen philosophischen Gedanken noch weiter ausgespon-

nen und gesagt, Gott sei zwar der gemeinsame Vater aller Menschen, aber er mache doch die Besten zu seinen eigentlichen Kindern.
28. Im allgemeinen trat er den Barbaren sehr stolz gegenüber und ganz durchdrungen von seiner göttlichen Abkunft und Gotteskindschaft, bei den Griechen aber zeigte er mehr Maß und Zurückhaltung in seinem Anspruch auf Göttlichkeit. Nur einmal schrieb er wegen Samos an die Athener: »Ich für meine Person hätte euch ja diese freie und ruhmreiche Stadt nicht gegeben. Nun behaltet sie aber, ihr habt sie ja von dem damaligen Herrscher erhalten, den man meinen Vater nennt«, womit er den Philipp meinte. Als er aber später von einem Pfeil getroffen und verwundet war und heftige Schmerzen litt, sagte er: »Was da fließt, ist Blut und nicht

> Saft, wie er lauter fließt in den Adern der seligen Götter[62].«

Als es einmal gewaltig donnerte und alle erschrocken waren, sagte der gerade anwesende Philosoph Anaxarchos zu Alexander: »Das war doch nicht etwa dein Werk, Sohn des Zeus?« Und Alexander antwortete lachend: »Nein, ich will meinen Freunden keine Furcht einjagen, wie du das von mir gerne hättest. Denn du machst geringschätzige Bemerkungen über meine Tafel, weil du auf den Tischen Fische und keine Köpfe von Satrapen siehst.« Tatsächlich soll sich Anaxarchos einmal, als der König dem Hephaistion ein Gericht kleiner Fische zugesandt hatte, in der erwähnten Weise darüber geäußert haben. Er wollte damit Hohn und Spott über diejenigen ausgießen, die unter ungeheuren Mühen und Gefahren glänzendem Ruhm nachjagen, aber anderen im Vergnügen oder Genuß wenig oder gar nichts voraushaben. Jedenfalls ist aus dem hier Berichteten der sichere Schluß zu ziehen, daß Alexander im Grunde von seiner Göttlichkeit weder überzeugt noch gar verblendet war,

sondern sich durch den Ruf davon lediglich eine größere
Macht über die anderen verschaffen wollte.
29. Er kehrte nun von Ägypten nach Phoinikien zurück
und hielt zu Ehren der Götter Opferfeste und Prozessionen ab sowie Wettkämpfe in dithyrambischer und tragischer Dichtung, bei denen nicht nur in der Ausstattung,
sondern auch durch den dabei bewiesenen Wetteifer großer Glanz entfaltet wurde. Denn als Ausstatter der Aufführungen traten die Könige von Kypros auf (wie in
Athen diejenigen, die in den einzelnen Phylen durchs
Los bestimmt werden) und zeigten einen staunenswerten
Ehrgeiz, einander zu übertreffen. Besonders taten sich
Nikokreon von Salamis und Pasikrates von Soloi hervor.
Sie hatten nämlich durchs Los den Auftrag erhalten, die
berühmtesten Schauspieler auszustatten, Pasikrates den
Athenodoros, Nikokreon den Thessalos, den Alexander
selber ganz besonders schätzte. Er zeigte seine Vorliebe
für ihn aber nicht eher, als bis Athenodoros durch Abstimmung zum Sieger erklärt worden war. Erst dann, so
heißt es, sagte er beim Weggehen, er erkenne zwar das
Urteil der Schiedsrichter an, er hätte aber gerne einen
Teil seines Reiches dafür hingegeben, den Thessalos nicht
besiegt zu sehen. Athenodoros wurde nun von den Athenern mit einer Geldbuße belegt, weil er bei den Aufführungen der Großen Dionysien nicht mitgewirkt habe,
und er bat den König, in seiner Angelegenheit an die
Athener zu schreiben. Dieser tat das zwar nicht, er zahlte
aber die Geldbuße und sandte sie hin. Als einmal Lykon
aus Skarphe, der unter großem Beifall im Theater auftrat,
in seine Komödie einen Vers einfügte, der eine Bitte um
10 Talente enthielt, lachte der König und gab sie ihm.
Mittlerweile sandte Dareios einige Vertraute mit einem
Brief an ihn, der die Vorschläge enthielt, Alexander solle
10000 Talente als Lösegeld für die Gefangenen nehmen,
das gesamte Land bis zum Euphrat erhalten, sich mit
einer von Dareios' Töchtern vermählen und sein Freund

und Bundesgenosse sein. Alexander legte diese Vorschläge seinen Freunden zur Beratung vor, und Parmenion erklärte: »Wenn ich Alexander wäre, ich würde das annehmen.« »Ja, wahrhaftig«, erwiderte Alexander, »ich auch, wenn ich Parmenion wäre.« An Dareios schrieb er, dieser werde mit der allerfreundlichsten Aufnahme rechnen können, falls er zu ihm käme, andernfalls werde er nun aber gegen ihn vorrücken.

30. Doch dieses Schreiben reute ihn sehr bald, denn die Gemahlin des Dareios starb bei der Geburt eines Kindes, und er zeigte ganz offen, daß es ihm leidtat, eine so schöne Gelegenheit verloren zu haben, seine Großmut zu beweisen. Er ließ die Tote mit allem erdenklichen Aufwand bestatten. Einem der Eunuchen und Haremswächter, Tireos mit Namen, der zugleich mit den Frauen in Gefangenschaft geraten war, gelang die Flucht aus dem Lager. Er ritt zu Dareios und meldete ihm den Tod seiner Gemahlin. Dieser schlug sich vor den Kopf und rief unter Tränen aus: »Weh, was für ein böser Geist verfolgt die Perser, daß die Gemahlin und Schwester des Königs nicht nur lebend in Gefangenschaft gerät, sondern auch noch im Tode daliegt ohne ein königliches Begräbnis[63]!« Da unterbrach ihn der Haremswächter: »Was das Begräbnis betrifft, o König, alle Ehrungen und alles, was ihr zustand, so hast du keinen Grund, den bösen Geist der Perser anzuklagen. Denn der Herrin Stateira hat, solange sie lebte, ebensowenig wie deiner Mutter und deinen Kindern irgend etwas von ihren früheren Auszeichnungen und Ehrenrechten gefehlt – außer daß sie dein Licht nicht sehen konnten, das der allmächtige Oromasdes[64] wieder hell möge leuchten lassen –, noch hat sie im Tode irgendeine schmückende Gabe entbehren müssen, vielmehr haben die Feinde sie mit Tränen geehrt. Denn Alexander ist ebenso edel im Sieg, wie er furchtbar ist im Kampf.«

Als Dareios dies hörte, verführten ihn Schmerz und Sinnesverwirrung zu einem abwegigen Argwohn. Er führte den Eunuchen ins Innere des Zeltes und sagte zu ihm: »Falls du nicht auch zugleich mit dem Glück der Perser zu den Makedonen übergegangen bist, sondern wenn ich noch Dareios, dein Herr, bin, dann sage mir – ich beschwöre dich beim strahlenden Licht des Mithras und bei der königlichen Rechten –, beweine ich nicht vielleicht das geringste Übel am unglückseligen Schicksal der Stateira? Haben wir nicht vielleicht Beklagenswerteres erlitten, während sie noch lebte, und hätten wir nicht eher einen unserer Würde entsprechenden Grund zum Trauern gehabt, wenn wir einem rohen und unmenschlichen Gegner in die Hände geraten wären? Denn was kann ein junger Mann für einen anständigen Beweggrund haben, die Frau seines Feindes mit solch außerordentlichen Ehren zu umgeben?« Während er noch so sprach, warf sich Tireos zu seinen Füßen nieder und flehte ihn an, seine Worte wohl zu wählen und weder Alexander Unrecht zu tun, noch seine Schwester und Gemahlin im Tode zu beschimpfen. Auch solle er sich selber doch nicht des größten Trostes berauben in all dem Unglück, das ihn betroffen habe, nämlich der Gewißheit, von einem Mann überwunden zu sein, der erhaben sei über die Menschennatur. Vielmehr solle er Alexander Bewunderung zollen, weil dessen Selbstbeherrschung den Perserinnen gegenüber noch größer gewesen sei als seine Tapferkeit gegen die Perser. Der Haremswächter beteuerte die Wahrheit seiner Worte mit gräßlichen Selbstverwünschungen und erzählte noch vieles andere, das Alexanders Zurückhaltung und seinen hochherzigen Sinn bewies. Da ging Dareios hinaus zu seinen Freunden, hob die Hände empor zum Himmel und betete: »Ihr Götter meines Geschlechts, Wahrer meiner Königswürde, möget ihr mir meinen größten Wunsch erfüllen, das Glück der Perser neu zu begründen und es in der Machtfülle zu hinterlassen, in der ich es übernommen habe, damit ich als Sieger

Alexander die großmütigen Taten vergelten kann, die er mir in meinem Unglück an meinen Lieben erwiesen hat! Sollte nun aber die Schicksalsstunde herannahen, die dem Gesetz der Vergeltung und dem ewigen Wechsel der Dinge Rechnung trägt, die Stunde, die der Perserherrschaft ein Ende setzen wird – dann soll kein anderer Mensch auf der Welt auf dem Throne des Kyros[65] sitzen als Alexander!« So werden die Ereignisse und das, was dabei gesagt wurde, bei den meisten Geschichtsschreibern dargestellt.

31. Alexander unterwarf sich nun alle Länder diesseits des Euphrat und zog dann Dareios entgegen, der mit einem Heer von einer Million Mann im Anmarsch war. Unterwegs erzählte einer seiner Freunde Alexander folgendes gleichsam als einen lustigen Spaß: Die Leute vom Troß hätten sich nämlich zum Scherz in zwei Parteien geteilt, jede mit einem Feldherrn und Führer, und den einen hätten sie Alexander, den anderen Dareios genannt. Sie hätten nun angefangen, einander mit Erdklumpen zu bewerfen, dann hätten sie die Fäuste benutzt, und schließlich seien sie in ihrer Kampflust mit Steinen und Knüppeln aufeinander losgegangen, und es seien so viele geworden, die man kaum mehr auseinanderbringen konnte. Als Alexander dies hörte, befahl er, die beiden Führer sollten zum Zweikampf antreten. Den sogenannten Alexander bewaffnete er selber, Philotas den Dareios. Die Soldaten sahen dem Kampf zu, sie wollten den Ausgang als ein Vorzeichen für das Kommende ansehen. Nach erbittertem Kampf siegte der sogenannte Alexander und erhielt als Geschenk 12 Dörfer und die Erlaubnis, persische Kleidung zu tragen. So hat es Eratosthenes berichtet.

Die große Schlacht gegen Dareios hat nicht bei Arbela, wie die meisten schreiben, sondern bei Gaugamela stattgefunden.[66] Der Name soll »Haus des Kamels« bedeuten, weil einer der früheren Könige, der auf einem schnellen

Kamel seinen Feinden entronnen war, es hierhergebracht und einige Dörfer mit ihren Einkünften zu seiner Verpflegung bestimmt hatte.[67] Im Monat Boëdromion zu Beginn der Mysterienfeier in Athen gab es eine Mondfinsternis,[68] und als in der elften Nacht danach die Heere in Sichtweite aneinander herangekommen waren, ließ Dareios seine Truppen unter Waffen in Bereitschaft stehen und musterte die Abteilungen im Scheine von Fackeln. Alexander aber ließ die Makedonen sich lagern und hielt sich mit dem Seher Aristandros vor seinem Zelt auf, vollzog geheime Riten und brachte dem Phobos[69] ein Opfer dar. Als man nun die ganze Ebene zwischen dem Niphates und den Bergen der Gordyaier von den Wachtfeuern der Barbaren erhellt sah und ein unbestimmbares verworrenes Stimmengeräusch und Getöse vom Lager her wie von einem unendlichen Meer herüberschallte, geriet man in Staunen über die Masse der Feinde, und die Älteren von Alexanders Vertrauten und besonders Parmenion beschäftigten sich im Gespräch mit der Überlegung, wie schwierig und gefährlich es sei, solch ungeheure Heeresmassen in offener Feldschlacht zu besiegen. Als der König mit seinem Opfer fertig war, traten sie an ihn heran und rieten ihm, jetzt in der Nacht die Feinde zu überfallen und so die größte Gefahr bei dem bevorstehenden Kampf durch die Dunkelheit zu bannen.[70] Alexander aber sprach sein berühmtes Wort: »Ich will den Sieg nicht stehlen!« Diese Antwort erschien manchen kindisch und töricht, als ein Scherz angesichts einer so großen Gefahr, andere aber sind der Meinung, seine Zuversicht in der gegenwärtigen Lage sei ebenso berechtigt gewesen wie seine Beurteilung der Zukunft, denn er habe Dareios nach einer erneuten Niederlage keinen Vorwand mehr an die Hand geben wollen, abermals sich aufzuraffen und zu einer Schlacht zu rüsten. Dieser hätte nämlich dann die Schuld daran auf die Nacht und die Dunkelheit geschoben, wie beim letzten Mal auf die Berge, die Eng-

pässe und das Meer. Denn weder Mangel an Waffen noch an Soldaten würden Dareios jemals dazu veranlassen, den Krieg aufzugeben, da er ja über ein derart riesiges Kriegspotential und ein so ungeheuer großes Reich verfüge; er würde vielmehr nur dann endgültig die Segel streichen, wenn er durch eine eindeutige Niederlage in offener Feldschlacht zur Einsicht gebracht würde.
32. Als ihn seine Vertrauten verlassen hatten, legte sich Alexander in seinem Zelt zum Schlafen nieder und soll den Rest der Nacht wider seine Gewohnheit so tief geschlafen haben, daß die Offiziere, die am Morgen kamen, sehr verwundert zunächst einmal von sich aus den Befehl ausgaben, die Soldaten sollten frühstücken. Als nun die Zeit drängte, ging Parmenion hinein, trat ans Bett und rief Alexander zwei- oder dreimal mit Namen. Als er davon erwacht war, fragte er ihn, was denn mit ihm sei, daß er den Schlaf des Siegers schlafe, als ob ihm nicht der größte Kampf noch bevorstehe. Alexander aber lächelte und gab zur Antwort: »Ja, was denn? Glaubst du nicht, daß wir schon gesiegt haben? Wir haben es doch endlich hinter uns, dauernd marschieren und dem Dareios, der ständig der Schlacht ausweicht, in diesem riesigen, verwüsteten Land auf den Fersen bleiben zu müssen!«
Aber nicht nur vor der Schlacht, sondern auch im Augenblick der Gefahr selbst erwies er sich als groß und unerschütterlich durch seine Geistesgegenwart und Kühnheit. In der Schlacht nämlich begann der linke Flügel unter Parmenion zu wanken und zurückzuweichen, denn die baktrische Reiterei brach mit ungestümer Wucht in gewaltsamem Stoß in die Makedonen ein, und Mazaios schickte gleichzeitig eine berittene Abteilung außen um die Phalanx herum, um die Lagerbedeckung anzugreifen.[71] Diese Gefahr von zwei Seiten versetzte Parmenion in Besorgnis, er schickte Botschaft an Alexander, Lager und Gepäck seien verloren, wenn dieser nicht auf der Stelle von der vorderen Front eine starke Abtei-

lung zum Schutze seiner Leute hinter der Linie absende. Alexander war gerade dabei, seinem Flügel das Zeichen zum Angriff zu geben. Als er die Botschaft hörte, antwortete er, Parmenion sei wohl nicht recht bei Trost und habe seine fünf Sinne nicht mehr beisammen, er habe wohl in der Bestürzung vergessen, daß sie als Sieger auch noch die Habe der Feinde bekommen würden. Im Falle einer Niederlage aber hätten sie sich weder um Habseligkeiten noch um Sklaven zu kümmern, sondern einzig und allein darum, in tapferem, ruhmvollem Kampf zu fallen. Dies ließ er Parmenion melden und setzte sich den Helm auf. Die übrige Rüstung hatte er bereits im Zelt angelegt, einen gegürteten Waffenrock, eine sizilische Arbeit, darüber einen doppelten Leinenpanzer aus der Beute von Issos. Der Helm war aus Eisen, er glänzte aber wie lauteres Silber, er war ein Werk des Theophilos. Darangearbeitet war ein Halskragen, ebenfalls aus Eisen, mit eingelegten Edelsteinen. Sein Schwert war ganz besonders gehärtet und dabei sehr leicht, ein Geschenk des Königs von Kition; das Schwert war nämlich Alexanders Hauptwaffe im Kampf. Außerdem trug er noch einen mit einer Spange befestigten Umhang, der weitaus kostbarer war als seine übrige Rüstung, ein Werk des alten Helikon, eine Ehrengabe der Stadt Rhodos. Auch diesen Umhang trug er gewöhnlich in der Schlacht. Solange er die Phalanx in Schlachtordnung aufstellte, Ermunterungen und Instruktionen gab und die Truppen musterte, ritt er ein anderes Pferd und schonte den Bukephalos, der schon alt war. Sobald es aber in den Kampf ging, wurde dieser vorgeführt, Alexander saß um und eröffnete sogleich den Angriff.

33. Jetzt hielt er noch eine längere Ansprache an die Thessalier und die übrigen Griechen, und als sie ihm mit lautem Geschrei zuriefen, er solle sie gegen die Barbaren führen, faßte er dadurch bestärkt den Speer in die Linke, erhob die Rechte zum Himmel und betete zu den Göt-

tern – so berichtet Kallisthenes –, wenn er wirklich von Zeus selber abstamme, dann sollten sie ihm beistehen und den Griechen mit ihm zugleich Kraft verleihen. Der Seher Aristandros aber, der in einem weißen Gewand mit einem goldenen Kranz auf dem Kopf neben ihm ritt, deutete auf einen Adler, der über dem Haupte Alexanders schwebte und geradewegs in Richtung auf die Feinde zuflog. Als sie das sahen, wurden alle zuversichtlich, und aus dieser Zuversicht heraus faßten sie Mut, ermunterten einander, und die Phalanx folgte im Laufschritt den gegen die Feinde losrückenden Reitern und flutete wie eine Meereswoge heran. Doch bevor noch die vorderste Linie in den Nahkampf geriet, wichen die Barbaren bereits zurück, und es kam zu einer hitzigen Verfolgung, wobei Alexander den besiegten Flügel gegen das Zentrum zu drängen suchte, wo Dareios stand. Er hatte nämlich schon von weitem seine auffallende Erscheinung durch die tiefgestaffelte königliche Garde hindurch erblickt, einen stattlichen Mann von großer Gestalt, der hochaufgerichtet auf seinem Wagen stand, von einer starken berittenen Eskorte in hellschimmernder Rüstung abgeschirmt, die sich dicht um den Wagen herum zusammengeschlossen hatte und den feindlichen Angriff erwartete. Aber als Alexander, der aus der Nähe einen furchteinflößenden Anblick bot, heranrückte und die Fliehenden auf die noch Standhaltenden warf, versetzte er die meisten in Schrecken und trieb sie auseinander. Die Tapfersten und Edelsten aber ließen sich bei der Verteidigung ihres Königs niederhauen, sanken einer über den anderen hin und hielten die Verfolgung auf, indem sie sich noch in Todeszuckungen an die Feinde und ihre Pferde anklammerten. Dareios aber, all dies grauenvolle Geschehen vor Augen, war in Gefahr, von den vor ihm aufgestellten Abteilungen umgerissen zu werden, denn es war schwer möglich, den Wagen zu wenden und wegzufahren, vielmehr waren die Räder eingekeilt von den

Massen der Gefallenen, und die dadurch scheu gewordenen Pferde, an den Platz gebannt und beinahe zugedeckt von Leichenbergen, bäumten sich auf und versetzten auch noch den Gespannführer in Verwirrung. Da ließ Dareios Wagen und Waffen zurück, bestieg, wie man erzählt, eine Stute, die vor kurzer Zeit ein Fohlen bekommen hatte,[72] und wandte sich zur Flucht. Doch wäre er aller Wahrscheinlichkeit nach damals nicht entkommen, wenn nicht abermals Meldereiter von Parmenion mit der Botschaft aufgetaucht wären, auf seinem Flügel stehe der Gegner noch mit einer starken Streitmacht, und die Feinde gäben nicht nach. Überhaupt macht man Parmenion den Vorwurf der Trägheit und mangelnden Einsatzbereitschaft in dieser Schlacht, sei es, daß das Alter sein Draufgängertum schon etwas abgeschwächt hatte oder daß die zunehmende Machtfülle Alexanders und sein selbstherrliches Auftreten für ihn schwer zu ertragen und überdies ein Anlaß zur Mißgunst waren. Der König war jedenfalls sehr unwillig, daß man ihn zur Verstärkung abberief, er sagte aber den Soldaten nicht, worum es ging, sondern ließ zum Rückzug blasen, als sei er nun des Blutvergießens müde, zumal es auch schon dunkel wurde. Während er nun zu dem gefährdeten Flügel ritt, erhielt er unterwegs die Nachricht, der Sieg sei vollständig, und die Feinde hätten die Flucht ergriffen.

34. Mit diesem Ausgang der Schlacht galt die persische Macht als völlig vernichtet. Alexander ließ sich zum König von Asien proklamieren, hielt glänzende Opferfeiern für die Götter ab und beschenkte seine Freunde mit Schätzen, Häusern und Statthalterposten. In seiner Ehrbegierde schrieb er an die Griechen, jede Tyrannenherrschaft sei nun aufgehoben, alle sollten sich selbst regieren, und er wolle aus eigenen Mitteln den Plataiern den Wiederaufbau ihrer Stadt ermöglichen, da ihre Vorväter den Griechen ihr Land als Kampfplatz zur Verteidigung der Freiheit zur Verfügung gestellt hätten.[73] Ferner

sandte er den Bewohnern von Kroton in Italien einen Teil der Siegesbeute, um dadurch den Heldenmut und die Tapferkeit des Athleten Phayllos zu ehren, der in den Perserkriegen, als die übrigen Griechen in Italien das Mutterland bereits verlorengegeben hatten, auf eigene Kosten ein Schiff ausgerüstet hatte und nach Salamis gesegelt war, um an der Schlacht teilzunehmen. Soviel Huld erwies er jedem Verdienst gegenüber, bewahrte das Andenken der Taten tapferer Helden und bewies seine Verbundenheit mit ihnen.

35. Nun zog er durch Babylonien, das sich ihm sogleich mit seinem gesamten Gebiet unterwarf. Auf seinem Marsch staunte er besonders über einen Erdschlund[74], aus dem dauernd wie aus einer Quelle Feuer herausquillt, und über das ausströmende Naphtha, das in solchen Mengen hervorfließt, daß es nicht weit von dem Schlund entfernt einen See bildet. Es hat im übrigen viel Ähnlichkeit mit Asphalt, ist aber so leicht brennbar, daß es, noch ehe die Flamme es erreicht, sich allein durch die Dunstschwaden des Feuerscheins entzündet und oft noch die Luft dazwischen in Brand setzt. Um dem König die Art und die Wirkung des Naphtha vor Augen zu führen, schütteten die Barbaren nur ein ganz klein wenig von diesem Stoff auf die enge Gasse zu seinem Quartier. Sie selber stellten sich bei Anbruch der Dunkelheit an das obere Ende und hielten Fackeln an die mit Naphtha beträufelten Stellen. Die vordersten Stellen fingen sogleich Feuer, das sich ausbreitete, ohne daß es auch nur einen wahrnehmbaren Augenblick lang dauerte, es war vielmehr in Gedankenschnelle ans andere Ende gelangt, und die Gasse stand von oben bis unten in hellen Flammen.

Unter den Leuten, die den König gewöhnlich beim Salben und Baden bedienten und ihn durch allerlei Einfälle aufzuheitern suchten, befand sich auch ein Athener namens Athenophanes. Im Baderaum stand nun einmal

neben Alexander ein Knabe, der häßlich und ulkig aussah, aber sehr schön singen konnte – Stephanos hieß er –, und da sagte dieser Athenophanes: »Willst du, König, daß wir an Stephanos eine Probe mit diesem Stoff machen? Wenn er an ihm zündet und nicht ausgeht, dann will ich gern zugeben, daß er eine unüberwindliche, furchterregende Kraft hat.« Auch der Knabe selber erbot sich bereitwillig zu einem solchen Versuch. Als man ihn jedoch damit bestrichen und Feuer in die Nähe gebracht hatte, loderte im selben Augenblick ein solch riesiges Feuer von dem Körper empor und alles stand in Flammen, so daß Alexander ganz entsetzt war und sich nicht zu helfen wußte. Und wären nicht zum Glück eine Menge Diener dagewesen, die Kübel mit Wasser für das Bad herbeitrugen, so hätte man das um sich greifende Feuer wohl nicht mehr wirksam bekämpfen können. Aber auch so konnte man die Flammen auf dem Körper des Knaben, der überall brannte, nur mit Mühe löschen, und er hatte hernach noch sehr daran zu leiden.
Recht einleuchtend behaupten nun einige, die bestrebt sind, den Mythos mit der Wirklichkeit in Einklang zu bringen, dies sei das Zaubermittel der Medea gewesen, mit dem sie in der Tragödie den Kranz und das Kleid bestrichen habe.[75] Das Feuer habe sich ja nicht aus diesen Dingen heraus oder von selbst entzündet, sondern erst, nachdem eine Flamme in die Nähe gebracht worden war, sei eine rasche Anziehung und unsichtbar eine Entzündung erfolgt. Strahlen und Ausströmungen des Feuers, die aus einiger Entfernung kommen, würden auf sonstige Körper nur Licht und Wärme übertragen. In den Körpern aber, die eine luftgemischte Trockenheit oder eine ölige Feuchtigkeit in hinreichender Menge enthalten, sammelten sie sich, erzeugten Feuer und bewirkten eine plötzliche Veränderung der Materie. Die Entstehung von Naphtha hat die Streitfrage mit sich gebracht ...[76], oder ob nicht vielmehr diese Flüssigkeit wie ein Brennstoff aus

einem Boden hervorquillt, der seiner Natur nach fett und leicht entzündlich ist. In Babylonien ist nämlich die Erde so heiß, daß die Gerstenkörner bei der Aussaat oft vom Boden abprallen und in die Höhe springen, denn der Boden pulsiert förmlich infolge der Hitze, und die Menschen schlafen daher im Hochsommer auf Schläuchen, die mit Wasser gefüllt sind. Harpalos, der als Statthalter des Landes zurückgelassen wurde, setzte seinen Ehrgeiz darein, den Königspalast und die Gärten mit griechischen Pflanzen zu schmücken. Er hatte mit allem übrigen auch Erfolg, nur der Efeu konnte auf diesem Boden nicht gedeihen, er verdorrte immer, weil er das Klima nicht vertrug; denn dort ist es heiß, der Efeu aber liebt einen kühlen Standplatz.

Solche Abschweifungen werden, solange sie sich in Grenzen halten, wohl auch von kritischen Lesern nicht allzusehr beanstandet werden.

36. Alexander nahm nun Susa ein und fand im Königspalast 40000 Talente gemünzten Geldes und eine unbeschreibliche Menge von Einrichtungsgegenständen und sonstigen Kostbarkeiten. Er soll auch 5000 Talente Hermionischen Purpurs[77] gefunden haben, der seit 190 Jahren dalag, aber immer noch seinen frischen Glanz bewahrt hatte, als sei er ganz neu. Der Grund dafür ist, so heißt es, daß man Honig zum Färben der roten Purpurstoffe benutzt, für die weißen aber ein weißes Öl. Denn diese beiden Dinge bewahren ihren hellschimmernden Glanz auch noch, wenn sie gleich alt sind. Deinon[78] berichtet, die Könige hätten außer anderem auch Wasser aus dem Nil und aus der Donau herbringen und in ihrem Schatz aufbewahren lassen, gleichsam als Bestätigung für die Größe ihres Reiches und ihre Herrschaft über alle Völker.

37. Die Landschaft Persis[79] ist wegen ihrer Gebirgslage sehr schwer zugänglich, und die Pässe wurden von den edelsten Persern besetzt gehalten – Dareios war ja geflo-

hen –, aber Alexander fand einen Führer, der ihn auf einem nicht sehr weiten Umgehungsweg führte. Dieser Mann war zweisprachig, er hatte einen Lykier zum Vater und eine Perserin zur Mutter. Ihn soll die Pythia gemeint haben, die Alexander noch in seiner Kindheit geweissagt haben soll, ein »Lykos«[80] werde ihm auf dem Perserzug als Wegweiser dienen. ... Dort[81] kam es zu einem großen Blutvergießen unter den Gefangenen. Alexander schreibt selbst darüber, er habe in der Meinung, daß ihm das von Nutzen sein würde, den Befehl gegeben, die Leute niederzumachen. An gemünztem Gold fand er, wie es heißt, ebensoviel wie in Susa, die übrigen Schätze und Reichtümer wurden mit 10 000 Maultiergespannen und 5000 Kamelen fortgeschafft. Eine große Statue des Xerxes war, als die Menge in den königlichen Palast hineindrängte, unbeabsichtigt umgestürzt worden. Als Alexander sie erblickte, blieb er stehen und redete sie wie eine lebende Person an: »Sollen wir dich wegen deines Kriegszuges gegen Griechenland hier liegen lassen und weitergehen, oder sollen wir dich wegen deiner hochherzigen und vorbildlichen Art, wie du sie sonst gezeigt hast, wieder aufrichten?« Er dachte lange Zeit schweigend nach, schließlich aber ging er vorüber. Um seinen Soldaten eine Zeit der Erholung zu gönnen – denn es war Winter –, blieb er vier Monate dort.

Es heißt, als er zum ersten Mal auf dem königlichen Thron unter dem goldenen Baldachin saß, sei Demaratos aus Korinth, ein ergebener Freund noch von seinem Vater her, in Tränen ausgebrochen, wie es alte Leute leicht tun. Und er habe gesagt, eine große Freude hätten die Griechen versäumt, die gestorben seien, bevor sie Alexander auf dem Throne des Dareios hätten sitzen sehen.

38. Als er nun an die weitere Verfolgung des Dareios ging, überließ er sich vorher noch der Gesellschaft seiner Freunde beim Becher und bei heiterer Unterhaltung, und dies ging so weit, daß auch Frauen daran teilnahmen, die

zu einem Festgelage gekommen waren, um bei ihren
Liebhabern zu sein. Die bei weitem Angesehenste unter
ihnen war Thaïs, die Geliebte des späteren Königs Ptolemaios, die aus Attika stammte. Sie unterhielt sich bald
in geistreichen Lobsprüchen, bald in Scherzworten mit
Alexander, dann aber ließ sie sich im Rausch zu einem
Ausspruch hinreißen, der zwar der Würde ihres Vaterlandes entsprach, aber weitaus gewichtiger war, als es zu ihrer Person paßte. Sie sagte nämlich, für all die Mühsal, die
sie auf dem Zug durch Asien erduldet habe, ernte sie am
heutigen Tag die Belohnung: Sie feiere den Triumph über
Persiens stolze Königsburg. Aber eine noch größere
Freude wäre es ihr, hinzuziehen und den Palast des Xerxes, der Athen in Schutt und Asche gelegt habe, anzuzünden und selber vor den Augen des Königs die Brandfackel hineinzuwerfen. Dann könne sie sich rühmen vor
der Welt, härter als die Feldherrn der griechischen Flotten und Heere hätten die Frauen, die mit Alexander gezogen seien, die Perser gestraft zur Sühne für Griechenland. Ihre Worte wurden mit Händeklatschen und Beifallsrufen aufgenommen, die Freunde ermunterten den
König um die Wette, und so ließ er sich mitreißen,
sprang auf und führte den Zug an, einen Kranz auf dem
Haupt und eine Fackel in der Hand. Die übrigen folgten
mit Geschrei im Zug nach und stellten sich rings um den
Palast auf. Auch die anderen Makedonen, die davon hörten, kamen voller Freude mit Fackeln herbeigeeilt. Sie
faßten nämlich Hoffnung, wenn der König den Palast
niederbrenne und zerstöre, so bedeute dies, daß er sich in
Gedanken wieder der Heimat zuwende und seinen
Wohnsitz nicht bei den Barbaren nehmen wolle. Die einen erzählen nun den Hergang so, andere aber behaupten, es sei mit Vorbedacht geschehen.[82] Daß Alexander
aber seine Tat rasch bereute und das Feuer zu löschen
befahl, darüber ist man sich einig.

39. Alexander war von Natur aus sehr freigebig, und

jetzt bei seiner zunehmenden Machtfülle gab er dieser Eigenschaft in noch stärkerem Maße Raum. Dazu besaß er die liebenswürdige Art, die allein eine Gabe zu einem wirklichen Geschenk macht. Ich will nur einige wenige Beispiele dafür anführen. Ariston, der Anführer der paionischen Truppen, hatte einen Feind getötet und zeigte Alexander den Kopf mit den Worten: »Eine solche Gabe ist bei uns einen goldenen Becher wert, o König!« »Aber einen leeren«, antwortete Alexander lachend, »ich will ihn dir aber gefüllt vom Besten zutrinken.« Ein einfacher makedonischer Soldat trieb einmal ein Maultier, das mit dem Gold des Königs beladen war. Als das Tier müde wurde, nahm der Mann selber die Last auf den Rücken und trug sie weiter. Der König sah nun, wie sich der Mann mühsam abschleppte, und fragte ihn näher über die Sache aus, und als der Mann die Last absetzen wollte, sagte er: »Nur nicht müde werden! Versuche noch den Rest des Weges zu schaffen bis zum Zelt, und trag das für dich selber heim.« Überhaupt war er eher ärgerlich über die, die nichts von ihm wollten, als über solche, die etwas verlangten. Dem Phokion schrieb er einmal einen Brief, er werde ihn in Zukunft nicht mehr als seinen Freund ansehen, wenn er alle seine Freundschaftsbeweise ausschlage. Dem Serapion, einem von den jungen Männern, die mit ihm zusammen Ball spielten, gab er nichts, weil dieser ihn um nichts bat. Als nun Serapion einmal zum Ballspiel kam und den Ball immer anderen zuwarf, sagte der König: »Und mir gibst du ihn gar nicht?« »Du hast ihn ja nicht verlangt«, antwortete Serapion. Da lachte der König und beschenkte ihn reichlich. Proteas, einer von denen, die beim Trinken witzige Scherze zu machen pflegten, schien bei ihm in Ungnade gefallen zu sein. Als die Freunde für ihn Fürbitte einlegten und Proteas selber Tränen vergoß, sagte der König, er wolle ihm verzeihen. »Nun gut, o König«, entgegnete Proteas, »so gib mir zunächst einmal ein Unterpfand

dafür.« Alexander ließ ihm daraufhin 5 Talente auszahlen.
Wieviel Anmaßung diese Reichtümer hervorriefen, die er an seine Freunde und an seine Leibgarde verteilte, darauf machte ihn Olympias brieflich aufmerksam: »Gib doch deinen Freunden deine Gunst und Anerkennung auf andere Weise zu erkennen«, schrieb sie. »Jetzt machst du sie alle gleichfalls zu Königen und verschaffst ihnen eine große Anhängerschaft, dich aber beraubst du damit.« Olympias schrieb solches oft in ihren Briefen, er hielt diese aber geheim. Nur einmal, als Hephaistion, wie es seine Gewohnheit war, den geöffneten Brief mit ihm zusammen durchlas, hinderte er ihn zwar nicht daran, zog aber seinen Ring vom Finger und drückte ihm das Siegel auf den Mund. Dem Sohn des Mazaios, der eine höchst bedeutende Stellung am Hofe des Dareios innegehabt hatte, wollte er zu seiner Satrapie eine zweite noch größere dazugeben. Dieser wies sie aber ab mit den Worten: »O König, früher gab es nur einen Dareios, jetzt hast du aber viele Alexander geschaffen.« Dem Parmenion schenkte er das Haus des Bagoas[83] in Susa, in dem man Kleidungsstücke im Werte von 1000 Talenten gefunden haben soll. In einem Brief hieß er den Antipater, sich eine Leibwache zuzulegen, da man ein Attentat auf ihn plane. Seiner Mutter sandte er Geschenke in Fülle, aber er gestattete ihr keine Einmischung in Staatsangelegenheiten und Kriegführung. Die heftigen Vorwürfe, die sie ihm deswegen machte, ertrug er geduldig. Nur einmal, als Antipater sich in einem langen Brief über sie beklagt hatte, sagte er beim Lesen, Antipater wisse wohl nicht, daß eine einzige Träne seiner Mutter Tausende solcher Briefe auslösche.
40. Er mußte nun sehen, daß seine Umgebung in jedem erdenklichen Luxus schwelgte und in unwürdiger Weise verschwenderische Pracht in ihrer Lebensweise und all ihrem Aufwand an den Tag legten. So trug Hagnon, ein

Mann aus Teos, Nägel aus Silber in den Schuhen, Leonnatos ließ sich für seine sportlichen Übungen Sand aus Ägypten auf Kamelen herbeischaffen, Philotas hatte sich zu den Jagden Netze von 100 Stadien Länge beschafft. Zum Salben und Baden brauchten sie jetzt mehr Myrrhenöl als früher einfaches Öl, und Masseure und Kammerdiener gehörten zu ihrem Gefolge. Da wies er sie in aller Ruhe zurecht und appellierte an ihre Vernunft, indem er sagte, er müsse sich wundern, einmal darüber, daß sie nach so vielen schweren Kämpfen, die sie bestanden hätten, dies eine vergessen hätten: daß nämlich die, die andere überwältigt hätten, besser schliefen als die Überwältigten. Und dann darüber, daß sie bei einem Vergleich ihrer Lebensart mit der persischen nicht sähen, daß nichts sklavischer sei, als im Luxus zu ersticken, nichts aber königlicher, als sich anzustrengen. »Ja, wie kann wohl einer noch darangehen, selbst sein Pferd zu versorgen oder Lanze und Helm zu putzen, wenn er es nicht mehr gewöhnt ist, selber Hand an das zu legen, was doch jedem das Liebste ist, nämlich der eigene Leib?« »Wißt ihr nicht, daß dies die Grundlage unserer Herrschaft ist, nicht dasselbe zu tun, was die Besiegten getan haben?« Er setzte sich nun persönlich auf den Kriegszügen und Jagden noch mehr ein und nahm Strapazen und Gefahren auf sich, so daß ein spartanischer Gesandter, der dabei war, als er einen riesigen Löwen erlegte, ausrief: »Herrlich hast du mit dem Löwen um die Königswürde gestritten, Alexander!« Ein Abbild dieser Löwenjagd sandte Krateros als Weihgeschenk nach Delphi und ließ dazu bronzene Statuen teils durch Lysipp, teils durch Leochares anfertigen, und zwar von dem Löwen, den Hunden und vom König, wie er gerade mit dem Löwen im Kampf war, und dazu noch von sich selbst, wie er dem König zu Hilfe eilte.

41. Alexander suchte nun die Gefahr, teils um sich selber zu üben, teils um die anderen zu tapferem Verhalten anzufeuern. Seine Freunde dagegen wollten in ihrem Reichtum und in ihrem großartigen Gehabe lieber den Luxus und das Nichtstun genießen, sie waren des Kämpfens und Marschierens müde, und nach und nach kam es so weit, daß sie über den König herzogen und schlecht von ihm redeten. Im Anfang ertrug er das noch mit Gelassenheit, indem er sagte, es sei nun einmal das Los der Könige, für ihre Wohltaten Undank zu ernten. Dabei war doch alles, selbst das Geringste, das er seinen Vertrauten zuliebe tat, ein Beweis für seine Zuneigung und Achtung. Ich will nur ein paar Beispiele anführen. Dem Peukestas macht er in einem Brief den Vorwurf, er habe wohl den anderen, aber nicht ihm geschrieben, daß er von einem Bären gebissen worden sei. »Aber jetzt schreibe mir, wie es dir geht«, fuhr er fort, »und ob nicht einige von den Jagdteilnehmern dich im Stich gelassen haben, damit sie dafür zur Rechenschaft gezogen werden.« An Hephaistion, der in Geschäften unterwegs war, schrieb er, Krateros sei, als sie mit einem Ichneumon spielten, vom Speer des Perdikkas getroffen und an den Schenkeln verletzt worden. Als Peukestas von einer Krankheit wieder genesen war, sandte er an dessen Arzt Alexippos ein Dankschreiben. Während einer Krankheit des Krateros hatte er eine Traumerscheinung und brachte für ihn ein bestimmtes Opfer dar. Außerdem forderte er ihn auf, dasselbe zu tun. An den Arzt Pausanias, der den Krateros mit Nieswurz behandeln wollte, schrieb er einen Brief, brachte seine Bedenken zum Ausdruck und riet ihm, wie er die Kur durchführen solle. Die Leute, die ihm als erste die heimliche Flucht des Harpalos meldeten, ließ er in Fesseln legen. Es waren Ephialtes und Kissos, die er für Verleumder hielt. Als auf seinen Befehl die Invaliden und die Älteren die Rückkehr in die Heimat antreten durften, schrieb sich ein gewisser Eurylochos aus Aigai in die Invalidenliste ein. Als sich nun herausstellte, daß ihm gar nichts fehlte, gestand er, er liebe Telesippa und wolle sie auf ihrer Reise übers Meer begleiten. Der König fragte ihn, wem die Frau gehöre. Als er erfuhr, sie sei eine der freigeborenen Hetären, sagte er: »Wir zwei wollen bei dieser Liebschaft zusammenhalten, Eurylochos; sieh mal zu, daß wir die Telesippa durch Geld und gute Worte zum Dableiben bewegen, sie ist ja nun einmal eine Freie.«

42. Man muß sich wirklich wundern, daß er sich die Zeit nahm für solche Briefe an seine Freunde: So ordnet er an, daß man einen nach Kilikien entflohenen Sklaven des Seleukos ausfindig machen solle, und den Peukestas lobt er, daß er den Nikon, einen Sklaven des Krateros, eingefangen habe. Dem Megabyzos gibt er wegen eines Sklaven, der sich in einen Tempel geflüchtet hatte, die Anweisung, ihn nach Möglichkeit aus dem Heiligtum herauszulocken und dann festzunehmen, im Tempel selber aber solle man nicht Hand an ihn legen.

Er soll auch am Anfang, wenn er in Prozessen über Leben und Tod als Richter auftrat, sich während der Rede des Anklägers mit der Hand das eine Ohr zugehalten haben, um es für den Angeklagten rein und unparteiisch zu bewahren. Später aber ließen ihn die vielen falschen Bezichtigungen hart werden, die mit Hilfe von Teilwahrheiten sich ein geneigtes Ohr für ihre Lügen verschafften. Und besonders geriet er durch üble Nachrede außer sich und war dann streng und unerbittlich, denn der Ruhm ging ihm selbst über das Leben und die Königswürde.

Nun zog er gegen Dareios aus, um ihn nochmals zur Schlacht zu stellen. Als er aber von seiner Gefangennahme durch Bessos[84] hörte, entließ er die Thessalier nach Hause und ließ ihnen zu dem festgesetzten Sold noch ein Geschenk von 2000 Talenten geben. Bei der Verfolgung, die sich beschwerlich und langwierig gestaltete – in 11 Tagen legte er 3300 Stadien zu Pferde zurück –, blieben die meisten seiner Leute zurück, hauptsächlich wegen des Wassermangels. Da begegnete ihm ein Trupp

Makedonen, die auf Maultieren Wasser in Schläuchen bei sich trugen, das sie vom Fluß geholt hatten. Als sie Alexander erblickten, der sehr unter Durst litt – es war schon Mittag –, füllten sie rasch einen Helm voll Wasser und brachten es ihm. Er fragte sie, für wen sie denn das Wasser geholt hätten. »Für unsere eigenen Kinder«, gaben sie zur Antwort, »aber wenn du nur am Leben bleibst – wir können ja wieder andere bekommen, wenn wir diese verlieren!« Auf diese Worte hin nahm Alexander den Helm in die Hand; als er sich aber umsah und seine Reiter alle mit hängenden Köpfen begehrlich auf den Trunk blicken sah, trank er nicht, sondern gab den Helm zurück. Er dankte den Leuten voller Anerkennung und sagte: »Wenn ich als einziger trinke, dann verlieren diese hier den Mut.« Angesichts dieser Selbstbeherrschung und Seelengröße riefen ihm die Reiter mit lautem Geschrei zu, er solle sie nur getrost weiterführen, und sie gaben den Pferden die Peitsche. Sie seien nicht müde, nicht durstig, ja sie fühlten sich überhaupt nicht als sterbliche Menschen, solange sie einen solchen König hätten.

43. So groß war die Einsatzfreude bei allen, aber es sollen doch nur sechzig Mann gewesen sein, die mit ihm zusammen ins feindliche Lager eindrangen. Hier galoppierten sie über Mengen von weggeworfenem Gold und Silber hinweg, kamen an vielen mit Frauen und Kindern besetzten Wagen vorbei, die, von ihren Wagenlenkern verlassen, umherirrten, und jagten den Vordersten nach, in der Meinung, Dareios sei bei ihnen. Mit Mühe fand man ihn schließlich. Er lag auf einem Wagen, den Leib mit Wunden bedeckt, schon dem Tode nahe. Er verlangte aber noch zu trinken, trank einen Schluck frisches Wasser und sagte zu Polystratos, der es ihm gereicht hatte: »Freund, das ist jetzt der Gipfel meines ganzen Elends, daß man mir Gutes getan hat, ohne daß ich es vergelten kann. Aber Alexander wird dir diesen Liebesdienst lohnen. Und er wird von den Göttern belohnt werden für die

liebevolle Behandlung meiner Mutter, meiner Gattin und meiner Kinder. Ihm gebe ich diesen Händedruck durch dich.« Mit diesen Worten faßte er noch die Hand des Polystratos. Dann verschied er. Als Alexander herbeikam, gab er seinem Schmerz über dies traurige Ende offen Ausdruck. Er nahm seinen Mantel ab, legte ihn über den Toten und deckte ihn damit zu. Als er den Bessos später in seine Gewalt bekam, ließ er ihn durch Hochschnellen zerreißen, und zwar so: Zwei gerade Bäume wurden an einer Stelle zusammengebunden, und an jedem wurde eine Körperhälfte befestigt. Dann band man die Bäume wieder los, so daß jeder beim Hochschnellen den an ihm befestigten Körperteil mit sich riß. Jetzt aber sandte er den Leichnam des Dareios in königlichem Schmuck zu seiner Mutter[85], Exathres, den Bruder des Dareios aber nahm er unter seine engsten Freunde auf.

44. Er selber zog mit dem einsatzfähigsten Teil seiner Truppen nach Hyrkanien[86]. Dort sah er eine Meeresbucht, die nicht kleiner zu sein schien als das Schwarze Meer, deren Wasser aber viel süßer war als sonstiges Meerwasser. Er konnte nichts Sicheres darüber in Erfahrung bringen und neigte am ehesten zu der Vermutung, es handele sich um einen Ausläufer vom Maiotischen See[87]. Die Naturforscher waren dagegen schon auf den wahren Sachverhalt gestoßen, sie haben schon viele Jahre vor Alexanders Feldzug durch Forschungen festgestellt, daß von den vier Buchten, die sich vom Atlantischen Ozean ins Land hinein erstrecken, diese die nördlichste ist, die zugleich die Namen Hyrkanisches und Kaspisches Meer führt.[88] Dort überfiel ein Trupp Barbaren unvermutet die Mannschaft, die Alexanders Pferd, den Bukephalos, bei sich hatte, und raubte es. Alexander war darüber äußerst aufgebracht, er ließ durch einen Dolmetscher ihnen allen mit Weib und Kind den Tod androhen, falls sie ihm das Pferd nicht zurückschickten. Als sie aber

kamen, ihm das Pferd brachten und ihre Städte übergaben, behandelte er sie sehr freundlich und gab denen, die das Pferd geraubt hatten, sogar noch ein Lösegeld.
45. Von dort aus brach er auf ins Land der Parther, und während seines dortigen Aufenthalts legte er zum ersten Mal persische Kleidung an. Möglicherweise wollte er sich den Landessitten anpassen in der Überzeugung, daß die Gleichheit der Sitten und Lebensgewohnheiten viel zur Gewinnung der Menschen beitragen könne. Vielleicht sollte es aber auch eine Probe sein im Hinblick auf die Einführung der Proskynese[89], und zwar für die Makedonen, daß diese sich allmählich an seine gewandelte Lebensart und sein Abweichen von den alten Sitten gewöhnten und es sich gefallen ließen. Doch nahm er nicht die eigentliche medische Tracht an, die gar zu barbarisch und fremdartig war, trug auch keine langen Hosen oder einen Rock mit Ärmeln noch den spitzen Turban, sondern seine Bekleidung war gleichermaßen und sehr passend aus der medischen und der persischen Tracht zusammengestellt, nicht so protzig wie die eine, aber von würdigerem Eindruck als die andere. Zuerst trug er sie nur, wenn er mit den Barbaren zu tun hatte, oder zu Hause bei seinen Freunden, später aber zeigte er sich auch darin vor der Menge, wenn er ausritt oder Audienzen abhielt. Für die Makedonen war dies ein kränkender Anblick, aber aus Bewunderung für seine sonstigen Vorzüge glaubten sie, ihm einiges nachsehen zu müssen, was zu seinem Vergnügen oder seinem Glanz beitrug. Hatte er doch – um alles andere beiseite zu lassen – kürzlich einen Pfeil ins Schienbein bekommen, so daß ein Stück des Knochens absplitterte und herausgenommen werden mußte. Ein anderes Mal war er von einem Stein am Hals getroffen worden und hatte davon für längere Zeit das Augenlicht verloren. Dennoch hörte er nicht auf, sich ohne jede Schonung allen Gefahren auszusetzen, er überschritt sogar den Orexartes[90], den er für den Tanais hielt,

schlug die Skythen in die Flucht und verfolgte sie 100 Stadien weit, obwohl er an einer Typhuserkrankung litt.

46. Dort soll auch die Amazone zu ihm gekommen sein,[91] so berichten jedenfalls die meisten, unter ihnen Kleitarchos, Polykleitos, Onesikritos, Antigenes und Istros. Aristobulos und der Kämmerer Chares, Ptolemaios, Antikleides, Philon aus Theben und Philippos von Theangela, außer diesen noch Hekataios aus Eretria, Philippos aus Chalkis und Duris von Samos erklären die Geschichte für erfunden. Alexander selbst scheint ihnen recht zu geben. Er sagt nämlich in einem Brief an Antipater, in dem er alles genau berichtet, daß der Skythenkönig ihm seine Tochter zur Gemahlin geben wollte, von einer Amazone aber erzählt er nichts. Lange Zeit danach, so heißt es, las Onesikritos dem Lysimachos, als dieser schon König war, das vierte Buch seines Geschichtswerkes vor, wo auch die Sache mit der Amazone steht. Lysimachos lächelte gelassen: »Und wo war ich denn damals?«, fragte er. Ob man das nun für wahr hält oder nicht, für die Bewunderung Alexanders wird es keinen Unterschied machen.

47. Er befürchtete nun, die Makedonen würden die Lust an weiteren Kriegszügen verlieren, daher ließ er das Hauptkontingent an Ort und Stelle, nahm sich aber seine Elitetruppen vor, die er in Hyrkanien bei sich hatte – 20 000 Fußsoldaten und 3000 Reiter –, und erklärte ihnen, die Barbaren hätten sie bisher nur wie eine rasch vorüberziehende Erscheinung gesehen, und wollten sie jetzt wieder abziehen, nachdem sie Asien nur aufgescheucht hätten, so würden die Barbaren über sie herfallen, als ob sie ein Weiberhaufen wären. Dennoch würde er jeden, der wolle, heimkehren lassen, aber er bezeuge, daß er, bei der Eroberung der Welt für die Makedonen im Stich gelassen, mit seinen Freunden und den Freiwilligen den Feldzug fortsetze. So steht es auch fast wörtlich in einem Brief an Antipater, in dem es ferner heißt, auf diese Rede hin hätten alle laut geschrien, er solle sie in jede Gegend der Welt führen, wohin er nur wolle. Nachdem nun diese Truppen die Probe bestanden hatten, war es nicht mehr schwierig, auch die große Masse dafür zu gewinnen, alle waren bereit, ihm zu folgen.

Von dieser Zeit an richtete sich Alexander in seiner Lebensweise immer mehr nach den Landesbräuchen und suchte diese auch den makedonischen Sitten anzunähern. Er war nämlich der Überzeugung, mit Hilfe einer solchen Verschmelzung und Gemeinsamkeit seine Herrschaft eher auf Zuneigung als auf Gewalt stützen zu können, zumal wenn er einmal weit fort sein werde. Deshalb wählte er auch 30 000 Knaben aus und ließ sie in griechischer Sprache und griechischen Wissenschaften unterrichten sowie im Gebrauch der makedonischen Waffen ausbilden. Dazu gab er ihnen eine große Anzahl Lehrer. Auch seine Verbindung mit Roxane[92] geschah zwar aus Liebe – er hatte sie in ihrer Jugendschönheit im Reigentanz bei einem Gastmahl gesehen –, sie fügt sich aber ebenfalls in seine politischen Zielsetzungen ein. Die Barbaren wurden nämlich aufgrund dieser ehelichen Verbindung in ihrem Vertrauen bestärkt und faßten eine bewundernde Liebe zu Alexander, weil er auf diesem Gebiet die größte Zurückhaltung an den Tag legte und sich nicht einmal der einzigen Frau, die ihn in ihren Bann geschlagen hatte, wider Sitte und Herkommen näherte.

Er stellte nun fest, daß von seinen Freunden Hephaistion seine Haltung billigte und die veränderte Lebensweise mit übernahm, Krateros aber bei den väterlichen Sitten blieb. Deshalb ließ er durch den einen die Angelegenheiten mit den Barbaren abwickeln, dem anderen übertrug er die Regelungen mit den Griechen und den Makedonen. Überhaupt brachte er dem Hephaistion mehr Zuneigung und dem Krateros mehr Achtung entgegen. Er gab auch stets seiner Meinung Ausdruck, Hephaistion sei der Freund Alexanders, Krateros aber der des Königs. Aus diesem Grund waren die beiden auch heimlich verfeindet und gerieten oft hart aneinander. In Indien kam es sogar einmal zu Tätlichkeiten zwischen ihnen, wobei sie schon die Schwerter zückten, während die Freunde einem jeden zu Hilfe kamen. Da eilte Alexander herbei und schalt den Hephaistion in aller Öffentlichkeit: er sei wohl nicht bei Trost und völlig von Sinnen, wenn ihm nicht klar sei, daß er, wenn man ihm Alexander nähme, einfach nichts mehr sei. Unter vier Augen machte er dann auch dem Krateros bittere Vorwürfe. Er brachte die beiden schließlich wieder zusammen und söhnte sie aus, schwur aber bei Ammon und den anderen Göttern, er liebe sie beide zwar von allen Menschen am meisten, wenn er aber wieder einen Streit zwischen ihnen erlebe, dann werde er sie beide töten lassen oder doch den, der damit angefangen habe. Daher sollen sie später nicht einmal mehr im Scherz etwas gegeneinander gesagt oder unternommen haben.

48. Philotas, der Sohn des Parmenion, stand in hohem Ansehen bei den Makedonen. Er galt als tapfer und ausdauernd, und keiner, Alexander ausgenommen, war so freigebig und setzte sich so für seine Freunde ein wie er. Einmal wurde er, so erzählt man, von einem seiner Vertrauten um eine Geldsumme gebeten. Er gab Auftrag, ihm das Geld auszuzahlen. Als der Verwalter erklärte, es sei nichts mehr in der Kasse, sagte Philotas zu ihm: »Was redest du da, hast du denn auch keinen Becher und kein Kleidungsstück mehr?« Er war aber auch sehr aufgeblasen, eitel bedacht auf seine Reichtümer und trieb in seiner Lebenshaltung einen solchen Aufwand, wie er bei einem Privatmann Anstoß erregen mußte. Und da er dazu noch seine Vornehmtuerei und seinen Hochmut nicht in gefälliger Form, sondern ohne jeden verbindlichen Umgangston ungeschliffen und beleidigend zum Ausdruck brachte, zog er sich Argwohn und Mißgunst zu. Daher

sagte auch Parmenion einmal zu ihm: »Mein Sohn, mach dich kleiner!« Bei Alexander war er schon seit langem in Ungnade gefallen. Als nämlich Dareios in Kilikien besiegt war, wurde sein gesamter Troß in Damaskos erbeutet. Unter den vielen ins Lager transportierten Gefangenen befand sich eine Frau, die aus Pydna[93] stammte und besonders schön war. Sie hieß Antigone, und Philotas behielt sie für sich. Jung und verliebt, wie er war, prahlte er beim Wein oft großspurig und offenherzig auf Soldatenart vor ihr und schrieb die bedeutendsten Ruhmestaten sich selber und seinem Vater zu. Den Alexander nannte er ein Jünglechen, das es nur ihnen zu verdanken habe, daß es sich König nennen dürfe. Die Frau erzählte nun diese Redereien einer ihrer Bekannten, die trug es wieder weiter, wie das so geht, und so kam die Geschichte schließlich zu Krateros. Der ließ die Frau kommen und führte sie heimlich zu Alexander. Dieser befahl ihr, als er alles gehört hatte, weiterhin genau wie früher mit Philotas zusammenzukommen und alles, was sie von ihm in Erfahrung brächte, ihm persönlich zu melden.
49. Philotas hatte keine Ahnung, daß man ihm auf diese Weise eine Falle gestellt hatte, er lebte weiter mit Antigone zusammen und ließ sich in der Erregung und aus Großsprecherei zu ungeziemenden Reden und Äußerungen gegen den König hinreißen. Obgleich nun so starke Beweise gegen Philotas vorlagen, beherrschte sich Alexander, bewahrte Stillschweigen und hielt sich zurück, sei es, daß er doch auf die Ergebenheit des Philotas vertraute oder daß er das Ansehen und den Einfluß der beiden Männer fürchtete.
Zu derselben Zeit bereitete ein Makedone namens Limnos aus Chalaistra[94] ein Attentat auf Alexander vor. Er versuchte den Nikomachos, einen jungen Mann, in den er verliebt war, zur Teilnahme an der Verschwörung zu gewinnen. Dieser ging jedoch nicht darauf ein, sondern erzählte seinem Bruder Kebalinos von dem Ansinnen,

und dieser lief zu Philotas und bat ihn, sie zu Alexander zu führen, sie hätten ihm nämlich etwas Dringendes und Wichtiges mitzuteilen. Philotas aber – was immer ihn bewog, ist unklar – ließ sie nicht vor, er behauptete, der König sei mit wichtigeren Dingen beschäftigt. Und das tat er zweimal. Die beiden schöpften nun Verdacht gegen Philotas und wandten sich an jemand anderen. Mit dessen Hilfe erhielten sie Zugang zu Alexander und zeigten ihm zuerst den Attentatsplan des Limnos an. Dann brachten sie auch vorsichtig das Gespräch auf Philotas, wie er sich nicht um ihr Anliegen gekümmert habe, obwohl sie zweimal vorgesprochen hätten. Das brachte Alexander in heftige Erregung, und als der Mann, der Limnos verhaften sollte, diesen wegen seiner Gegenwehr bei der Festnahme getötet hatte, wuchs seine Erregung noch; denn er glaubte, nun seien ihm die Beweismittel für die Aufdeckung der Verschwörung entgangen. In seiner Erbitterung gegen Philotas warf er sich nun denjenigen in die Arme, die diesen schon lange haßten. Sie sprachen jetzt ganz öffentlich aus, es sei recht unüberlegt von dem König, zu glauben, ein Mensch wie dieser Limnos, ein Mann aus Chalaistra, hätte auf eigene Faust ein solches Wagnis unternehmen wollen, er sei vielmehr nur der Handlanger oder besser das Werkzeug, das von höherer Hand gelenkt werde. Die Drahtzieher des Anschlags müßte man unter denjenigen suchen, die am meisten davon hätten, wenn die Sache im Dunkeln bliebe. Nachdem der König einmal ein offenes Ohr für Redereien und Verdächtigungen dieser Art gezeigt hatte, brachte man gleich tausenderlei Beschuldigungen gegen Philotas vor. Daraufhin wurde er verhaftet und auf der Folter verhört. Die Stabsoffiziere waren bei der Folterung zugegen, und Alexander hörte draußen hinter einem Vorhang alles mit an. Als Philotas kläglich und unterwürfig jammerte und sich demütig flehend an Hephaistion wandte, soll Alexander gesagt haben: »So weichlich und unmännlich bist

du, Philotas, und hast dich doch an eine solche Tat gewagt!« Als Philotas hingerichtet war, schickte Alexander sofort Leute nach Medien und ließ Parmenion aus dem Wege räumen, einen Mann, der mit Philipp zusammen die größten Taten vollbracht hatte. Er war es gewesen, der als einziger von seinen älteren Freunden, oder doch hauptsächlich, Alexander zu dem Zug nach Asien ermuntert hatte. Drei Söhne besaß er und hatte auf dem Feldzug schon den Tod von zweien erleben müssen, mit dem dritten zusammen wurde er jetzt umgebracht.
Damit erregte Alexander Grauen bei vielen seiner Freunde, besonders bei Antipater. Dieser trat heimlich mit den Aitolern in Verbindung und schloß mit ihnen ein Bündnis. Die Aitoler fürchteten nämlich Alexanders Rache wegen der Zerstörung von Oiniadai. Denn er hatte, als er davon erfuhr, gesagt, nicht die Kinder der Bewohner von Oiniadai, sondern er selber werde ihnen ihre Strafe auferlegen.
50. Nicht lange danach ereignete sich der Vorfall mit Kleitos. Wenn man ihn so zusammenhanglos hört, erscheint er einem noch grausamer als das Vorgehen gegen Philotas. Betrachtet man jedoch mit Überlegung den Anlaß und den Zeitpunkt, dann kommt man zu der Auffassung, daß der König diese Tat nicht mit Vorsatz getan hat, daß es vielmehr eine Verkettung unglücklicher Umstände war, da er dem bösen Dämon des Kleitos durch die Stimmung der zornigen Erregung und der Trunkenheit freie Bahn schuf. Abgespielt hat es sich folgendermaßen.
Es kamen einige Leute, die dem König griechisches Obst vom Meer her brachten. Er staunte darüber, weil es so herrlich reif und schön war, und ließ den Kleitos rufen, denn er wollte es ihm zeigen und ihm davon geben. Kleitos war gerade beim Opfern, er ließ aber das Opfer stehen und machte sich auf den Weg, und drei der Schafe, die bereits mit dem Trankopfer besprengt waren, liefen

ihm nach. Als der König davon erfuhr, beriet er sich darüber mit den Wahrsagern, mit Aristandros und dem Spartaner Kleomantis. Sie erklärten, dies sei ein unheilvolles Vorzeichen, und der König befahl daher, unverzüglich ein Sühnopfer für Kleitos darzubringen. Er hatte auch selber drei Tage zuvor einen seltsamen Traum gehabt: Er sah den Kleitos mit den Söhnen des Parmenion in schwarzen Gewändern zusammensitzen, und diese waren doch alle tot. Kleitos ging jedoch, ohne das Ende des Sühnopfers abzuwarten, zur Tafel des Königs, der gerade den Dioskuren ein Opfer dargebracht hatte.[95] Es wurde scharf gezecht, und dabei wurden Lieder eines gewissen Pranichos oder, wie einige sagen, des Pierion gesungen, Schimpf- und Spottlieder auf die makedonischen Generale, die kürzlich von Barbaren besiegt worden waren.[96] Die Älteren nahmen das sehr übel auf und schimpften auf den Dichter wie auf den Sänger, Alexander aber und seine Umgebung hatten ihren Spaß beim Zuhören und forderten den Sänger auf, weiterzusingen. Kleitos, der dem Wein schon reichlich zugesprochen hatte und von Natur aus jähzornig und starrsinnig war, zeigte ganz besondere Empörung und erklärte, es sei keine feine Art, in einem Kreis von Barbaren und Feinden sich über die Makedonen lustig zu machen, die immer noch viel besser seien als die, die jetzt über sie lachten, auch wenn sie einmal Pech gehabt hätten. Alexander sagte darauf, Kleitos rede wohl in eigener Sache, wenn er Feigheit als einen Unglücksfall hinstelle. Da sprang Kleitos auf und rief: »Diese Feigheit hat dem Göttersohn das Leben gerettet, als er schon dem Schwert des Spithridates den Rücken zukehrte![97] Und durch das Blut der Makedonen und durch diese Wunden hier bist du so groß geworden, daß du dich zum Sohn des Ammon machst und Philipp verleugnest!«

51. Wutentbrannt erwiderte Alexander: »Du elender Kerl, du glaubst wohl, ich werde mir das lange gefallen

lassen, daß du bei jeder Gelegenheit solche Dinge von mir erzählst und die Makedonen aufhetzt?« »Nun, es gefällt uns jetzt auch nicht, Alexander«, sagte Kleitos, »daß wir einen solchen Lohn für unsere Mühen davontragen, und wir preisen alle die glücklich, die gestorben sind, bevor sie sehen mußten, wie Makedonen mit persischen Ruten ausgepeitscht werden und wir bei Persern um Einlaß bei unserem König betteln müssen!« Eine solche Sprache wagte Kleitos zu führen, Alexanders Freunde aber erhoben sich und schalten Kleitos, während die älteren Gäste versuchten, den Streit zu schlichten. Alexander aber wandte sich an Xenodoxos aus Kardia und Artemios aus Kolophon und sagte: »Habt ihr nicht den Eindruck, als spazierten die Griechen unter den Makedonen einher wie leibhaftige Halbgötter unter wilden Bestien?« Kleitos aber ließ nicht locker, sondern forderte Alexander auf, entweder solle er ihn frei heraus sagen lassen, was er wolle, oder er solle sich keine freien Männer, die ein offenes Wort gewöhnt seien, als Gäste einladen, sondern mit Barbaren und Sklaven zusammenleben, die vor seinem persischen Gürtel und seinem rotweißen Rock auf die Knie fielen. Nun konnte Alexander seinen Zorn nicht länger meistern, er nahm einen Apfel von der Tafel, warf ihn dem Kleitos an den Kopf und suchte nach seinem Schwert. Ein Mann von der Leibwache, Aristophanes, hatte es aber rechtzeitig beiseite geschafft, und die anderen umdrängten Alexander und suchten ihn durch Bitten zu besänftigen. Er aber sprang auf und rief auf makedonisch seine Waffenträger heraus – das war das Zeichen zum Alarm – und befahl dem Trompeter, Signal zu blasen. Als dieser zögerte und nicht daran wollte, schlug er mit den Fäusten auf ihn ein. Später würde dieser Mann belobigt, weil man es vor allem ihm zu verdanken hatte, daß nicht das ganze Lager in Aufruhr geriet. Den Kleitos, der durchaus keine Ruhe geben wollte, hatten seine Freunde inzwischen mit Mühe aus dem Saal geschafft. Aber er kam zu einer anderen Tür wieder herein und deklamierte in geringschätzigem und anmaßendem Ton die Verse aus der *Andromache* des Euripides:

»Weh, welch schlimme Sitte herrscht in Griechenland!«[98]

Jetzt riß Alexander einem der Türwächter die Lanze aus der Hand und durchbohrte Kleitos, der ihm entgegenkam und gerade den Vorhang vor der Tür wegzog. Er sank mit Seufzen und Stöhnen zu Boden, und augenblicklich verließ Alexander der Zorn. Er kam wieder zu sich, und als er die Freunde sprachlos dastehen sah, konnte er gerade noch die Lanze aus dem Leichnam reißen; als er aber Anstalten machte, sie sich durch den Hals zu stoßen, hielt man ihn fest. Die Leibwächter packten ihn an den Armen und um den Leib und brachten ihn mit Gewalt in seinen Schlafraum.

52. Die Nacht verbrachte er elend unter ständigem Weinen, und den folgenden Tag lag er, vom Schreien und Klagen erschöpft, ohne ein Wort zu sprechen da und stieß nur schwere Seufzer aus. Seine Freunde gerieten in Angst durch sein Schweigen und verschafften sich mit Gewalt Zutritt. Alles Zureden war vergeblich; erst als der Seher Aristandros ihn an den Traum erinnerte, den er von Kleitos gehabt habe, und an das Vorzeichen beim Opfer, was doch auf ein lang vorherbestimmtes Geschehen deute, schien er nachzugeben. Daher brachte man den Philosophen Kallisthenes zu ihm, einen Verwandten des Aristoteles, und den Anaxarchos aus Abdera. Kallisthenes versuchte, sanft auf sein Gemüt einzuwirken und, ohne ihm wehzutun, seinen Schmerz an der Wurzel zu packen. Anaxarchos aber, der schon immer seinen eigenen Weg in der Philosophie gegangen war und sich den Ruf erworben hatte, hochmütig und geringschätzig mit allen Leuten, die er kannte, umzugehen, rief gleich

beim Eintreten laut: »Das ist also der Alexander, auf den heutzutage die ganze Welt schaut! Da liegt er und heult wie ein Sklave, und fürchtet sich vor dem Gesetz und dem Tadel der Menschen, für die er doch vielmehr selber das Gesetz und die Richtschnur von Gut und Böse sein muß. Er hat doch gesiegt, um zu herrschen und zu unterwerfen, nicht, um als Sklave beherrscht zu werden und nichtiger Meinung unterworfen zu sein.« »Weißt du denn nicht«, fuhr er fort, »daß Dike und Themis deshalb die Beisitzerinnen des Zeus sind, damit alles, was ein Herrscher tut, Recht und Gesetz ist?« Mit derartigen Argumenten gelang es Anaxarchos zwar, den Kummer des Königs zu lindern, er machte seinen Charakter aber in vielem noch hochfahrender und ungerechter. Sich selbst wußte er dadurch in ganz außerordentlichem Maße einzuschmeicheln und brachte den König in verleumderischer Weise vom Umgang mit Kallisthenes ab, der seiner strengen Haltung wegen ohnehin nicht besonders hoch in Gunst stand. Wie es heißt, unterhielt man sich bei Tisch einmal über Jahreszeiten und Klima, und Kallisthenes pflichtete der Meinung derer bei, die behaupteten, das Klima dieser Gegenden hier sei viel kälter und rauher als das in Griechenland. Da nun Anaxarchos dies bestritt und hartnäckig das Gegenteil vertrat, sagte Kallisthenes: »Aber du mußt doch zugeben, daß es hier viel kälter ist als dort. Denn in Griechenland läufst du den ganzen Winter über in einem dünnen Mäntelchen herum, hier aber liegst du mit drei dicken Decken zugedeckt.« Das war ein Grund mehr für Anaxarchos, erbittert gegen ihn zu sein.
53. Auch die anderen Philosophen und Schmeichelredner machte sich Kallisthenes zu Feinden; er wurde nämlich von den jungen Leuten seiner Redekunst wegen geschätzt, fand aber auch nicht weniger Anklang bei den Älteren, und zwar infolge seiner Lebensweise: sie war geordnet, anständig und genügsam und diente als Bestäti-

gung dessen, was, wie es hieß, der Grund für seine Reise hierher war. Er war nämlich in der Absicht zu Alexander gekommen, von ihm die Erlaubnis zur Rückführung seiner Mitbürger in ihre Heimat und zum Wiederaufbau seiner Vaterstadt zu erhalten.[99] Er wurde nun schon seines Ansehens wegen angefeindet und bot außerdem noch von sich aus den Verleumdern manche Angriffsfläche. Denn oft schlug er die Einladungen zur königlichen Tafel aus, wenn er aber kam, dann saß er finster und stumm da und gab damit zu erkennen, daß er alles mißbillige, was da vor sich ging. Daher sagte auch Alexander mit Bezug auf ihn:

»Den Weisen haß ich, der sich selbst nicht weise ist!«[100]

Einmal, so heißt es, waren viele Gäste geladen, und Kallisthenes erhielt den Auftrag, beim Bankett eine Lobrede auf die Makedonen zu halten. Er habe sich über sein Thema mit solcher Beredsamkeit ausgelassen, daß die Anwesenden sich erhoben, Beifall klatschten und ihm ihre Kränze zuwarfen. Darauf habe Alexander die Euripidesstelle zitiert: Habe man für sein Thema

»So guten Stoff, dann ist die schönste Rede leicht«.

»Aber beweise uns einmal deine Kunst«, habe er gesagt, »indem du eine Anklagerede gegen die Makedonen hältst, damit sie auch besser werden, wenn sie ihre Fehler kennenlernen.« So habe Kallisthenes nun einen Widerruf der vorigen Rede gehalten und freimütig den Makedonen vieles vorgeworfen und die griechische Uneinigkeit als die Ursache für die wachsende Größe Philipps und seiner Macht bezeichnet, wobei er noch den Vers zitierte:

»So kommt doch immer beim Umsturz der schlechteste Kerl an die Spitze!«[101]

Dadurch soll er sich den bitteren und unversöhnlichen Haß der Makedonen zugezogen, Alexander aber soll gesagt haben, Kallisthenes habe den Makedonen keinen Be-

weis für seine Redekunst, sondern für seine feindselige Haltung geliefert.
54. Wie Hermippos[102] berichtet, hat Stroibos, der Vorleser des Kallisthenes, diesen Vorfall dem Aristoteles mitgeteilt, und Kallisthenes soll, als er merkte, daß er beim König in Ungnade gefallen war, beim Weggehen zwei- oder dreimal zu sich selber gesagt haben:

> »Starb ja Patroklos auch, und er war dir doch weit überlegen!«[103]

Nicht unzutreffend scheint daher auch die Äußerung des Aristoteles, Kallisthenes sei zwar ein fähiger und großartiger Redner gewesen, Verstand habe er aber keinen besessen.
Die Proskynese hat er jedenfalls mit aller Entschiedenheit abgelehnt, und zwar so, wie es eines Philosophen würdig war.[104] Er hat als einziger das offen ausgesprochen, worüber die Vornehmsten und Ältesten der Makedonen nur im Geheimen murrten, und damit hat er einerseits die Griechen vor einer großen und Alexander vor einer noch größeren Schande bewahrt, indem er die Einführung der Proskynese hintertrieb.[105] Aber andererseits hat er sich selbst damit ins Verderben gestürzt, da der Eindruck entstand, als wolle er den König unter Druck setzen, anstatt ihn zu überzeugen. Chares von Mytilene berichtet folgendes: Beim Gastmahl reichte Alexander, nachdem er getrunken hatte, die Trinkschale einem seiner Freunde weiter. Dieser nahm sie, erhob sich, trat zum Altar und trank. Dann vollzog er als erster die Proskynese, küßte Alexander und nahm wieder Platz. Ebenso machten es alle anderen der Reihe nach. Kallisthenes aber nahm die Schale, während der König gerade nicht hinsah, sondern sich mit Hephaistion unterhielt, trank und ging gleich auf Alexander zu, um ihn zu küssen. Aber Demetrios mit dem Beinamen Pheidon rief: »Küsse ihn nicht, o König, er hat als einziger die Proskynese unterlassen!«

Darauf wich Alexander seinem Kuß aus, und Kallisthenes sagte ziemlich laut: »So muß ich eben um einen Kuß ärmer wieder abziehen.«
55. Infolge dieser wachsenden Entfremdung fand nun zunächst Hephaistion ein offenes Ohr mit seiner Behauptung, Kallisthenes habe ihm zugesagt, die Proskynese zu vollziehen, er habe aber sein Versprechen gebrochen. Dann drängten sich Leute wie Lysimachos und Hagnon herbei und behaupteten, der Philosoph stolziere nun aufgeblasen einher, als ob er eine Tyrannenherrschaft gestürzt habe, und die jungen Leute liefen bei ihm zusammen und höben ihn in den Himmel, als sei er der einzig Freie unter so vielen Tausenden. Als daher die von Hermolaos geplante Verschwörung[106] gegen Alexander entdeckt wurde, schien es gar nicht so unwahrscheinlich, was die Verleumder behaupteten, daß nämlich Kallisthenes auf die Frage, wie man der Allerberühmteste werden könne, geantwortet habe: »Indem man den Berühmtesten umbringt.«[107] Und daß er den Hermolaos, um ihn zur Tat aufzustacheln, aufgefordert habe, sich doch nicht von dem goldenen Ruhebett des Königs beeindrucken zu lassen, sondern daran zu denken, daß er es mit einem Menschen zu tun haben werde, der auch nicht gefeit sei gegen Krankheiten und Verwundungen.
Aber trotzdem hat keiner der Mitverschworenen des Hermolaos etwas gegen Kallisthenes ausgesagt, nicht einmal unter schwersten Folterungen. Ja sogar Alexander selbst sagt in seinen Briefen, die er unmittelbar darauf an Krateros, Attalos und Alketas schrieb, die Knaben hätten auf der Folter übereinstimmend ausgesagt, daß sie allein die Urheber seien und keine anderen Mitwisser hätten. Später aber stellt er in einem Brief an Antipater den Kallisthenes als Mitschuldigen hin: »Die Knaben sind von den Makedonen gesteinigt worden, den Philosophen aber werde ich selber bestrafen, und dazu die, die ihn geschickt haben, und die, die Leute in ihren Städten auf-

nehmen, welche mir nach dem Leben trachten.« Mit dieser Äußerung zielte er ganz offen auf Aristoteles; denn Kallisthenes war als dessen Verwandter – er war der Sohn der Hero, einer Kusine des Aristoteles – in seinem Hause erzogen worden. Über die Art seines Todes berichten die einen, er sei von Alexander gehängt worden, die anderen, er sei in der Gefangenschaft an einer Krankheit gestorben. Chares sagt, er sei nach seiner Verhaftung noch sieben Monate gefangengehalten worden, um in Gegenwart des Aristoteles im großen Rat abgeurteilt zu werden; in den Tagen aber, da Alexander bei den Mallern in Indien verwundet wurde,[108] sei er, schon ganz aufgeschwemmt, an der Läusekrankheit[109] gestorben.

56. Das war jedoch erst später. Den Korinther Demaratos hatte trotz seines hohen Alters der Wunsch gepackt, zu Alexander nach Asien zu reisen. Als er ihn zu Gesicht bekam, sagte er, die Griechen seien um eine große Freude gekommen, die gestorben seien, ohne Alexander auf dem Throne des Dareios sitzen zu sehen.[110] Er hatte jedoch nicht lange Gelegenheit, die Gnade des Königs zu genießen, denn er starb kurz darauf an Altersschwäche. Er erhielt eine prunkvolle Leichenfeier, und das Heer schüttete ihm einen Grabhügel von riesigem Umfang und 80 Ellen Höhe auf. Seine Gebeine aber wurden auf einem prächtig geschmückten vierspännigen Wagen zur Küste gebracht.

57. Alexander war nun im Begriff, den Zug nach Indien anzutreten, und stellte fest, daß sein Heer mit einer Riesenmenge von Beutestücken bepackt war und nur schwer vorwärts kam. Daher ließ er bei Tagesanbruch, als die Wagen schon beladen waren, zuerst seine eigenen und die seiner Freunde in Brand stecken, dann befahl er, auch die Wagen der Makedonen anzuzünden. Diesen Plan zu fassen war, wie sich zeigte, ein größeres Risiko als seine Ausführung. Denn nur wenige machte er dadurch verdrossen, die meisten erhoben ein lautes Beifallsgeschrei und gaben denen das Notwendigste ab, die etwas brauchten, das Überflüssige aber warfen sie selbst in die Flammen und vernichteten es. Das erfüllte Alexander aufs neue mit Mut und Tatkraft. Er war aber auch furchtbar und unerbittlich im Bestrafen begangener Fehler. So ließ er den Menandros, der zum Kreise seiner Gefährten gehörte und den er zum Befehlshaber eines Stützpunktes ernannt hatte, hinrichten, weil er nicht dort bleiben wollte, und von den aufständischen Barbaren tötete er den Orsodates eigenhändig durch einen Pfeilschuß.

Um diese Zeit brachte ein Schaf ein Lamm zur Welt, das auf dem Kopf ein Gebilde hatte, das die Form und die Farbe einer Tiara aufwies. Dazu hatte es auf beiden Seiten ein Paar Hoden. Alexander war über dieses Vorzeichen so entsetzt, daß er von den Babyloniern, die er zu diesem Zweck mitzunehmen pflegte, ein Reinigungsopfer für sich darbringen ließ. Er erklärte seinen Freunden, er sei nicht seinet-, sondern ihretwegen so in Sorge, daß nämlich die Gottheit, wenn er stürbe, einem Schlechten und Schwachen die Macht übertragen könne. Doch ein günstigeres Zeichen machte seiner Niedergeschlagenheit ein Ende. Ein Makedone namens Proxenos, der Zeltaufseher, war dabei, am Flusse Oxos[111] einen Platz für das königliche Zelt aufzugraben, und stieß dabei auf eine Quelle mit einer fettigen, ölhaltigen Flüssigkeit. Sobald man das Oberste abgeschöpft hatte, floß reines, klares Öl hervor, das sich weder im Geruch noch im Geschmack von wirklichem Öl unterschied, auch an Klarheit und Fettgehalt ganz gleich war, und das, obwohl es doch im ganzen Land keine Ölbäume gab. Man sagt, daß auch der Oxos ganz weiches Wasser hat, so daß man beim Baden eine fettige Haut bekommt. Daß sich Alexander außerordentlich darüber freute, zeigt ein Brief an Antipater, worin er dieses Ereignis zu den größten Zeichen rechnet, die ihm die Götter zuteil werden ließen. Die Wahrsager aber deuteten das Zeichen als eine Vorbedeutung für den

Feldzug, der zwar ruhmvoll, aber auch voller Mühen und Beschwerden sein werde. Das Öl hätten die Götter den Menschen nämlich als hilfreiche Linderung von Strapazen gegeben.
58. Viele Gefahren hatte Alexander nun in den Kämpfen dieses Feldzugs zu bestehen, er wurde auch schwer verwundet, das Heer aber hatte die größten Verluste zu erleiden durch den Mangel an Lebensmitteln und das ungesunde Klima. Er selber setzte seinen Ehrgeiz darein, das Glück durch Kühnheit und seine Machtmittel durch persönliche Tapferkeit noch zu übertreffen, er war überzeugt, nichts sei unüberwindlich für die Mutigen, aber nichts sicher genug für die Verzagten. Als er die steile und unzugängliche Felsenburg des Sisimethres belagerte und seine Soldaten schon ganz mutlos waren, fragte er, so erzählt man, den Oxyartes, was für ein Mensch denn dieser Sisimethres sei. Als Oxyartes erwiderte, er sei der feigste Kerl von der Welt, sagte Alexander: »Damit sagst du, daß wir den Felsen einnehmen können, denn seine Spitze ist nicht fest.« Er nahm die Feste also ein, indem er Sisimethres in Angst und Schrecken versetzte. Beim Angriff auf eine andere ebenso steile Bergfeste suchte er seine jungen Makedonen anzufeuern und redete einen von ihnen, der Alexander hieß, mit den Worten an: »Du mußt dich besonders auszeichnen, schon um deines Namens willen.« Als nun der junge Mann nach heldenhaftem Kampf gefallen war, zeigte sich der König äußerst betrübt.
Die Burg Nysa[112] anzugreifen, scheuten sich die Makedonen, sie war nämlich auch noch durch einen tiefen Fluß abgesichert. Alexander trat ans Ufer und rief: »Wie? Ich Feigling, habe ich denn nicht schwimmen gelernt?«, und wollte sogleich mit dem Schild am Arm hinüber. Nach Einstellung der Kampfhandlungen erschienen Abgeordnete von den belagerten Städten und baten um Frieden. Der Anblick des Königs in Waffen und ohne allen

Pomp versetzte sie zunächst in Schrecken. Darauf ließ er sich ein Kissen bringen und forderte den Ältesten der Gesandten – er hieß Akuphis – auf, es zu nehmen und sich daraufzusetzen. Voll Staunen über seine Hoheit und Freundlichkeit fragte nun Akuphis, was sie nach seinem Willen tun müßten, um seine Freunde zu werden. Alexander entgegnete: »Sie sollen dich zum Regenten ernennen und mir die 100 besten Männer als Geiseln stellen.« Da lachte Akuphis und sagte: »Ich werde aber besser regieren können, o König, wenn ich dir die 100 Schlechtesten schicke statt der Besten.«

59. Taxiles[113] besaß, wie es heißt, einen Teil Indiens, so groß wie Ägypten. Es gab dort gute Viehweiden und herrliches Obst in überreicher Fülle; und Taxiles, der als ein weiser Mann galt, sagte bei der Begrüßung zu Alexander: »Was sollen wir Krieg führen und Schlachten miteinander schlagen, Alexander? Du bist ja nicht gekommen, uns das Wasser oder den Lebensunterhalt zu rauben, die einzigen Dinge, deretwegen vernünftige Menschen notgedrungen zu den Waffen greifen müssen. Was man sonst so Güter und Schätze nennt, davon will ich dir gerne abgeben, wenn ich mehr habe, und falls ich weniger habe, scheue ich mich aber auch nicht, von dir etwas anzunehmen und mich dir dafür dankbar zu erzeigen.« Alexander war über seine Worte erfreut, reichte ihm die Hand und sagte: »Glaubst du nun, weil wir uns so gut und freundschaftlich unterhalten haben, daß es bei unserer Begegnung ganz ohne Kampf abgehen wird? Aber das soll dir nichts helfen. Ich werde mit dir kämpfen und wetteifern im Austausch von Freundschaftsbeweisen, damit du mich nicht übertriffst, so edel du auch bist.« Er erhielt nun viele Geschenke, gab aber noch viel mehr und ließ Taxiles schließlich noch 1000 Talente Münzgeld überreichen. Seinen Freunden bereitete er damit großen Ärger, er gewann sich aber die Zuneigung vieler Barbaren.

Die besten Kämpfer bei den Indern waren die Söldner, die in die Städte zogen und sie tapfer verteidigten, wobei sie Alexander schwer zu schaffen machten. Daher schloß Alexander einen Waffenstillstand mit ihnen, beim Abzug aber überfiel er sie und ließ alle niederhauen.[114] Das haftet als ein Makel auf seinen Kriegstaten, da er sonst immer unter Beachtung des Rechts und so, wie es einem König ziemte, Krieg zu führen pflegte. Nicht weniger als die Söldner setzten ihm auch die Philosophen zu, die Schmähreden gegen die zu ihm übergetretenen Könige hielten und die noch unabhängigen Völker gegen ihn aufwiegelten. Aus diesem Grund ließ er viele von ihnen aufhängen.

60. Den Kampf gegen Poros hat Alexander in seinen Briefen selbst geschildert. Die beiden Armeen waren, wie er sagt, durch den Fluß Hydaspes[115] getrennt. Daher stellte Poros seine Elefanten am gegenüberliegenden Ufer auf, um den Übergang dauernd unter Bewachung zu haben. Alexander dagegen ließ jeden Tag im Lager allerhand geräuschvolle Manöver veranstalten, damit dies für die Barbaren ein gewohnter Eindruck sei und sie daraufhin keinen Angriff mehr befürchteten. Dann rückte er in einer stürmischen, mondlosen Nacht mit einem Teil der Fußsoldaten und der Elitetruppe der Reiter in einiger Entfernung von den Feinden vor und setzte über bis zu einer Insel, die nicht sehr groß war. Hier brach ein starker Platzregen los, der Sturm tobte in heftigen Böen, und Blitze gingen auf das Heer nieder. Aber obwohl er sehen mußte, daß einige Soldaten von den Blitzen getroffen wurden und umkamen, brach Alexander dennoch von der Insel auf, um das gegenüberliegende Ufer zu gewinnen. Der Hydaspes aber war durch das Unwetter reißend geworden, er hatte sich mit heftiger Strömung und hoch angeschwollen ein neues Bett gebahnt, und ein großer Teil des Wassers ergoß sich in diese Richtung. Sie gewannen nun das Land zwischen den beiden Flußarmen, auf

dem man aber nicht sicher Fuß fassen konnte, weil der Boden überall mit fortglitt und wegrutschte. Da soll Alexander gesagt haben: »Ach, ihr Athener, werdet ihr's wohl glauben, was für Gefahren ich auf mich nehme, nur damit ihr mich lobt!« Aber das erzählt nur Onesikritos. Alexander selbst sagt, sie hätten die Flöße hier zurückgelassen und den Nebenarm des Flusses mit den Waffen in der Hand durchwatet, wobei ihnen das Wasser bis zur Brust ging. Nach dem Übergang sei er mit der Reiterei dem Fußvolk 20 Stadien weit vorausgeritten in der Überlegung, daß er den Feinden gegenüber weit im Vorteil sein werde, falls sie ihn nur mit ihrer Reiterei angriffen. Falls sie aber das Fußvolk anrücken ließen, könnten seine eigenen Leute doch noch rechtzeitig zu ihm stoßen. Ersterer Fall trat ein. Er schlug nämlich die 1000 Reiter und die 60 Streitwagen, die ihn angriffen, in die Flucht, die Wagen erbeutete er sämtlich, und von den Reitern tötete er 400. Nun wurde es Poros klar, daß Alexander selbst der Übergang über den Fluß geglückt sein müsse. Er zog ihm mit seiner gesamten Streitmacht entgegen, mit Ausnahme der Truppen, die er zurückgelassen hatte, damit sie die Makedonen am Überschreiten des Flusses hindern sollten. Nicht ohne Besorgnis vor den Elefanten und der feindlichen Übermacht brach Alexander selber auf dem linken Flügel unter sie ein, während Koinos den Befehl hatte, den rechten Flügel anzugreifen. Beide Flügel wurden zum Rückzug gezwungen und zogen sich jeweils zu den Elefanten zurück, wo sich die Zurückgedrängten wieder sammelten. Daher kam es hier zu einem blutigen Kampfgewühl, und erst nach acht Stunden gaben die Feinde die Schlacht verloren. So hat der Feldherr dieser Schlacht es in seinen Briefen selber dargestellt.

Die meisten Geschichtsschreiber berichten übereinstimmend, Poros sei vier Ellen und eine Spanne[116] groß gewesen und habe im Verhältnis zu seinem Elefanten wie ein Reiter zu Pferde gewirkt wegen seines gewaltigen, mächtigen Körperbaus, und das, obwohl der Elefant der größte von allen war. Dieser bewies auch einen erstaunlichen Verstand und zeigte große Sorge um den König. Denn solange dieser bei Kräften war, leistete er den Angreifern tapfer Widerstand und stieß sie zu Boden, sobald er aber merkte, daß der König, von vielen Wurfgeschossen getroffen und verwundet, allmählich matt wurde, befürchtete er, er könne herabgleiten. Er ließ sich daher sacht auf die Knie nieder, faßte behutsam mit dem Rüssel jedes einzelne Geschoß und zog es aus dem Körper. Poros wurde gefangengenommen, und Alexander fragte ihn, wie er ihn behandeln solle. Er antwortete: »Königlich.« Und auf die weitere Frage Alexanders, ob er sonst noch etwas verlange, entgegnete er: »Mit dem Wort königlich ist alles gesagt.« Alexander ließ ihn nicht nur mit dem Titel eines Satrapen über sein bisheriges Königreich herrschen, er fügte auch noch einen weiteren Landesteil hinzu mit den bisher unabhängigen Völkern,[117] die er unterworfen hatte, ein Land mit 15 Volksstämmen, 5000 namhaften Städten[118] und zahlreichen Ortschaften. Ein anderes, dreimal so großes Gebiet verlieh er Philippos, einem seiner Freunde, als Satrapie.

61. Diese Schlacht gegen Poros kostete auch Bukephalos das Leben; er starb nicht auf dem Schlachtfeld, sondern später, wie die meisten berichten, während er wegen seiner Wunden behandelt wurde. Onesikritos dagegen sagt, Bukephalos sei an Altersschwäche gestorben, er sei schon dreißig Jahre alt gewesen. Alexander nahm sich den Tod des Pferdes sehr zu Herzen, für ihn war es, als ob er einen vertrauten Gefährten und Freund verloren hätte. Zu seinem Gedächtnis gründete er am Hydaspes eine Stadt und nannte sie Bukephalia. Auch als ihm ein Hund mit Namen Peritas starb, den er selber aufgezogen hatte und an dem er sehr hing, soll er eine Stadt mit seinem Namen gegründet haben. Dies hat Sotion, wie er angibt, von Potamon aus Lesbos gehört.[119]

62. Der Kampf mit Poros hatte die Einsatzfreudigkeit der Makedonen merklich gedämpft und ihnen die Lust an einem weiteren Vordringen nach Indien genommen. Denn da sie einen Feind, der ihnen mit lediglich 20000 Mann Fußvolk und 2000 Reitern entgegengetreten war, nur mit Mühe hatten niederringen können, widersetzten sie sich Alexander nun mit aller Entschiedenheit, als er sie zwingen wollte, auch noch den Ganges zu überschreiten,[120] einen Fluß, von dem sie gehört hatten, daß er 32 Stadien breit und 100 Klafter tief sei und dessen jenseitiges Ufer bedeckt sei mit Massen von Bewaffneten, Pferden und Elefanten. Man sprach nämlich von 80000 Reitern, 20000 Fußsoldaten, 8000 Streitwagen und 6000 Kriegselefanten, mit denen dort die Könige der Gandariten und Praisier sie erwarteten. Das war auch wirklich nicht übertrieben. Denn Androkottos[121], der nicht viel später dort König wurde, machte dem Seleukos 500 Elefanten zum Geschenk, und das Heer, mit dem er sich ganz Indien unterwarf, bestand aus 600000 Mann.

Zunächst schloß sich Alexander voller Zorn und Mißmut in seinem Zelt ein. Alles bisher Geleistete war in seinen Augen wertlos, wenn er nicht auch den Ganges überschritte, und ein Rückzug bedeutete für ihn das öffentliche Eingeständnis einer Niederlage. Als aber die Freunde ihm mit einleuchtenden Begründungen zuredeten und die Soldaten sich vor seinem Zelt versammelten und unter Weinen und Klagen ihre Bitten vorbrachten, ließ er sich erweichen und gab den Befehl zum Rückzug. Dabei bediente er sich im Interesse seines Ruhmes noch allerlei betrügerischer und geschickter Kniffe. Er ließ nämlich Waffen und Pferdekrippen größer und Zaumzeuge schwerer als normal anfertigen, die man dann überall in der Gegend verstreut zurückließ. Auch Götteraltäre ließ er bauen, zu denen noch heute die Könige der Praisier herüberkommen, um die Götter zu verehren und ihnen Opfer auf griechische Art darzubringen.[122] Androkottos, der als junger Mann Alexander selbst gesehen hatte, soll später oftmals geäußert haben, Alexander hätte damals ohne große Mühe die betreffenden Gebiete erobern können, da der dortige König wegen seiner Bösartigkeit und seiner niederen Abkunft allgemein verhaßt und verachtet war.

63. Von hier aus brach Alexander auf, um den Ozean kennenzulernen. Er ließ eine Menge von Ruderschiffen und Flößen bauen, auf denen er langsam die Flüsse hinabfuhr. Doch verlief die Fahrt nicht ruhig und friedlich, denn er ging unterwegs an Land, griff die Städte an und unterwarf sie alle. Bei den sogenannten Mallern aber, die als die tapfersten Kämpfer der Inder galten, wäre er beinahe ums Leben gekommen. Er hatte nämlich die Feinde mit einem Pfeilhagel von der Mauer vertrieben und auf einer angelegten Sturmleiter als erster die Mauer erstiegen. Aber die Leiter zerbrach, und er wurde von den Barbaren, die unten an der Mauer Widerstand leisteten, mit Geschossen eingedeckt. Er war zwar so gut wie allein, faßte sich aber ein Herz und sprang mitten unter die Feinde hinab. Zum Glück kam er dabei auf die Füße zu stehen. Wie er im Sprung seine Waffen schwang, kam es den Barbaren so vor, als leuchte ein Glanz und eine Art von überirdischer Erscheinung vor ihm her. Deshalb wandten sie sich zuerst zur Flucht und zerstreuten sich. Als sie ihn aber allein mit nur zwei Soldaten von der Leibwache sahen, liefen sie wieder herbei und brachten ihm aus der Nähe mit Schwertern und Lanzen durch den Panzer hindurch Wunden bei, so tapfer er sich auch wehrte. Einer nahm etwas Abstand und schoß von seinem Bogen einen Pfeil mit solcher Schärfe und Durchschlagskraft ab, daß er den Panzer durchdrang und im Brustknochen steckenblieb. Auf diesen Schuß hin fuhr Alexander zurück und krümmte sich, der Schütze aber lief herbei und zückte sein Barbarenschwert gegen ihn. Peukestas und Limnaios warfen sich vor den König, wurden aber beide getroffen, der eine fiel, Peukestas hielt sich jedoch noch aufrecht, und den Barbaren tötete Alexander mit eigener Hand. Schon mehrfach verwundet und schließlich noch von einer Keule am Hals getroffen, lehnte er sich an die Mauer, das Gesicht den Feinden zugekehrt. In diesem Augenblick warfen sich die Makedonen schützend vor ihn, sie rissen ihn hinweg, und er hatte schon das Bewußtsein verloren, als man ihn wegtrug und in sein Zelt brachte. Im ganzen Lager hieß es schon, er sei tot. Nachdem man den Pfeil, der aus Holz war, unter großen Schwierigkeiten abgesägt hatte, was dem Verwundeten große Schmerzen bereitete, und man ihm so endlich mit Mühe den Panzer ausziehen konnte, ging man daran, die Pfeilspitze herauszuschneiden, die tief in einem Knochen steckte. Sie soll drei Finger breit und vier Finger lang gewesen sein. Daher fiel er während der Operation in eine todesähnliche Ohnmacht, als aber die Spitze entfernt war, kam er wieder zu sich. Er kam außer Gefahr, war aber noch sehr schwach und bedurfte lange Zeit hindurch der Pflege und Schonung. Als er hörte, wie die Makedonen vor dem Zelt lärmten, da sie ihn unbedingt sehen wollten, nahm er seinen Mantel und ging hinaus zu ihnen. Dann brachte er den Göttern Opfer dar und setzte seinen Zug fort, wobei er sich ein weites Gebiet mit großen Städten unterwarf.

64. Von den Gymnosophisten[123], die hauptsächlich den Sabbas zur Rebellion beredet und den Makedonen den schwersten Schaden zugefügt hatten, nahm er zehn fest. Da sie in dem Rufe standen, meisterhaft in knapper Form auf Fragen antworten zu können, legte er ihnen allerhand spitzfindige Fragen vor. Er sagte dazu, er werde den als ersten töten lassen, der eine falsche Antwort gebe, dann der Reihe nach die anderen; einen, den Ältesten von ihnen, bestimmte er zum Schiedsrichter. Der erste erhielt die Frage, ob seiner Meinung nach die Lebenden oder die Toten mehr seien. Er antwortete: »Die Lebenden, denn

die Toten sind nicht mehr.« Der zweite wurde gefragt, ob die Erde oder das Meer größere Tiere hervorbringe, und er antwortete: »Die Erde, denn das Meer ist ein Teil der Erde.« Den dritten fragte man, welches das schlaueste Tier sei. Er antwortete: »Das, das der Mensch bis jetzt noch nicht kennengelernt hat.« Der vierte antwortete auf die Frage, aus welcher Überlegung heraus er den Sabbas zum Aufstand bewogen habe: »Ich wollte, daß er entweder ruhmvoll lebt oder ruhmvoll stirbt.« Der fünfte bekam die Frage, ob der Tag oder die Nacht früher gewesen sei, und er gab zur Antwort: »Der Tag, er war einen Tag früher.« Da Alexander hierüber sein Befremden äußerte, erklärte er: »Auf verfängliche Fragen muß man eben auch verfängliche Antworten geben.« Der König kam nun zum sechsten und fragte ihn, wie man die größte Beliebtheit erlangen könne. Er bekam zur Antwort: »Wenn man zwar der Mächtigste ist, aber nicht gefürchtet wird.« Von den restlichen drei wurde einer gefragt, wie jemand aus einem Menschen zu einem Gott werden könne. Die Antwort lautete: »Wenn er etwas tut, wozu ein Mensch nicht fähig ist.« Der nächste wurde vor die Frage gestellt, was stärker sei, Leben oder Tod. Er erwiderte: »Das Leben, denn es erträgt so viel Leid.« Den letzten fragte man, wie lange es für den Menschen gut sei, am Leben zu bleiben. »So lange, bis er den Tod für besser hält als das Leben.« Nun wandte sich der König an den Schiedsrichter und forderte ihn auf, das Urteil zu verkünden. Dieser erklärte, es habe immer einer schlechter geantwortet als der andere. Darauf der König: »Also wirst du als erster sterben, da du ein solches Urteil abgegeben hast.« »Nein, o König«, antwortete der andere, »da würdest du ja lügen. Du hast doch gesagt, der solle als erster sterben, der die schlechteste Antwort gegeben habe.«
65. Er entließ nun die Leute reich beschenkt und schickte den Onesikritos zu den berühmtesten Weisen, die jeder

für sich in der Einsamkeit lebten, und ließ sie zu sich bitten. Onesikritos war selber ein Philosoph, er stammte aus der Schule des Kynikers Diogenes. Wie er berichtet, forderte ihn Kalanos zunächst sehr hochfahrend und schroff auf, seine Kleider abzulegen und nackt anzuhören, was er ihm zu sagen habe. Anders werde er sich nicht mit ihm unterhalten, und wenn er von Zeus persönlich käme. Dandamis war etwas umgänglicher, er ließ sich von Sokrates, Pythagoras und Diogenes erzählen und sagte dann, diese schienen ihm ja sehr begabte Männer gewesen zu sein, aber sie hätten ihr Leben zu ängstlich nach den herrschenden Sitten ausgerichtet. Andere berichten, Dandamis habe nichts weiter gesagt als nur das eine: »Aus welchem Grund ist Alexander eigentlich diesen weiten Weg hierhergekommen?« Den Kalanos beredete Taxiles schließlich doch, zu Alexander zu gehen. Er hieß eigentlich Sphines, weil er aber die Leute, die ihm begegneten, statt mit dem griechischen »Sei gegrüßt« mit dem indischen Wort »kale« anredete, nannten ihn die Griechen Kalanos. Er soll Alexander ein Sinnbild seiner Herrschaft vorgeführt haben. Er legte nämlich eine trokkene, ausgedörrte Tierhaut vor seinen Zuschauern auf den Boden und trat auf ihren Rand. Sobald sie an einer Stelle niedergedrückt wurde, erhob sie sich an den anderen Seiten. Kalanos ging nun im Kreis herum und zeigte, daß immer dasselbe geschah, wohin er auch trat, bis er schließlich in die Mitte trat und so die Haut festhielt, wodurch das Ganze zur Ruhe kam. Dieses Bild sollte Alexander belehren, daß er in erster Linie den Mittelpunkt seines Reiches fest in der Hand behalten müsse und sich nicht zu weit davon entfernen dürfe.
66. Die Fahrt auf den Flüssen hinab zum Meer dauerte sieben Monate. Als Alexander schließlich mit seinen Schiffen den Ozean erreicht hatte, fuhr er zu einer Insel, die er selber Skillustis nannte, die anderen gaben ihr den Namen Psiltukis. Dort ging er an Land, opferte den Göt-

tern und erforschte, soweit es möglich war, das Meer und die Küste. Dann betete er, kein Mensch möge nach ihm über die Endpunkte seines Zuges hinauskommen, und kehrte wieder um. Er gab den Auftrag, die Schiffe sollten an der Küste entlang weiterfahren, Indien immer zur Rechten, und zum Oberbefehlshaber ernannte er den Nearchos, zum obersten Steuermann den Onesikritos. Er selber zog mit dem Landheer durch das Gebiet der Oreiten[124] und geriet dabei in äußerste Bedrängnis. Er hatte so große Truppenverluste, daß er nicht einmal ein Viertel seiner Streitmacht aus Indien zurückbrachte. Dabei hatte er 120000 Fußsoldaten und 15000 Reiter bei sich gehabt. Aber schlimme Krankheiten, schlechte Verpflegung, die trockene Hitze und vor allem der Hunger rieben den größten Teil von ihnen auf. Sie zogen durch ein unfruchtbares Land, dessen Bewohner sich nur kümmerlich ernährten und nur wenige armselige Schafe besaßen, die gewöhnlich Seefische zu fressen bekamen und daher minderwertiges, übelriechendes Fleisch hatten. Nur mit Mühe bewältigte er innerhalb von 60 Tagen den Marsch durch dieses Land und kam an die Grenze von Gedrosien, wo man von einem Tag auf den anderen wieder alles im Überfluß hatte, weil die zunächst wohnenden Satrapen und Könige hier wieder Nachschub herbeigeschafft hatten.

67. Hier gönnte er den Truppen Ruhe und zog dann in festlichem Zug sieben Tage lang durch Karmanien[125]. Er selber fuhr auf einem Wagen, der von acht Pferden in gemächlicher Gangart gezogen wurde, saß dabei mit seinen Freunden auf einer Bühne, die auf einem hohen, weithin sichtbaren viereckigen Gerüst errichtet war, und hielt Tag und Nacht hindurch einen ununterbrochenen Festschmaus. Eine große Zahl von Wagen, die einen mit purpurnen und buntfarbigen Baldachinen, die anderen mit stets frischen grünen Zweigen schattig überdacht, folgte mit den übrigen Freunden und Offizieren nach,

alle bekränzt und trinkend. Da war kein Schild, kein Helm, keine Lanze zu sehen, sondern nur Trinkschalen, Krüge und kostbare Becher, womit die Soldaten auf dem ganzen Weg ihren Wein aus riesigen Fässern und Mischkrügen schöpften und einander zutranken. Die einen marschierten dabei und zogen weiter, andere hatten sich auf den Boden gelagert. Die ganze Gegend hallte wider vom Klang der Schalmeien und Flöten, von Gesang und Saitenspiel und dem bakchantischen Jubel der Frauen. Zu dem ungeordneten freien Dahinziehen kamen noch die anderen Ausgelassenheiten eines Bakchosfestes, und es war, als sei der Gott selber zugegen und geleite den fröhlichen Zug. Als Alexander in die Hauptstadt Gedrosiens gekommen war,[126] ließ er das Heer abermals ausruhen und feierte Feste. Man erzählt, berauscht vom Wein habe er dem Wettstreit der Chöre zugeschaut, und sein Liebling Bagoas habe als Chorführer einen Preis davongetragen und sei in vollem Schmuck durch das Theater zu ihm gekommen und habe sich neben ihn gesetzt. Als die Makedonen dies sahen, hätten sie so lange Beifall geklatscht und Alexander zugerufen, er solle ihn küssen, bis er ihn umarmte und abküßte.

68. Hier stieß auch Nearchos wieder zu ihm,[127] der dort gelandet war. Alexander freute sich sehr darüber, und nachdem er den Bericht über die Fahrt vernommen hatte, beschloß er, selbst mit einer großen Flotte den Euphrat hinab, dann um Arabien und Afrika herum zu fahren und durch die Säulen des Herakles[128] wieder ins Mittelmeer einzulaufen. Schiffe aller Art wurden bei Thapsakos[129] gebaut und Matrosen und Steuerleute von überall her angeworben.

Aber der schwierige Feldzug nach Indien, die Verwundung Alexanders bei den Mallern und die Gerüchte über riesige Truppenverluste hatten, zumal man allgemein an Alexanders heiler Rückkehr zweifelte, die unterworfenen Völker zum Aufstand gereizt und die Befehlshaber und

Satrapen zu zahlreichen Ungerechtigkeiten, zu Raffgier und Gewalttat verleitet. Überhaupt hatte sich im ganzen Reich der Geist der Unruhe und des Aufruhrs verbreitet. So hatten sich auch Olympias und Kleopatra mit Antipater entzweit und das Reich untereinander geteilt, wobei Olympias Epirus, Kleopatra aber Makedonien übernahm. Als Alexander davon hörte, sagte er, seine Mutter habe den besseren Teil erwählt, denn die Makedonen würden sich nicht von einer Frau regieren lassen. Daher schickte er nun Nearchos wieder zum Meer, da er entschlossen war, sämtliche Küstenländer militärisch zu sichern, und zog selber aus, um die schuldigen Befehlshaber zu bestrafen. Einen der Söhne des Abulites, Oxyartes, tötete er eigenhändig mit der Lanze, und da Abulites nichts von den nötigen Vorräten beschafft hatte, sondern nur 3000 Talente an Geld überbrachte, befahl er, das Geld den Pferden vorzuschütten. Als sie es nicht anrührten, sagte er: »Was hilft uns nun dein Vorrat?«, und ließ den Abulites ins Gefängnis werfen.

69. In der Provinz Persis teilte er zum ersten Mal auch Geld an die Frauen aus. Es war nämlich Sitte, daß die Könige, sooft sie nach Persis kamen, jeder Frau ein Goldstück gaben. Daher sollen einige, so heißt es, nicht so oft und Ochos[130] kein einziges Mal nach Persis gekommen sein und sich so aus Geiz seinem Stammland entfremdet haben. Als Alexander das Grabmal des Kyros aufgebrochen fand, ließ er den Schuldigen hinrichten, obwohl der Übeltäter aus Pella[131] stammte und kein gemeiner Soldat war, Polymachos mit Namen. Er las auch die Grabinschrift und befahl, sie in griechischer Sprache darunterzusetzen. Sie lautete aber folgendermaßen: »O Mensch, wer du auch seist und woher du kommst – denn daß du kommen wirst, weiß ich –, ich bin Kyros, der das Reich der Perser gegründet hat. Mißgönne mir also nicht das bißchen Erde, das meinen Leichnam deckt.« Diese Worte beeindruckten Alexander tief, sie brachten ihn

zum Nachdenken über die Unsicherheit und den Wechsel der menschlichen Dinge.
Hier war es auch, wo Kalanos, der noch nicht lange an einem Darmleiden litt, die Bitte aussprach, man möge ihm einen Scheiterhaufen errichten. Er ließ sich zu Pferde hinbringen, betete, besprengte sich mit dem Trankopfer und schnitt sich eine Haarlocke als Opfergabe ab. Beim Hinaufsteigen verabschiedete er sich von den anwesenden Makedonen und forderte sie auf, an diesem Tag fröhlich zu sein und mit dem König zu zechen; ihn selber aber, sagte er, werde er kurze Zeit später in Babylon wiedersehen. Nach diesen Worten legte er sich nieder, hüllte sich ein und verharrte bewegungslos, bis die Glut sich ihm näherte, er blieb in der Stellung, in der er sich niedergelegt hatte, und brachte sich selber zum Opfer dar, wie es in seiner Heimat Sitte bei den Weisen ist. Dies tat viele Jahre später in Athen ein anderer Inder, der mit dem Kaiser Augustus zusammengekommen war;[132] man zeigt heute noch sein Grab, es heißt das Indergrabmal.
70. Als Alexander von der Einäscherung zurückgekehrt war, lud er viele seiner Freunde und Offiziere zu einem Bankett ein und veranstaltete ein Wett-Trinken mit ungemischtem Wein, wobei er einen Kranz als Preis aussetzte. Derjenige, der am meisten trank, war Promachos, er brachte es auf 4 Choën[133]. Er nahm den Siegespreis in Empfang, einen Kranz im Wert von einem Talent, lebte aber nur noch drei Tage. Von den übrigen, die am Wetttrinken teilgenommen hatten, starben noch 41, wie Chares berichtet, weil während ihres Rausches starker Frost einsetzte.
In Susa veranstaltete Alexander ein großes Hochzeitsfest für seine Gefährten und nahm selber die Tochter des Dareios, Stateira, zur Frau. Er gab jeweils den vornehmsten Offizieren die vornehmsten Perserinnen zur Ehe und hielt auch für die Makedonen, die schon früher geheiratet hatten, einen prächtigen gemeinsamen Hoch-

zeitsschmaus. Dabei soll jedem der 9000 Festgäste eine goldene Schale zum Trankopfer überreicht worden sein. Außerdem bewies er noch eine außerordentliche Freigebigkeit, indem er selber die Schulden, die die Soldaten gemacht hatten, an ihre Schuldner bezahlte. Die Gesamtsumme belief sich auf 9870 Talente. Bei der Gelegenheit trug sich der einäugige Antigenes fälschlich als Schuldner in die Liste ein, brachte einen Mann herbei, der behauptete, er habe ihm eine bestimmte Summe geliehen, und ließ ihm das Geld auszahlen. Als der Betrug entdeckt wurde, geriet der König in Zorn, er wies ihn vom Hofe und nahm ihm seine Offiziersstelle. Antigenes war aber ein hervorragender Soldat. Als junger Mann noch war er, als Philipp die Stadt Perinthos belagerte, von einem Katapultpfeil ins Auge getroffen worden, hatte sich aber den Pfeil nicht herausziehen lassen und war nicht von seinem Posten gewichen, bis die Feinde durch seinen Angriff zurückgeschlagen und hinter die Mauer gedrängt waren. Er nahm sich die Entehrung nun sehr zu Herzen, und es war deutlich zu merken, daß er sich aus Kummer und Betrübnis etwas antun werde. Aus dieser Befürchtung heraus ließ der König von seinem Zorn und ordnete an, er solle auch das Geld behalten.

71. Die 30000 Knaben, die er zur Schulung und Ausbildung zurückgelassen hatte, zeigten sich nun in männlicher Körperkraft und stattlicher Erscheinung, zugleich bewiesen sie bei ihren Übungen eine staunenswerte Gewandtheit und Leichtigkeit. Der König hatte seine Freude an ihnen, für die Makedonen aber war es ein Anlaß zu Mißmut und Besorgnis. Sie befürchteten, der König werde sich jetzt weniger um sie kümmern. Als er die Kranken und Invaliden zum Meer hinabsenden wollte, erklärten sie daher, es sei eine Schmach und Schande, sich Leute, die er erst schamlos ausgenutzt habe, jetzt auf eine so schmähliche Art und Weise vom Halse schaffen zu wollen und sie ihren Heimatstäd-

ten und ihren Eltern wieder aufzuhängen, und zwar ganz anders, als er sie bekommen habe. Er solle sie doch nur alle gleich entlassen und alle Makedonen für dienstuntauglich erklären, er habe ja jetzt diese jungen Tänzer da, mit denen er losziehen und die Welt erobern könne.
Alexander nahm das sehr übel auf, er beschimpfte die Soldaten voller Zorn, entließ seine Leibwache und ersetzte sie durch Perser, aus denen er sich auch Wachen und Hofbeamte wählte. Als ihn die Makedonen nun mit diesem Gefolge erblickten, sich selbst aber verstoßen und beschimpft sehen mußten, wurden sie ganz klein, sie besannen sich und fanden, daß sie sich durch Eifersucht und Zorn selbst zum Narren gehalten hatten. So kamen sie schließlich wieder zur Vernunft; ohne Waffen und im bloßen Untergewand, schreiend und jammernd, gaben sie sich ihm anheim und forderten ihn auf, er solle sie wie schlechte, undankbare Kerle behandeln. Er ließ sie jedoch nicht vor, obwohl sie ihn schon erweicht hatten. Sie rührten sich aber nicht von der Stelle, sondern standen zwei Tage und Nächte da und harrten unter Wehklagen aus, wobei sie ihn immer ihren lieben Herrn nannten. Am dritten Tag kam er heraus, und als er sie so kläglich und gedrückt dastehen sah, vergoß er selber eine ganze Zeitlang Tränen. Dann tadelte er sie in gemäßigtem Ton und hielt eine freundliche Ansprache an sie. Darauf entließ er die Invaliden mit glänzenden Geschenken und ordnete in einem Brief an Antipater an, sie sollten bei allen Wettkämpfen und Theateraufführungen bekränzt auf Ehrenplätzen sitzen. Für die verwaisten Kinder der Gefallenen setzte er eine Rente aus.[134]
72. Hierauf kam er nach Ekbatana in Medien und erledigte die dringendsten Geschäfte, dann überließ er sich wieder Theateraufführungen und festlichen Wettkämpfen, zumal auch gerade aus Griechenland eine Truppe von 3000 Künstlern und Athleten angekommen war. In diesen Tagen geschah es, daß Hephaistion an einem hefti-

gen Fieber erkrankte. Aber er war ein junger Mann, ein Soldat, und so kümmerte er sich nicht um die strengen ärztlichen Vorschriften, und sobald sein Arzt Glaukos zu den Theatervorstellungen gegangen war, setzte er sich zum Essen, verzehrte einen gekochten Hahn und trank dazu ein großes Kühlgefäß voll Wein. Davon wurde ihm so elend, daß er kurz darauf starb. Alexanders Trauer darüber kannte kein Maß; er befahl, unverzüglich den Pferden und Maultieren zum Zeichen der Trauer die Mähnen abzuscheren, und ließ in den umliegenden Städten die Mauerzinnen abbrechen. Den unseligen Arzt ließ er ans Kreuz schlagen, Flötenspiel und jede Art von Musik im Lager verbot er auf lange Zeit, bis von Ammon ein Orakelspruch kam, der gebot, Hephaistion zu verehren und ihm als Heros Opfer darzubringen. Zum Trost für sein Leid stürzte sich Alexander in den Krieg, er zog gleichsam zu einer Menschenjagd aus und unterwarf das Volk der Kossaier[135], wobei er alle kriegstüchtigen Männer abschlachten ließ. Das nannte er das Totenopfer für Hephaistion. Für das Leichenbegängnis und das Grabmal mit seinem Schmuck gedachte er 10000 Talente aufzuwenden, und durch die kunstreiche und prächtige Ausstattung sollte dieser Aufwand noch überboten werden. Daher wünschte er von allen Künstlern am meisten den Stasikrates herbei, von dessen neuartigen Entwürfen man sich etwas besonders Großartiges, Kühnes und Glanzvolles erhoffen konnte. Er hatte dem König nämlich bei einer früheren Begegnung erklärt, von allen Bergen eigne sich der Athos in Thrakien am besten dazu, in eine menschenähnliche Gestalt gebracht zu werden. Wenn er ihm den Auftrag dazu gebe, wolle er ihm aus dem Athos die dauerhafteste und am weitesten sichtbare Bildsäule herausarbeiten. Seine linke Hand solle eine Stadt von 10000 Menschen umfassen, während er mit der rechten einen gewaltig strömenden Fluß aus einer Opferschale zum Meer herabgieße. Das hatte Alexander damals abgelehnt, jetzt aber waren die Pläne noch weit abwegiger und kostspieliger, die ihm im Kopf herumgingen und die er Tag für Tag seinen Künstlern unterbreitete.

73. Auf dem Weg nach Babylon berichtete ihm Nearchos – er war nämlich wieder vom Ozean her kommend in den Euphrat eingelaufen –, einige von den Chaldäern[136] seien zu ihm gekommen und hätten ihm den Rat gegeben, Alexander solle sich von Babylon fernhalten. Dieser nahm aber keine Rücksicht darauf, sondern zog weiter. Und als er vor die Mauern der Stadt kam, sah er, wie ein großer Schwarm von Raben aufeinander losfuhr und miteinander kämpfte, einige von ihnen fielen tot neben ihm nieder. Zu dieser Zeit wurde auch Apollodoros, der Kommandant von Babylon, angezeigt, er habe ein Opfer angeordnet, um Alexanders weiteres Schicksal zu erforschen. Dieser ließ daraufhin den Seher Pythagoras rufen. Er leugnete nicht, daß er das Opfer dargebracht habe, und Alexander befragte ihn nun, wie es ausgefallen sei. Als Pythagoras antwortete, die Leber habe keinen Lappen gehabt, sagte er: »O weh, das ist ein Zeichen von Bedeutung!« Dem Pythagoras aber tat er nichts zuleide. Jetzt reute es ihn, daß er dem Rat des Nearchos nicht gefolgt war, und er verbrachte die meiste Zeit außerhalb von Babylon in einem Zelt und fuhr auf dem Euphrat hin und her.

Es versetzten ihn aber auch viele Vorzeichen in Unruhe. Auf den größten und schönsten der zahmen Löwen ging ein Maulesel los und tötete ihn durch Huftritte. Einmal hatte Alexander sich zum Salben entkleidet und spielte Ball. Als man wieder nach den Kleidern griff, bemerkten die jungen Leute, die mit ihm Ball gespielt hatten, einen Mann, der schweigend auf dem Thron saß und das Diadem und den Königsmantel angelegt hatte. Man fragte ihn, wer er sei, und er schwieg lange Zeit still. Endlich besann er sich und sagte, sein Name sei Dionysios, er stamme aus Messene und sei, wegen eines Vergehens angeklagt, vom Meer hierhergebracht worden, wo er eine lange Zeit im Kerker zugebracht habe. Nun sei ihm aber der Gott Serapis erschienen, habe ihm die Fesseln gelöst und ihn an diesen Platz gebracht. Er habe ihm befohlen, den Mantel und das Diadem zu nehmen, sich niederzusetzen und Schweigen zu bewahren.

74. Als Alexander dies vernommen hatte, ließ er zwar den Mann auf den Rat der Wahrsager hin töten, er verlor aber ganz den Mut und jede Hoffnung auf die Götter und wurde argwöhnisch gegen seine Freunde. Besonders fürchtete er den Antipater und seine Söhne. Der eine, Iolas, war oberster Mundschenk bei ihm, Kassandros aber war gerade erst angekommen. Da sah er, wie sich einige der Barbaren zur Proskynese niederwarfen. Als ein Mann, der griechisch erzogen war und noch nie etwas Derartiges gesehen hatte, brach er unbesonnen in Gelächter aus. Alexander geriet darüber in solchen Zorn, daß er ihn mit beiden Händen an den Haaren packte und kräftig mit dem Kopf gegen die Wand stieß. Ein andermal, als Kassandros den Antipater in Schutz nehmen wollte gegen Leute, die Anklagen gegen ihn vorbrachten, wies er ihn barsch zurecht mit den Worten: »Was sagst du? Eine so weite Reise sollen Leute auf sich genommen haben, denen niemand etwas zuleide getan hat – nur aus Verleumdungssucht?« Kassandros erwiderte, eben das sei der Beweis dafür, daß sie Verleumder seien, sie seien nämlich zu weit entfernt von dem Ort, wo man sie überführen könne. Da lachte Alexander laut auf und sagte: »Das sind die Haarspaltereien der Aristotelesjünger, sowohl für wie gegen eine Sache zu sprechen. Aber wehe euch, wenn es sich herausstellt, daß ihr diesen Leuten auch nur das geringste Unrecht getan habt!«

Überhaupt soll sich dadurch in Kassandros ein gewaltiges, unauslöschliches Furchtgefühl festgesetzt haben. So war er lange Zeit später – er war schon König von Makedonien und Herrscher über Griechenland – einmal in

Delphi und ging dort umher und besichtigte die Statuen. Beim Anblick einer Alexanderstatue war er wie geschlagen, ihn schauderte plötzlich vor Schreck, er zitterte am ganzen Leib und konnte sich kaum erholen, ein solcher Schwindel hatte ihn bei diesem Anblick gepackt.

75. Da Alexander sich nun damals dem Aberglauben zugewandt hatte, weil er in Verwirrung und Furcht geraten war, gab es schließlich kein ungewohntes und aus dem Rahmen fallendes Ereignis mehr, mochte es auch noch so geringfügig sein, das für ihn nicht ein Zeichen war und eine Vorbedeutung hatte. Der ganze Palast war voller Leute, die Sühn- und Reinigungsopfer darbrachten und die Zukunft erforschten.

So gefährlich nun auf der einen Seite der Unglauben und die Mißachtung der Götter ist, so gefährlich ist auf der anderen Seite jedoch auch der Aberglaube, der wie das Wasser immer ins Tiefergelegene hinunterzieht ...[137] und die Menschen mit Wahnvorstellungen und Ängsten erfüllt, wie es jetzt bei Alexander der Fall war. Als aber die Orakelsprüche über Hephaistion eintrafen, legte er seine Trauer ab und wandte sich aufs neue den Festen und Banketten zu. Er veranstaltete für Nearchos und seine Leute ein glänzendes Festmahl, anschließend nahm er ein Bad und wollte dann schlafen gehen. Auf Bitten des Medios[138] kam er aber noch zu einem Trinkgelage zu ihm. Dort trank er noch den ganzen folgenden Tag und erlitt dann einen Fieberanfall. Er hat aber weder den Becher des Herakles ausgetrunken, noch verspürte er plötzlich einen Schmerz im Rücken wie von einem Lanzenstich, aber einige Leute haben geglaubt, dergleichen schreiben zu müssen, um dem großen Drama noch einen tragischen und recht pathetischen Schluß anzudichten. Aristobulos dagegen berichtet, Alexander habe hohes Fieber gehabt, und da er großen Durst litt, habe er noch Wein getrunken. Daraufhin sei er in Fieberphantasien verfallen und am 30. Tag des Monats Daisios gestorben.[139]

76. In den Tagebüchern findet sich jedoch folgender Krankheitsverlauf: Am 18. des Monats Daisios schlief Alexander wegen seines Fiebers im Badezimmer. Am folgenden Tag zog er nach dem Baden ins Schlafzimmer um und brachte den Tag mit Medios beim Würfelspiel zu. Abends nahm er noch ein Bad, brachte den Göttern Opfer dar, aß etwas und bekam in der Nacht erneut Fieber. Am 20. badete er, brachte wieder die üblichen Opfer dar, ließ sich ins Badezimmer bringen und verbrachte den Tag mit Nearchos, indem er sich von dessen Fahrt und vom Ozean erzählen ließ. Am 21. tat er dasselbe, wurde aber noch heißer, hatte eine schlechte Nacht und am folgenden Tag sehr hohes Fieber. Er ließ sich wegbringen und lag nun an dem großen Schwimmbecken, wo er mit seinen Generalen die Besetzung der freigewordenen Offiziersstellen besprach; er wünschte, daß man sie mit verdienten Leuten besetzen solle. Am 24. hatte er hohes Fieber, er ließ sich aber zu den Altären tragen, um die Opfer darzubringen. Er ordnete an, daß sich die ranghöchsten Offiziere am Hof aufhalten, die Hauptleute und Obersten aber die Nacht über draußen bleiben sollten. Am 25. ließ er sich in den gegenüberliegenden Palast bringen und fand dort ein wenig Schlaf, das Fieber sank aber nicht. Als die Generale eintraten, konnte er nicht mehr sprechen. Ebenso war es auch am 26. Daher waren die Makedonen der Meinung, er sei schon tot, sie kamen mit Geschrei an die Tore und bedrohten die Stabsoffiziere, bis sie ihren Willen mit Gewalt durchsetzten. Man öffnete ihnen die Türen, und sie zogen Mann für Mann im bloßen Untergewand am Krankenbett vorbei. Am selben Tag wurden auch Python und Seleukos in den Serapistempel gesandt, um zu fragen, ob man Alexander dorthin bringen solle. Der Gott antwortete aber, man solle ihn an Ort und Stelle lassen. Am 28. gegen Abend starb er.

77. So findet es sich größtenteils dem genauen Wortlaut

nach in den Tagebüchern. Der Verdacht auf einen Giftmord kam zunächst niemandem. Erst sechs Jahre später ließ Olympias, wie es heißt, auf eine Anschuldigung hin, zahlreiche Personen hinrichten und sogar die Gebeine des längst verstorbenen Iolas[140] aus dem Grabe reißen, weil er dem König das Gift verabreicht habe. Es gibt auch welche, die behaupten, Aristoteles habe dem Antipater zu diesem Schritt geraten, und überhaupt sei dieser es, der das Gift nach Asien habe bringen lassen. Sie berufen sich dabei auf die Aussage eines gewissen Hagnothemis, der das Ganze von dem König Antigonos[141] gehört haben will. Das Gift soll ein eiskaltes Wasser gewesen sein, das als feiner Tau von einem Felsen bei Nonakris[142] herabriesle und das man, wenn man es aufgefangen habe, nur in einem Eselshuf aufbewahren könne. In keinem anderen Gefäß könne man es nämlich verwahren, da jedes andere von der Kälte und Bitterkeit des Wassers zerfressen werde. Die meisten aber halten die Geschichte von der Vergiftung für eine Erfindung, und sie haben eine nicht von der Hand zu weisende Stütze für ihre Ansicht. Da die Generäle miteinander in Streit gerieten, blieb der Leichnam nämlich mehrere Tage lang ohne Pflege liegen, und das in einer so erstickend heißen Gegend. Er wies aber keinerlei Spuren auf, wie sie sich nach einem solchen Ende zeigen, sondern blieb fleckenlos und unversehrt.

Roxane erwartete zu der Zeit ein Kind und stand daher in hohen Ehren bei den Makedonen. Sie war sehr eifersüchtig auf Stateira und verlockte sie durch einen lügnerischen Brief, zu ihr zu kommen, und ließ sie zusammen mit ihrer Schwester[143] umbringen, die Leichen in einen Brunnen werfen und diesen zuschütten. Mitwisser und Helfershelfer bei dieser Tat war Perdikkas. Diesem gelang es nämlich, sogleich die höchste Macht an sich zu reißen, indem er den Arrhidaios als einen Statisten in der Königsrolle mit sich herumschleppte. Dieser war ein

Sohn Philipps von einer Dirne gewöhnlicher Herkunft namens Philinne. Er war aber schwachsinnig, und zwar infolge einer körperlichen Krankheit, die ihm allerdings weder angeboren war noch sonst eine natürliche Ursache hatte. Vielmehr soll er als Kind gute Charaktereigenschaften und gar kein unedles Wesen gezeigt haben, später aber von Olympias durch ein Gift zerrüttet und um seinen klaren Verstand gebracht worden sein.[144]

Anmerkungen zu »Alexander«

1 Aiakos war der Großvater des Achill. Der Sohn Achills, Neoptolemos, ließ sich der Sage nach in Epirus nieder, der Heimat von Alexanders Mutter Olympias, deren Vater den Namen Neoptolemos führte. Die Abstammung von den großen Helden des Mythos galt als eine wichtige Legitimation des Herrschers.
2 Ihr Oheim, nicht ihr Bruder, der König von Epirus (390–323), eines noch wenig hellenisierten Landes an der Westküste der Balkanhalbinsel.
3 Θρησκεύειν von Θρῇσσα, die Thrakerin (die Ableitung ist unsicher). Die Teilnahme der Olympias an den ekstatischen Kultbräuchen betont ihre nichtgriechische, »halbbarbarische« Herkunft, vgl. den Vorwurf gegen Alexanders Echtbürtigkeit Kap. 9.
4 Der ägyptische Reichsgott, mit dem Sonnengott Amon-Ra gleichgesetzt und von den Griechen als Zeus Ammon verehrt, der auch einen Kult als Urschlange besaß. Vgl. Kap. 27, Alexanders Zug zum Orakel des Ammon.
5 Das eine Auge hatte Philipp bei der Belagerung der Stadt Methone verloren.
6 Vielseitiger Schriftsteller und Gelehrter des Hellenismus, geb. etwa 290 v. Chr. in Kyrene, berechnete u. a. den Erdumfang ziemlich genau.
7 6. Juli 356. Der Tempel galt als eines der sieben Weltwunder.
8 Hegesias von Magnesia (um 250 v. Chr.): Rhetor und Historiker.
9 Artemis würde unter dem Beinamen Eileithyia als Geburtsgöttin verehrt.
10 Der bedeutendste General Philipps und später Alexanders auf dem Perserzug.
11 Bedeutender Bildhauer aus Sikyon, der vor allem Bronzebildnisse schuf (etwa 370–300).

12 Apelles von Kolophon: der bedeutendste antike Maler.
13 Aristotelesschüler aus Tarent, Verfasser vieler historischer und musiktheoretischer Abhandlungen.
14 Bedeutendster Schüler und Nachfolger des Aristoteles (371–287); das Zitat stammt aus seinen physiologischen Schriften.
15 Phoinix war der Erzieher, Peleus der Vater des Achill.
16 Bukephalos bedeutet Rinderkopf, nach dem thessalischen Brandzeichen, das das Pferd trug.
17 1 Talent = 60 Minen zu 100 Drachmen = etwa 4000 Goldmark.
18 Fragment aus einer unbekannten Tragödie (frg. 785 Nauck).
19 Vgl. Kap. 26.
20 Schüler des kynischen Philosophen Diogenes; begleitete Alexander als Geschichtsschreiber auf seinem Zug; Obersteuermann der Flotte auf der Rückfahrt von Indien (vgl. Kap 65 f.).
21 Harpalos (vgl. Kap. 10 und 41) war später Schatzmeister Alexanders in Babylon und floh mit den Schätzen nach Griechenland (vgl. Plut. Dem. 25; Curt. 10,6 f.).
22 Philistos, ein Geschichtsschreiber, dessen Werk wie das der beiden Dithyrambendichter verloren ist.
23 Anaxarchos aus Abdera, der epikureische Philosoph, begleitete Alexander auf seinem Zug, vgl. Kap. 28 und 52.
24 Xenokrates war Leiter der platonischen Akademie in Athen.
25 Zu Dandamis und Kalanos vgl. Kap. 65.
26 338 v. Chr., vgl. Plut. Dem. 19–21.
27 Die Heilige Schar war die berühmteste Elitetruppe Thebens. Der steinerne Löwe von Chaironeia, ihr Grabdenkmal, ist noch erhalten.
28 Zu Pixodaros vgl. Anm. 53.
29 Arrhidaios und seine Rolle nach Alexanders Tod vgl. Kap. 77.
30 Vers 288. Der Vater ist Kreon (= Attalos), der Bräutigam

Jason (= Philipp), der seine Gattin Medea verstoßen hatte, um seine neue Braut Krëusa (= Kleopatra) zu heiraten. Medea plante daraufhin, alle drei zu töten.

31 Der berühmte athenische Politiker und Redner (384–322), Führer der Widerstandsbewegung gegen Makedonien, vgl. Plutarchs Lebensbeschreibung.
32 Die Zitadelle von Theben, die Kadmosburg, die von Philipp besetzt worden war. Theben fiel im Jahre 335.
33 Der bedeutendste Dichter der Chorlyrik, geb. um 520 in Theben.
34 Zu Kleitos vgl. Kap. 50.
35 Die Meuterei am Hyphasis vgl. Kap. 62.
36 Der Gott Dionysos war dem Mythos nach in Theben geboren.
37 Ein Vorort von Korinth, wo sich auch das Grab des berühmten kynischen Philosophen befinden soll.
38 Aristobulos begleitete Alexander als Techniker und Pionierkommandant; sein Bericht über den Alexanderzug gehört zu den wertvollen Quellen, ist aber nur durch Arrian bekannt.
39 Duris von Samos (um 300) schrieb eine griechische Geschichte.
40 Perdikkas gehörte mit Hephaistion, Parmenion, Seleukos, Lysimachos, Philotas, Ptolemaios, Eumenes, Kleitos, Antigonos und dem als Statthalter in Makedonien zurückgelassenen Antipater zu den Hetairoi, den engsten Freunden und Stabsoffizieren Alexanders. Nach dessen Tod war Perdikkas Reichsverweser, die verbliebenen Hetairoi erhielten Teile des Reiches als Erbe und kämpften untereinander um die Herrschaft (Diadochenkämpfe).
41 Der Freund des Achill: Patroklos; der Künder seiner Taten: Homer.
42 Paris, der Entführer der Helena.
43 Vgl. Hom. Il. 9,186 ff. Mit seinem Besuch in Troja im Frühjahr 334 ordnet Alexander seinen Feldzug in die Reihe der großen Ost-West-Auseinandersetzungen ein, die für die

Anmerkungen zu »Alexander« 103

Griechen mit dem Trojanischen Krieg begannen (vgl. den Anfang von Herodots Geschichtswerk).

44 Daision: April/Mai (in Athen Thargelion); der Monat davor hieß Artemision.
45 Der berühmteste Dichter der jüngeren attischen Komödie (etwa 342–290). Die zitierte Komödie ist nicht erhalten (frg. 751 Körte).
46 Die »Pamphylische Leiter«, ein Pfad aus Felsstufen an einem Berg entlang, dicht am Meer an der Südküste Kleinasiens; der Weg war nur bei Nordwind und ruhiger See trockenen Fußes zu passieren.
47 Schüler des Platon und Aristoteles, Redner und Tragödiendichter. Phaselis: Stadt an der Südküste Kleinasiens.
48 Ein Grieche aus Rhodos, Oberkommandierender der persischen Streitkräfte in Kleinasien. Sein Vorschlag, einer Schlacht auszuweichen und Alexander mit der Taktik der verbrannten Erde zu zermürben, war von den auf Memnons Vorzugsstellung eifersüchtigen persischen Satrapen zu Fall gebracht worden. Memnon starb im Frühjahr 333.
49 Ursprünglich Gründer des assyrischen Reiches, dann dem Gott Baal gleichgesetzt als oberster Himmelsgott.
50 Alexander wollte die Gebirgskette des Tauros in östlicher Richtung überschreiten und durch die Syrischen Tore ziehen, Dareios aber passierte nach Westen die Amanischen Tore und stand so in Alexanders Rücken. Die Schlacht fand bei der Stadt Issos in Kilikien statt.
51 Vgl. Plutarchs Jugendschrift *Über das Glück oder die Tüchtigkeit Alexanders,* die sich rhetorisch-polemisch mit der viel behandelten Frage beschäftigt, wieviel Alexander seinem Glück und wieviel er seiner Feldherrnkunst und seinen charakterlichen Vorzügen zu verdanken gehabt habe. Vgl. auch Curt. 10,18.
52 Chares von Mytilene, Hofbeamter Alexanders und Verfasser einer Alexandergeschichte.
53 Schwester des Königs Maussolos, des Erbauers des berühmten Mausoleums von Halikarnaß. Nach dem Tode des

Maussolos (353) und seiner Gemahlin Artemisia II. (351) war Ada Regentin, wurde dann von ihrem Bruder Pixodaros der Herrschaft beraubt. Sie unterstützte Alexander bei der Einnahme von Halikarnaß und wurde von ihm als Herrscherin über Karien eingesetzt.

54 Die Ephemeriden, Tagesberichte in Form eines Hof- und Kriegsjournals, die von Alexanders Sekretär Eumenes von Kardia aufgezeichnet wurden (vgl. Kap 76 und die Lebensbeschreibung des Eumenes von Plutarch).

55 Vgl. Kap. 5. Phoinix hatte seinen Zögling Achill in den Trojanischen Krieg begleitet.

56 Alexanders Schwester, nicht die in Kap. 9 erwähnte Kleopatra.

57 Herakleides Pontikos (etwa 388–310), Platon- und Aristotelesschüler, bedeutender wissenschaftlicher Schriftsteller.

58 Hom. Od. 4,354f. Die Gründung von Alexandria: 7. April 331 v. Chr.

59 Der Zug des Perserkönigs Kambyses bei Herodot (3,26). Das Orakel des Gottes Ammon lag in der Oase Siwah in der libyschen Wüste (vgl. auch Curt. 4,29ff.). Ägypten hatte Alexander als Befreier vom persischen Joch und als Wiederhersteller der religiösen Freiheit willig aufgenommen.

60 Philosoph und Schriftsteller der peripatetischen Schule, Neffe und Schüler des Aristoteles (vgl. Kap. 52ff.), verfaßte einen Bericht über den Alexanderzug.

61 Paidion: Kind; Pai Dios: Sohn (Kind) des Zeus. Vermutlich redete der Oberpriester Alexander ägyptischer Sitte gemäß als Sohn des Ammon-Ra an, da für die Ägypter ihr Herrscher als göttlich galt.

62 Hom. Il. 5,340.

63 Dareios mußte vor allem befürchten, die Tote sei nicht beerdigt, sondern verbrannt worden, was nach Ansicht der Perser, denen das Feuer heilig war, einen unsühnbaren Frevel bedeutet hätte. Curtius Rufus (4,41ff.) berichtet, die Königin Stateira sei unmittelbar vor der Schlacht von Gaugamela gestorben, und Alexander habe ungeachtet der

Nähe der Feinde seinen Marsch unterbrochen, um die Tote durch ein feierliches Begräbnis zu ehren.
64 Ahuramazda, das Prinzip des Lichtes und des Guten, höchster Gott der persischen Zarathustra-Religion. Der Sonnengott Mithras stammt aus der vorzoroastrischen Religion.
65 Kyros der Große, der Reichsgründer, herrschte von 559 bis 529. Vgl. auch die Rede des Dareios bei Curtius Rufus (4,53 ff.).
66 Beide Orte liegen am Ostufer des Tigris; Gaugamela war ein kleines Dorf, etwa 100 km nordwestlich der Stadt Arbela.
67 Der persische König war Dareios I. nach seiner Niederlage gegen die Skythen 512 v. Chr.
68 Zur Mondfinsternis, die auf den 22. 9. 331 v. Chr. zu datieren ist, vgl. Curt. 4,39.
69 »Furcht, Schrecken, Panik«, ein Dämon im Gefolge des Kriegsgottes Ares, den man vor der Schlacht auf seine Seite zu ziehen suchte.
70 Daß nämlich die Soldaten angesichts der riesigen Menge von Kämpfern und fremdartiger Völkerscharen und Tiere in Panik gerieten, vgl. Curt. 4,47.
71 Dareios hatte der persischen Garde befohlen, sich auf den Troß zu werfen, um die gefangene Königsfamilie zu befreien.
72 Sie würde mit größtmöglicher Geschwindigkeit heim zu ihrem Fohlen laufen.
73 Sieg der Griechen im Perserkrieg bei Plataiai 479, nach der Seeschlacht von Salamis 480 v. Chr. Plataiai war 427 bei innergriechischen Auseinandersetzungen zerstört worden. Mit seinem Willen zum Wiederaufbau betont Alexander den panhellenischen Charakter seines Zuges, der gleichzeitig als Vergeltungszug erscheinen soll.
74 Wo dies war, läßt sich nicht mehr feststellen. Das im Text stehende Ekbatana ist unrichtig. Curtius Rufus (5,2) nennt den Ort bei der Stadt Mennis, vier Tagemärsche von Arbela entfernt.

75 Euripides' Medea, die dies als Geschenk an ihre Nebenbuhlerin sendet, die samt ihrem zu Hilfe eilenden Vater verbrennt.
76 Lücke im Text.
77 Der Purpur stammte von der Stadt Hermione auf der Peloponnes und war während der Perserkriege nach Susa gelangt.
78 Deinon von Kolophon, Verfasser einer persischen Geschichte im 4. Jh. v. Chr.
79 Die Kernprovinz des Perserreiches, die sich zum Persischen Golf hin erstreckt, mit den alten Residenzen Pasargadai und Persepolis.
80 Wörtl.: ein Wolf; gemeint: ein Lykier.
81 Bei der Eroberung von Persepolis. Hier ist eine Lücke im Text.
82 Alexander habe nämlich, verdrossen über das Ausbleiben von Friedensunterhändlern, in einer gleichsam symbolischen Handlung (der Brand von Troja!) allen Bewohnern des Perserreiches seine Machtübernahme anzeigen wollen.
83 Ägyptischer Eunuch, Mörder des Perserkönigs Artaxerxes Ochos und Königsmacher des Dareios, nicht identisch mit dem in Kap. 67 Genannten. – Als Urheberin eines Attentats auf den Reichsverweser Antipater vermutete Alexander seine Mutter.
84 Naher Verwandter des Dareios, Satrap von Baktrien (Afghanistan/Usbekistan). Er wollte Dareios töten und sich des Thrones bemächtigen. Falls Alexander weiterhin siegreich blieb, wollte er Dareios an ihn ausliefern und sich dadurch den neuen Herrscher geneigt machen. Vgl. Curt. 5,26ff.
85 Alexander hatte der königlichen Familie Susa als Residenz angewiesen. Dort war auch die Grabstätte der Könige.
86 Die Landschaft südlich des Kaspischen Meeres.
87 Das Asowsche Meer.
88 Daß das Kaspische Meer ein Binnensee war, wußten bereits Herodot und Aristoteles und mit ihm auch Alexander. Diese Kenntnis geriet jedoch später wieder in Vergessenheit,

und Plutarch urteilt hier aus der Kenntnis seiner Zeit heraus.

89 Der Fußfall vor dem König, der zum persischen Hofzeremoniell gehörte. Für die Perser war dies die Vasallengeste, der formelle Gruß einem Höherstehenden gegenüber. Den Griechen erschien es als Unterwerfungsgeste. Mit einem Niederknien verehrten sie die Erdgöttin Ge. – Wie aus Kap. 54 hervorgeht, wurde die Proskynese von den Griechen jedoch nicht vor der Person Alexanders selbst ausgeführt, sondern vor dem Altar des Agathos Daimon, der schützenden Gottheit, der man nach dem Mahl Wein spendete.

90 Der Jaxartes (Syr-Darja), dessen Unterlauf auch Tanais hieß. Daß ihn Alexander wirklich mit dem anderen Tanais (dem Don) verwechselte, ist fraglich. Seine geographischen Kenntnisse waren noch besser als die der Menschen der späteren Zeit, die die Binnenseen Asowsches Meer, Aral-See und Kaspisches Meer und die in sie mündenden Flüsse nicht genau unterscheiden konnten.

91 Die angebliche Begegnung Alexanders mit der Amazonenkönigin Thalestris schildert Curtius Rufus (6,19). Arrian (7,13) verweist sie ins Reich der Fabel.

92 Die Tocher des baktrischen Fürsten Oxyartes, dessen Sitz, den stark befestigten »Sogdianischen Felsen« in der Landschaft Sogdiana (Usbekistan), Alexander im Sturm erobert hatte.

93 Stadt in Makedonien.

94 Vgl. Curt. 6,25 ff. Dort heißt der Mann Dymnus. Chalaistra war ein unbedeutender Ort in Makedonien.

95 Plutarch vergißt hier zu berichten, daß Alexander dem Dionysos, dessen Festtag gerade war, zu opfern vergaß und statt dessen den Dioskuren opferte. Vgl. Kap. 13 mit dem Hinweis auf die Rache des Dionysos sowie Curt. 8,6; Arr. 4,8,1.

96 Im Kampf gegen den Rebellenführer Spitamenes von Sogdiana. Vgl. Arr. 4,5 f.; Curt. 7,32.

97 In der Schlacht am Granikos, vgl. Kap. 16.
98 Androm. 693. Dort heißt es weiter, wenn ein Heer einen Sieg errungen habe, maße sich der Feldherr allein den Ruhm an, der doch denen zukäme, die ihn erfochten hätten, und die Häupter des Volkes dünkten sich über die Menge erhaben, obwohl sie in Wahrheit nichts seien.
99 Olynth auf der Chalkidike, das Philipp zerstört hatte. Durch Kallisthenes' Tod zog sich Alexander die Feindschaft der peripatetischen Philosophenschule zu, die sich nach seinem Tode mit dem ihm feindlich gesinnten Kassandros verband und die geschichtliche Überlieferung in für Alexander ungünstigem Sinne beeinflußte. (Näheres unter: Alexander in der Beurteilung der Philosophenschulen, Erträge der Forschung 24f.; dort auch die Quellenanalyse.)
100 Fragment aus einem nicht erhaltenen Euripides-Drama (frg. 905 Nauck). Das folgende Euripides-Zitat aus *Bakchen* 267.
101 Vers unbekannter Herkunft.
102 Schüler des alexandrinischen Dichters und Gelehrten Kallimachos, Verfasser einer Aristoteles-Biographie.
103 Hom. Il. 21,107.
104 Eine Rede des Kallisthenes gegen die Einführung der Proskynese bei Arr. 4,11; Curt. 8,19. Vgl. auch Anm. 89.
105 Derselbe Kallisthenes hatte freilich in seinem Geschichtswerk der Vergottung Alexanders kräftig Vorschub geleistet und so unter anderem versichert, das Meer sei vor Alexander zurückgewichen und habe ihm die Proskynese erwiesen (vgl. Kap. 17) und das Ammonorakel habe ihn als Sohn des Zeus bestätigt (Kap. 27).
106 Die sogenannte Pagenverschwörung, die Hermolaos, einer der Kadetten aus Alexanders Gefolge, aus Rache für eine harte Strafe angezettelt hatte. Vgl. Curt. 8,21 ff.
107 Dieser Ausspruch wird auch von dem Philosophen Hermokrates im Zusammenhang mit der Ermordung Philipps überliefert, wo er vermutlich eher seinen Platz hat.
108 Vgl. Kap. 63.

109 Geschwüre, die sich infizierten.
110 Doublette zu Kap. 37. Zu Demarat vgl. Kap 9. Die Szene ist vielleicht des Kontrastes wegen hier wiederholt: die Behandlung von Freund und Feind durch Alexander.
111 Der Petroleumfund am Amu-Darja. Alexander zog nun vom heutigen Usbekistan (Baktrien und Sogdiana) nach Afghanistan und überschritt den Hindukusch im Jahr 327 in südlicher Richtung.
112 In Nysa soll Dionysos aufgewachsen sein, den der Mythos auch mit Indien verband. Alexander bezieht die mythischen Züge in sein eigenes Bild ein; so wie er im Gebiet von Troja an Achill erinnerte, im Bereich von Tyros an Herakles, so treten nun dionysische Züge an ihm in Erscheinung: Ansätze zu einer »Herrscherideologie«, wie sie später auch Marcus Antonius zeigte. – Nysa und die zuvor genannte Bergfeste Aornos (nicht identisch mit dem Felsennest in der Sogdiana) lagen am Westufer des Indus. Alexander hatte den Hauptteil des Heeres über den Khaiber-Paß marschieren lassen, während er mit Elitetruppen durch das Kabultal nach Indien zog. Am Indus vereinigten sich die Heere wieder. Zur Eroberung von Nysa und Aornos vgl. Curt. 8,35ff.
113 Fürst von Taxila, einer beim heutigen Islamabad in Pakistan ausgegrabenen Stadt, die auch das Zentrum brahmanischer Gelehrsamkeit war.
114 Arrian (4,27) gibt an, die Söldner hätten sich Alexander unterstellt, seien aber dann im Begriffe gewesen zu desertieren.
115 Der heutige Dschihlam (Jhelum), östlicher Nebenfluß des Indus.
116 Fast 2 Meter. Für die Topographie und die Aufstellung der Truppen bei der Schlacht gegen Poros vgl. die Karten bei Green, *Alexander*, S. 193 und 215f., sowie Hamilton, *Plutarch, Alexander*, S. 168. Die Schlacht fand beim heutigen Jalalpur statt.
117 Die unabhängigen Völker sind die Aratta, die sogenannten

Königslosen, die in selbständig verwalteten Dorfgemeinschaften lebten.
118 Hier liegt ein Versehen vor. Arrian (5,20) berichtet, das Gebiet habe 37 Städte mit mindestens jeweils 5000 Einwohnern gehabt.
119 Sotion war Philosoph und Lehrer des Seneca, Potamon war Redner und Redelehrer in Rom (etwa 75 v. Chr. – 15 n. Chr.), Verfasser eines Werkes über Alexander.
120 Die Umkehr erfolgte am Flusse Hyphasis (Bias, heute Ravi). Von dort bis zum Oberlauf des Ganges wären es noch rund 300 km gewesen. Das mächtige Reich im Osten war das Königreich von Magadha. Alexander wollte vermutlich noch den Golf von Bengalen erreichen; er geriet jedoch in die Monsunzeit, deren Auswirkungen seine Truppen endgültig demoralisierten.
121 Der spätere indische König Chandragupta, der nach Alexanders Tod ganz Nordindien zum Mauryareich vereinigte.
122 Die Götteraltäre, die Alexander bauen ließ, sollten an den Argonautenzug erinnern, vgl. Apoll. Rhod. 2,58ff.
123 Die »nackten Weisen«, eine Brahmanenkaste, die großen politischen Einfluß besaß. Ihre Anhänger lebten nackt als Asketen unter freiem Himmel. Der König Sabbas (oder Sambos, vgl. Arr. 6,16; Curt. 9,32) hatte sich Alexander freiwillig unterworfen, fiel aber dann wieder ab. Die Begegnung mit den Weisen ist in Taxila anzusetzen, vgl. Anm. 113. Es ist anzunehmen, daß die Antworten nicht nur brahmanische Denkweise widerspiegeln, sondern von dem überliefernden Kyniker Onesikritos im Sinne seiner philosophischen Richtung gefärbt sind.
124 Westlich der Indusmündung. Die größten Verluste seines Zuges erlitt Alexander jedoch nicht hier, sondern auf dem Marsch durch die Sandwüsten Gedrosiens (Belutschistan, Mekran; vgl. Arr. 6,24). Schuld daran war auch eine Lücke im Versorgungsnetz, die durch den Tod eines Statthalters und einen Aufstand verursacht worden war (Bestrafung ei-

nes ungetreuen Statthalters: Kap. 68 Ende). Alexander zog nicht mit dem gesamten Heer durch die Wüste; der größte Teil marschierte mit dem Feldherrn Krateros über den Kandaharpaß durch Arachosien (Registan). Alexander hatte den Weg durch die Wüste gewählt, um durch das Ausschachten von Brunnen und die Anlage von Versorgungsdepots das Unternehmen der Flotte zu sichern, die zur gleichen Zeit an der Küste entlang durch den Golf von Oman und den Persischen Golf fuhr. Auch wollte er sein durch den erzwungenen Rückzug angeschlagenes Renommee wieder festigen, indem er ein Unternehmen wagte, das berühmte Herrscherpersönlichkeiten wie Kyros und Semiramis nur mit Mühe und größten Verlusten bewältigt hatten (vgl. Arr. 6,24).

125 Kirman, das persische Küstenland im Norden des Persischen Golfes, oberhalb der Meeresstraße von Hormus. Bei Arrian (6,28) heißt es, es habe sich um eine Nachahmung des mythischen Dionysoszuges gehandelt (vgl. auch Curt. 9,42).

126 Von dort war er ja nach Karmanien aufgebrochen. Er zog jetzt nach Persis. Die verwirrte Geographie und die Erwähnung eines griechischen Theaters in diesen Gegenden haben zu der Vermutung geführt, daß die folgende Bagoas-Geschichte aus einem anderen Zusammenhang stammt, zumal sie auch dem in Kap. 22 Gesagten widerspricht. Man dachte an die alexanderfeindliche Überlieferung der Peripatetikerschule. Vgl. jedoch Hamilton, S. 186.

127 An der Straße von Hormus, wo diese in den Persischen Golf übergeht. Nearchos verfaßte einen Bericht über seine Fahrt, der im Auszug bei Arrian in dessen *Indischer Geschichte* erhalten ist.

128 Gibraltar. Nach einigen Berichten sollte Alexander einen Angriff auf Karthago geplant haben.

129 Am oberen Euphrat gelegen.

130 Artaxerxes III. Ochos, der Vorgänger des Dareios. Die persischen Frauen hatten einst in Pasargadai während einer

Rebellion ihre Männer zum tapferen Kämpfen für den König ermuntert.
131 Die Hauptstadt Makedoniens.
132 Als Mitglied einer der zahlreichen Gesandtschaften, die Augustus aufsuchten, als er sich im Winter 20 v. Chr. auf Samos aufhielt.
133 Etwa 10 bis 12 Liter. Wie Chares berichtete, soll das Trinken ungemischten Weines bei den Indern üblich gewesen sein, und Alexander habe die Sitte zu Ehren des Kalanos übernommen. Vielleicht gehörte dies auch zu den »dionysischen Zügen«, die bei Alexander zu Ende seines Lebens immer deutlicher hervortreten.
134 Die Meuterei in Opis 324 v. Chr. zeigt ebenso wie der Tod des Kleitos (vgl. Kap. 50 ff.), wie sich Alexander mit seiner Verschmelzungspolitik, so gut sie auch gemeint war, die Makedonen entfremdete. Plutarch erwähnt nichts von dem Versöhnungsbankett, bei dem Alexander in Form eines Trinkspruchs um Eintracht und gemeinschaftliche Teilnahme an der Herrschaft für Makedonen und Perser gebetet hatte (vgl. Arr. 7,11).
135 Die Kurden, die sich beim Sturz der persischen Macht erhoben hatten und um ihre Unabhängigkeit kämpften. Einigen Berichten zufolge hielten sie wichtige Verbindungswege besetzt, die Alexander freikämpfte.
136 Babylonische Priesterkaste mit magischen und astrologischen Kenntnissen. Sie waren Alexander freundlich gesinnt, und man vermutet, der Mann, der sich auf Alexanders Thron gesetzt habe, sei von ihnen beauftragt worden, um als »Ersatzkönig« das Unheil von ihm abzuwehren, das sie für ihn voraussahen (vgl. die Rolle des »Sündenbocks« im Alten Testament). Die Griechen verstanden diesen Ritus nicht, und so bestärkte der Vorfall nur Alexanders düstere Stimmung.
137 Lücke im Text.
138 Ein Thessalier, der ihm den toten Freund Hephaistion ersetzen sollte. Einige Berichte geben an, Medios habe an die-

Anmerkungen zu »Alexander«

sem Tag das Fest zum Andenken an den Tod des Herakles auf dem Berge Öta (in seiner thessalischen Heimat) begangen. Bei diesem war es Sitte, einen besonders großen Becher, den »Becher des Herakles«, auszutrinken.

139 Alexander starb am 10. Juni 323, im Alter von fast 33 Jahren, vermutlich an Malaria tropica.

140 Sohn des Antipater, Mundschenk bei Alexander, vgl. Kap. 74.

141 Unter Alexander Statthalter in Kleinasien, einer der Diadochen, zeitweise Herrscher über Asien.

142 Ein Wasserfall in Arkadien, dessen Wasser den Styx bildet (vgl. Her. 6,74). Pausanias 8,17,6 ff. berichtet, das Wasser sei todbringend. Er kennt auch die Gerüchte, die es in Zusammenhang mit Alexanders Tod bringen.

143 Die Dareios-Tochter Stateira hatte Alexander in Susa geheiratet (vgl. Kap. 70), ihre Schwester Drypetis war die Witwe des Hephaistion. Roxane wurde 311 v. Chr. mit ihrem nach dem Tode Alexanders geborenen Sohn Alexander IV. in den Diadochenkämpfen von Kassandros umgebracht.

144 Man vermutet hier eine größere Lücke. Der fehlende Text umfaßte wahrscheinlich den Schluß der Alexandervita, die noch das Schicksal von Roxane und Olympias berichtet haben wird, sowie den Anfang der Caesarvita.

Zeittafel zu »Alexander«

359	Philipp II. König von Makedonien
356	Alexander der Große geboren
338	Schlacht von Chaironeia, Korinthischer Bund
336	Philipps Ermordung. Alexander besteigt den Thron und wird von den Griechen zum obersten Bundesfeldherrn gewählt
334	Beginn des Feldzugs gegen das Perserreich
334	Sieg am Granikos über die persischen Satrapen, Befreiung der ionischen Städte, Eroberung Kleinasiens
333	Sieg bei Issos über Dareios III.
332	Eroberung von Tyros, kampflose Einnahme Ägyptens
331	7. April: Gründung von Alexandria. Zug zum Ammonorakel. Sieg bei Gaugamela
330	Einnahme von Persepolis, Ermordung des Dareios durch Bessos, Alexander Herrscher von Asien
330–328/327	Eroberung der ostiranischen Gebiete Hyrkanien, Sogdiana, Baktrien
327–325	Zug nach Indien
326	Sieg am Hydaspes über König Poros
326	Im November Meuterei und Umkehr am Hyphasis
325	Alexanders Fahrt zum Ozean, Rückmarsch durch Gedrosien und Karmanien
324	Massenhochzeit zwischen Makedonen und Perserinnen in Susa. Meuterei bei der Veteranenentlassung und Versöhnungsfest in Opis. Residenz Alexanders in Babylon, Plan einer Umsegelung Arabiens
323	10. Juni: Alexanders Tod in Babylon

Caesar

1. Caesar war mit Cornelia, der Tochter des Gewaltherrschers Cinna, verheiratet.[1] Als Sulla die Macht an sich gerissen hatte, konnte er Caesar weder durch Versprechungen noch durch Drohungen dazu bringen, sich von ihr scheiden zu lassen, und beschlagnahmte schließlich ihre Mitgift. Der Grund für die feindselige Haltung Sullas Caesar gegenüber war die Verwandtschaft Caesars mit Marius. Denn Julia, die Schwester von Caesars Vater, war die Frau des älteren Marius gewesen, und ihr Sohn, der jüngere Marius, war also Caesars Vetter. Anfänglich hatte Sulla in all dem blutigen Gemetzel und in seiner rastlosen Tätigkeit Caesar ganz übersehen, aber dieser gab sich damit nicht zufrieden, sondern bewarb sich trotz seiner Jugend in einer Volksversammlung um ein Priesteramt. Sulla wandte sich dagegen und sorgte dafür, daß Caesar nicht gewählt wurde. Er trug sich sogar mit dem Gedanken, ihn aus dem Wege zu räumen. Einigen, die ihn vorhielten, er habe doch keinen Grund, ein halbes Kind töten zu lassen, gab er zur Antwort, und sie hätten keinen Verstand, wenn sie nicht merkten, daß in diesem Kind mehr als ein Marius stecke.

Als Caesar diese Worte zu Ohren kamen, tauchte er einige Zeit im Sabinerland unter. Schließlich aber, als er sich einer Krankheit wegen jede Nacht in ein anderes Haus bringen ließ, fiel er in die Hände von Sullas Soldaten, die die Gegend durchsuchten und dort Untergetauchte festnahmen. Er bestach den Anführer Cornelius mit zwei Talenten, daß er ihn freiließ, eilte sofort zur Küste und fuhr nach Bithynien zum König Nikomedes. Bei diesem hielt er sich kurze Zeit auf und wurde dann auf der Rückfahrt bei der Insel Pharmakussa[2] von Seeräubern gefangengenommen, die schon damals[3] große Flotten besaßen und mit einer riesigen Menge von Schiffen das Meer beherrschten.

2. Zuerst lachte er die Seeräuber aus, als sie nur 20 Talente Lösegeld forderten, weil sie nicht wüßten, was sie da für einen Fang gemacht hätten. Er bot ihnen von sich aus 50 Talente an und schickte seine Begleiter in die einzelnen Städte, um das Geld aufzutreiben. Er selbst blieb mit einem Freund und zwei Dienern bei diesen mordgierigen Kilikiern zurück. Er hatte vor ihnen so wenig Respekt, daß er ihnen jedesmal, wenn er sich schlafen legte, befehlen ließ, sie sollten still sein. 38 Tage lebte er so bei ihnen, und sie schienen eher seine Leibwache als er ihr Gefangener zu sein, so furchtlos trieb er Spiele und sportliche Übungen mit ihnen. Er schrieb Gedichte und Reden und trug sie ihnen vor, und diejenigen, die ihm keine Bewunderung dafür zollten, nannte er frei heraus ungebildete Kerle und Barbaren, und oftmals drohte er ihnen lachend, er werde sie aufhängen lassen. Die Piraten hatten ihren Spaß daran und hielten seine freimütigen Reden für harmlosen Scherz ohne weitere Bedeutung. Sobald jedoch das Lösegeld aus Milet eingetroffen und Caesar frei war, mietete er sofort einige Schiffe im Hafen von Milet und fuhr gegen die Seeräuber aus. Er fand sie noch bei der Insel vor Anker liegen und nahm die meisten von ihnen gefangen. Ihr Geld beschlagnahmte er als seine Beute, die Männer aber brachte er nach Pergamon ins Gefängnis und reiste selbst zu Iuncus, dem Statthalter der Provinz Asia, der als Propraetor die Gefangenen abzuurteilen hatte. Dieser war von dem Geld sehr angetan – es handelte sich um eine beträchtliche Summe –, aber was die Gefangenen anging, so erklärte er, er wolle sich bei Gelegenheit einmal ihrer annehmen. Daraufhin nahm Caesar ohne Rücksicht auf ihn die Sache selber in die Hand, reiste nach Pergamon zurück und ließ die Seeräuber alle ans Kreuz schlagen, wie er es ihnen scheinbar im Scherz auf der Insel so oft vorausgesagt hatte.
3. Inzwischen schwächte sich Sullas Machtposition allmählich ab, und Caesars Freunde forderten diesen auf,

heimzukommen. Er fuhr zunächst nach Rhodos, um die Schule des Apollonios, des Sohnes des Molon, zu besuchen.[4] Dieser war ein berühmter Lehrer der Rhetorik und galt zugleich als ein charakterlich einwandfreier Mann. Auch Cicero hatte seinerzeit bei ihm gehört. Caesar hatte, wie es heißt, eine außergewöhnliche Begabung als politischer Redner und war mit allem Ehrgeiz darum bemüht, diese Begabung auszubilden, so daß er darin unangefochten den zweiten Rang einnahm. Auf den ersten Rang wollte er verzichten, da es ihm bei seiner umfassenden Tätigkeit mehr daran lag, an politischer und militärischer Macht der Erste zu sein. Daher erreichte er nicht diese Höhe der Redekunst, wie sie seiner Anlage entsprochen hätte, denn Krieg und Politik nahmen ihn mehr in Anspruch, wodurch er ja schließlich zur Alleinherrschaft gelangte. Er hat später selber in seiner Gegenschrift zu Ciceros *Cato*[5] gebeten, man möge die Worte eines Soldaten nicht mit der kunstvollen Redeweise eines begabten Redners vergleichen, der noch dazu genügend Zeit zur stilistischen Ausarbeitung habe.

4. Nach seiner Rückkehr nach Rom klagte er den [Cn. Cornelius] Dolabella vor Gericht wegen Amtsmißbrauchs in der Provinz an, und viele Griechenstädte traten dabei als Zeugen der Anklage auf, Dolabella wurde jedoch freigesprochen. Caesar zeigte sich den Griechen für ihr bereitwilliges Auftreten erkenntlich, indem er sie bei einem Prozeß vertrat, den sie gegen Publius [d. h. Gaius] Antonius wegen räuberischer Erpressung vor Marcus Lucullus, dem Statthalter von Makedonien, führten. Caesar hatte solchen Erfolg, daß Antonius an die Volkstribunen in Rom appellierte mit der Begründung, er könne in Griechenland gegen Griechen kein Recht bekommen.

In Rom erwarb sich Caesar durch seine Anwaltstätigkeit große Sympathien, zugleich machte er sich beim Volk sehr beliebt, denn er war liebenswürdig und freundlich im Umgang mit allen Leuten, und weit zuvorkommender, als man es von seiner Jugend erwarten konnte. Seine Einladungen, seine Tafel, seine ganze luxuriöse Lebensart trugen dazu bei, daß sein Einfluß im Staat allmählich immer mehr zunahm. Im Anfang glaubten seine Gegner, wenn erst sein Vermögen aufgebraucht sei, werde es auch mit seiner Macht schnell wieder vorbei sein, und sie sahen ruhig zu, wie sein Einfluß beim Volk wuchs. Nachdem seine Macht aber so groß und gefestigt war, daß man nichts mehr dagegen unternehmen konnte, und er ganz offen auf einen allgemeinen Umsturz hinarbeitete, merkten sie zu spät, daß man niemals die Anfänge einer Entwicklung unterschätzen soll. Denn auf die Dauer kann sie recht schnell wachsen, gerade weil man ihr keine Bedeutung beimißt und ihr damit keinerlei Hindernisse in den Weg legt.

Cicero war anscheinend der erste, der Caesars lächelnde Politikermiene durchschaute, sie wie die glatte Oberfläche des Meeres für bedrohlich hielt und hinter der Maske von Freundlichkeit und Liebenswürdigkeit einen gefährlichen Charakter erkannte. Er sagte, er sähe in all seinen politischen Aktionen und Plänen das Streben nach Gewaltherrschaft.[6] »Aber«, meinte er, »wenn ich dann wieder sehe, wie sein Haar so kunstvoll frisiert ist und er sich nur mit einem Finger kratzt, dann kann ich wiederum gar nicht glauben, daß ein derartiger Mensch den Plan zu einem solchen Unheil fassen könnte, wie es die Zerstörung des römischen Staates wäre.« Aber das stammt aus späterer Zeit.

5. Den ersten Beweis seiner Sympathie gab ihm das Volk, als Caesar sich mit Gaius Popilius zusammen um das Amt des Kriegstribunen bewarb und er mit höherer Stimmenzahl als dieser dazu gewählt wurde. Einen zweiten noch augenfälligeren Beweis erhielt er bei folgender Gelegenheit. Er hielt seiner verstorbenen Tante Julia, der Frau des Marius, eine glanzvolle Leichenrede auf dem

Forum[7] und wagte es, im Leichenzug die Ahnenbilder des Marius zu zeigen. Man erblickte sie jetzt seit Sullas Machtübernahme zum ersten Mal wieder in der Öffentlichkeit, denn Marius und seine Anhänger waren zu Staatsfeinden erklärt worden. Einige erhoben bei diesem Anblick ein lautes Empörungsgeschrei gegen Caesar, aber das Volk stimmte ein Triumphgeschrei dagegen an und nahm es mit Beifallklatschen und Anerkennung auf, daß er nach so langer Zeit die Ehre des Marius gleichsam aus dem Grabe in die Stadt zurückführte.
Älteren Frauen eine Leichenrede zu halten war damals schon ein alter Brauch bei den Römern, bei jüngeren Frauen war es bisher noch nicht üblich. Caesar war der erste, der eine solche Lobrede auf seine jung verstorbene Gattin hielt. Das trug ihm Sympathien ein, und dadurch, daß er sein Gefühl so offen zeigte, gewann er das Volk für sich, das ihn für einen zartfühlenden, warmherzigen Mann hielt und deshalb ins Herz schloß.
Nach dem Begräbnis seiner Gattin ging Caesar als Quaestor des Praetors [C. Antistius] Vetus nach Spanien. Ihn hielt er von da an besonders in Ehren und ernannte seinen Sohn zum Quaestor, als er selbst Praetor geworden war. Nach seiner Rückkehr aus der Provinz heiratete er in dritter Ehe Pompeia[8]. Von Cornelia hatte er eine Tochter, die er später Pompeius dem Großen zur Frau gab.[9] Er betrieb eine ungeheure Verschwendung in seiner Lebenshaltung und schien für solch riesigen Aufwand nur eine kurze Tagesberühmtheit einzutauschen, in Wirklichkeit erkaufte er sich aber mit verhältnismäßig geringem Einsatz das Höchste. Jedenfalls soll er, noch bevor er das erste Amt bekleidet hatte, bereits 1300 Talente Schulden gehabt haben. Als verantwortlicher Beamter für die Instandsetzung der Via Appia hatte er beträchtliche Summen aus seinem eigenen Vermögen beigesteuert, als Aedil hatte er 320 Gladiatorenpaare auftreten lassen und durch den übrigen Aufwand bei Theaterauf-

führungen, Festzügen und öffentlichen Gastmählern alle Anstrengungen seiner Vorgänger in den Schatten gestellt. Durch dies alles brachte er das Volk so weit, daß jeder nach neuen Ämtern, neuen Ehrenstellen für ihn suchte, um sich ihm dadurch dankbar zu erweisen.

6. Zwei Parteien gab es damals in Rom, die des Sulla, die über große Macht verfügte, und die des Marius, die damals gänzlich entmachtet, zerrissen und völlig ungefestigt war. Diese Partei suchte Caesar wieder aufzurichten und für sich zu gewinnen, und da er sich durch seine Freigebigkeit als Aedil nunmehr eine Ausgangsbasis geschaffen hatte, ging er daran, heimlich Bildsäulen des Marius mit Siegesgöttinnen und Trophäen anfertigen zu lassen, die er bei Nacht auf dem Kapitol aufstellte. Am nächsten Morgen sah man die goldschimmernden Statuen dort stehen, sie waren mit großer Kunst gearbeitet und trugen Inschriften mit den Kimbernsiegen[10]. Man staunte über den Mut dessen, der sie aufgestellt hatte; es war ja kein Geheimnis, wer es war. Die Kunde davon verbreitete sich rasch, und alles lief hin zu schauen. Die einen riefen, Caesar strebe nach der Gewaltherrschaft, da er die durch Gesetze und Edikte längst begrabenen Ehrenzeichen wieder ans Licht bringe, das sei nichts anderes als eine Probe mit dem im voraus geköderten Volk, ob es durch all die Zuwendungen zahm genug geworden sei, um sich solche Spiele und Neuerungen gefallen zu lassen. Die Marianer dagegen sprachen sich gegenseitig Mut zu, sie erschienen auf einmal in erstaunlich großer Zahl, und überall auf dem Kapitol hörte man ihr Beifallklatschen. Viele weinten vor Freude, als sie das Bild des Marius erblickten, und Caesar wurde in den Himmel gehoben, denn er sei wahrhaft ein würdiger Verwandter des Marius. Wegen dieser Vorfälle versammelte sich der Senat, und Lutatius Catulus, damals der angesehenste Mann in Rom, klagte Caesar öffentlich an und sprach die denkwürdigen Worte: »Nicht mehr mit unterirdischen Stol-

len, sondern mit Belagerungsmaschinen greift Caesar den Staat an!« Caesar verstand es aber, sich so zu rechtfertigen, daß er den Senat überzeugte, und dadurch bekamen seine Anhänger erst recht Auftrieb und redeten ihm zu, vor niemandem mehr klein beizugeben. Mit der Hilfe des Volkes werde er sich ja überall durchsetzen und den ersten Platz erringen können.

7. Inzwischen war der Pontifex Maximus, Metellus, gestorben, und um das Amt bewarben sich Isauricus und Catulus,[11] die vornehmsten Männer, die im Senat das meiste Ansehen besaßen. Caesar aber ließ sich dadurch nicht beeindrucken, er trat vielmehr vor dem Volk als Mitbewerber auf. Die Anhängerschaft der Bewerber schien ungefähr gleich zu sein, doch mußte Catulus seiner höheren Würde wegen die Ungewißheit des Wahlausgangs mehr fürchten. Er schickte deshalb eine größere Geldsumme an Caesar und bat ihn, von der Bewerbung zurückzutreten. Dieser gab zur Antwort, er werde die Bewerbung bis zum Ende durchstehen, und wenn er sich auch noch eine größere Schuldenlast aufladen müsse. Am Wahltag begleitete ihn seine Mutter unter Tränen bis zur Tür, und er sagte beim Abschied zu ihr: »Mutter, heute siehst du deinen Sohn entweder als Pontifex oder als Verbannten wieder!«[12] Bei der Abstimmung gab es einen harten Kampf, und Caesar blieb Sieger. Der Senat und die Nobilität gerieten daraufhin in Besorgnis, er könne das Volk zu Ausschreitungen aller Art aufwiegeln. Daher machten nun Piso und Catulus dem Cicero die heftigsten Vorwürfe, daß er Caesar bei der Bekämpfung der Catilinarischen Verschwörung so glimpflich behandelt hatte, damals hätte man ihm nämlich noch leicht beikommen können.

Catilina hatte nicht nur beabsichtigt, die Staatsverfassung zu ändern, sondern er wollte das gesamte Senatsregiment aufheben und einen allgemeinen Umsturz herbeiführen. Er selbst war allerdings aus der Stadt geflohen, als erst geringfügige Beweise gegen ihn vorlagen, noch bevor das ganze Ausmaß seiner Unternehmung ans Licht kam. Er hatte aber Lentulus und Cethegus in der Stadt zurückgelassen. Ob die beiden von Caesar heimlich Aufmunterung oder Hilfe erhielten, läßt sich nicht sagen. Als sie nun völlig überführt waren und der Konsul Cicero wegen ihrer Bestrafung im Senat alle Senatsmitglieder einzeln um ihre Meinung befragte, da stimmten alle für die Todesstrafe, bis die Reihe an Caesar kam. Dieser trat auf und hielt eine sorgfältig einstudierte Rede. Er sagte, so angesehene und vornehme Männer ohne Gerichtsverhandlung hinzurichten entspräche weder der Vätersitte noch dem Recht, es sei denn, der Staat befinde sich in höchster Gefahr. Wenn man sie dagegen als Gefangene in den Städten Italiens, die Cicero selbst bestimmen solle, unter Bewachung hielte, bis Catilina endgültig besiegt sei, so stünde es dem Senat frei, später in Ruhe und Frieden über jeden einzelnen von ihnen das Urteil zu fällen.

8. Dieser Antrag machte einen so humanen Eindruck und wurde mit so viel Überzeugungskraft vorgetragen, daß nicht nur die nach Caesar Befragten ihm zustimmten. Auch viele, die vorher ihre Stimme abgegeben hatten, änderten nun ihre Ansicht und bekannten sich zu Caesars Antrag, bis Cato und Catulus an die Reihe kamen. Diese wandten sich mit allem Nachdruck dagegen, Cato wies sogar darauf hin, daß Caesar in seiner Rede Hintergedanken gehabt habe, und griff ihn heftig an. Die Männer wurden daraufhin zum Tode verurteilt und abgeführt. Als Caesar das Senatsgebäude verließ, umringten ihn die jungen Leute, die damals als Ciceros Leibwache auftraten, in großer Zahl und zückten die Schwerter gegen ihn. Doch Curio[13] umhüllte ihn, so heißt es, schützend mit der Toga und brachte ihn hinaus. Cicero selbst aber soll die jungen Leute, die fragend zu ihm hinsahen, mit einem Wink zurückgehalten haben, sei es aus Furcht

vor dem Volk oder weil er eine solche Mordtat grundsätzlich für ungerecht und gesetzwidrig ansah. Falls es sich so verhält, begreife ich nicht, warum Cicero in seiner Schrift über sein Konsulat[14] nichts davon erwähnt hat. In der kommenden Zeit machte man ihm jedenfalls oft den Vorwurf, daß er eine solch einzigartige Gelegenheit, die eine Handhabe gegen Caesar bot, damals nicht ausgenutzt habe aus Angst vor der Volksmenge.

Das Volk hing allerdings in der Tat ganz außerordentlich an Caesar: Wenige Tage später ging er wieder in den Senat, um sich wegen des gegen ihn laut gewordenen Verdachts zu rechtfertigen, und es ging dabei ziemlich geräuschvoll zu. Weil die Sitzung länger dauerte als sonst üblich, kam das Volk mit Geschrei herbeigelaufen, umlagerte das Senatsgebäude und forderte drohend, daß man Caesar herauslasse. Das brachte Cato zu der Befürchtung, der Pöbel, der in der Lage sei, das gesamte Volk aufzuwiegeln, und der auf Caesar all seine Hoffnungen setze, könne sich zu Ausschreitungen hinreißen lassen. Daher überredete er den Senat zu monatlichen Getreidespenden an das Volk. Es entstanden dadurch zusätzliche Kosten im Umfang von 7 500 000 Drachmen, aber diese kluge politische Maßnahme bannte die gegenwärtige Panikstimmung und brachte Caesar um den größten Teil seines Einflusses, und das gerade zu einem Zeitpunkt, als er Praetor wurde und durch dieses Amt noch gefährlicher zu werden drohte.

9. Seine Amtszeit verlief jedoch ohne Störungen,[15] aber im häuslichen Bereich erlebte Caesar einen unangenehmen Zwischenfall. Publius Clodius war ein Mann von altem Adel, angesehen wegen seines Reichtums und seiner Redebegabung, aber er stellte an Verwegenheit und Schamlosigkeit auch die berüchtigtsten Lebemänner Roms in den Schatten.[16] Dieser war verliebt in Pompeia, die Gattin Caesars, und sie zeigte sich ihm nicht abgeneigt. Aber man nahm es mit der Aufsicht über die Frau-

engemächer sehr genau, und Aurelia, Caesars Mutter, eine sittenstrenge Dame, wich der jungen Frau nicht von der Seite und machte es so für die beiden höchst schwierig und riskant, einander zu treffen. Es gibt nun bei den Römern eine Gottheit, die sie die gute Göttin, »Bona dea«, nennen, die Griechen nennen sie »Γυναικεῖα«, die Frauengöttin. Die Phryger bezeichnen sie als eine bei ihnen einheimische Gottheit und sagen, sie sei die Mutter ihres Königs Midas. Die Römer hingegen halten sie für eine Baumnymphe, die Gemahlin des Faunus, während die Griechen meinen, sie sei eine der Mütter des Dionysos, und ihr Name dürfe nicht ausgesprochen werden. Daher errichten die Frauen, die das Fest feiern, mit Weinreben bedeckte Hütten, und eine Schlange liegt der Göttin zu Füßen, wie es ihrer heiligen Geschichte entspricht. Kein Mann darf bei ihrer Feier anwesend sein, und es darf sich auch keiner im Haus aufhalten. Die Frauen feiern ganz für sich allein und haben mehrere Opferriten, die mit den orphischen übereinstimmen sollen. Wenn nun der Tag des Festes kommt, das im Hause eines Konsuls oder Praetors gefeiert wird, muß dieser mit allen männlichen Personen das Haus verlassen. Seine Frau übernimmt dann die Leitung des Hauses und trifft alle Vorbereitungen. Der wichtigste Teil der Feier findet in der Nacht statt, und Scherz und Musik verbinden sich mit den nächtlichen Riten.

10. Damals hatte nun Pompeia die Aufgabe, dieses Fest zu veranstalten. Clodius, der noch keinen Bart hatte und deshalb darauf vertraute, nicht entdeckt zu werden, ging als Harfenspielerin verkleidet hin, er sah aus wie ein junges Mädchen. Er fand die Türen offenstehen und wurde von einer in sein Geheimnis eingeweihten Dienerin ohne jede Gefahr ins Haus gebracht. Die Dienerin lief nun voraus, um Pompeia Bescheid zu sagen. Als einige Zeit vergangen war, wagte Clodius nicht, länger dort stehenzubleiben, wo sie ihn zurückgelassen hatte, er irrte in

dem großen Haus umher, wobei er die beleuchteten Räume mied, bis er einer Dienerin der Aurelia in die Arme lief. Diese forderte ihn zur Teilnahme an den Spielen auf, sie hielt ihn ja für eine Frau. Als er sich weigerte, zog sie ihn mitten in den Raum und fragte ihn aus, wer er sei und woher er käme. Clodius antwortete, er warte auf Pompeias Abra – so hieß die vorher erwähnte Dienerin –, er verriet sich aber durch seine Stimme. Die Dienerin Aurelias fing an zu schreien und rannte sofort zu den erleuchteten Räumen und zur Festversammlung. Einen Mann habe sie ertappt, rief sie laut. Die Frauen gerieten in höchste Aufregung, Aurelia aber ließ sofort die Kultfeier der Göttin abbrechen und die Heiligtümer verhüllen. Sie selber durchsuchte, nachdem sie die Türen hatte verschließen lassen, mit Fackeln das ganze Haus nach Clodius. Man fand ihn in der Kammer der Dienerin versteckt, die ihn hereingelassen hatte. Er wurde erkannt und von den Frauen aus dem Haus geworfen. Diesen Vorfall erzählten die Frauen, die sich danach gleich auf den Heimweg machten, noch in der Nacht ihren Männern zu Hause, und am nächsten Tag redete die ganze Stadt davon, daß Clodius eine so gottlose Tat begangen habe. Er sei nicht nur den unmittelbar davon betroffenen Personen, sondern auch der Stadt und den Göttern Sühne schuldig. Clodius wurde nun von einem der Volkstribunen wegen Religionsfrevels vor Gericht gezogen, und die angesehensten Männer des Senats traten gemeinsam gegen ihn auf. Sie bezeugten außer seinen übrigen Schandtaten, daß er sogar mit seiner eigenen Schwester, der Gemahlin des Lucullus, ein ehebrecherisches Verhältnis gehabt habe. Den Bestrebungen dieser Männer widersetzte sich jedoch das Volk. Es nahm Clodius in Schutz und stärkte damit seine Position vor Gericht, weil die Richter vor der Menge zitterten und bebten. Caesar leitete sofort die Scheidung von Pompeia ein, aber als Zeuge vor Gericht erklärte er, von Clodius' Tat nichts

Genaues zu wissen. Auf diese befremdende Antwort hin fragte ihn der Ankläger: »Warum hast du dich denn dann von deiner Frau scheiden lassen?« »Weil ich der Meinung war«, antwortete Caesar, »daß auf meine Frau nicht einmal der Schatten eines Verdachts fallen dürfe.« Die einen behaupten, dies sei Caesars wahre Überzeugung gewesen, andere erklären, er habe sich nur dem Volk zuliebe so geäußert, das ja bestrebt war, Clodius freizubekommen. Dieser wurde auch wirklich freigesprochen, wobei die meisten Richter kein eindeutig zu entzifferndes Urteil abgaben. Sie wollten nämlich weder durch eine Verurteilung beim Volk Anstoß erregen, noch wollten sie sich durch einen Freispruch die Verachtung der Optimaten zuziehen.[17]

11. Unmittelbar nach seiner Amtszeit als Praetor wurde Caesar zum Statthalter der Provinz Spanien ernannt. Da er sich mit seinen Gläubigern nicht einigen konnte – sie machten ihm alle möglichen Schwierigkeiten, als er abreisen wollte, und erhoben ein großes Geschrei –, nahm er seine Zuflucht zu Crassus, dem reichsten Mann in Rom. Dieser benötigte Caesars jugendliche Kraft und seinen kühnen Unternehmungsgeist, um sie als politisches Gegengewicht gegen Pompeius einzusetzen. Er einigte sich mit den lästigsten und drängendsten Gläubigern und übernahm eine Bürgschaft über 830 Talente, und daraufhin konnte Caesar endlich in seine Provinz abreisen.

Auf der Reise über die Alpen kam Caesar, so erzählt man, durch ein kleines Barbarenstädtchen, in dem nur ein paar Leute ein kümmerliches Dasein fristeten. Seine Begleiter fragten scherzend und lachend: »Ob es hier wohl auch Wettstreit um die Ämter gibt, Kämpfe um den ersten Rang und Neid der Mächtigen untereinander?« Darauf habe Caesar ganz ernsthaft zu ihnen gesagt: »Ich möchte lieber bei denen hier der Erste sein als in Rom der Zweite.« Ähnlich war es auch in Spanien, als er in einer Mußestunde das Leben Alexanders des Großen las. Er saß lange Zeit ganz in sich gekehrt da, dann vergoß er Tränen. Seine Freunde waren verwundert und fragten ihn nach dem Grund für sein Verhalten. Er erwiderte darauf: »Scheint euch das kein Grund zur Trauer zu sein: Alexander hat in meinem Alter schon über so viele Völker geherrscht, aber ich habe noch keine Heldentat vollbracht!«

12. Gleich nach seiner Ankunft in Spanien entfaltete er eine rastlose Tätigkeit. Innerhalb von wenigen Tagen hatte er außer den bereits vorhandenen 20 Kohorten noch 10 weitere zusammengebracht. Er unternahm einen Feldzug gegen die Kallaiker und Lusitanier,[18] besiegte sie und rückte bis zum Atlantischen Ozean vor. Dabei unterwarf er Volksstämme, die bisher unabhängig von den Römern gewesen waren. Die militärischen Unternehmungen hatte er erfolgreich beendet, und nun zeigte er eine ebenso glückliche Hand bei seiner Friedenspolitik. Er stellte die Eintracht zwischen den einzelnen Städten wieder her und schlichtete die Streitigkeiten zwischen den Gläubigern und ihren Schuldnern. Er erließ eine Verordnung, daß die Einkünfte des Schuldners jährlich zu zwei Dritteln an den Gläubiger gehen sollten, während der Rest für den Eigentümer bliebe, so lange, bis die Schuld bezahlt sei. Mit dieser Maßnahme hatte er sich große Beliebtheit erworben, als er seine Provinz wieder verließ. Er war dabei ein reicher Mann geworden und hatte auch dafür gesorgt, daß seine Soldaten sich auf den Feldzügen die Taschen füllen konnten. Auch war er von ihnen zum Imperator[19] ausgerufen worden.

13. Es war Vorschrift, daß sich ein römischer Feldherr, der auf die Feier seines Triumphes wartete, außerhalb der Stadt aufhalten mußte. Bewarb man sich aber um das Konsulat, so mußte man dazu in der Stadt anwesend sein. Da Caesar nun gerade zur Zeit der Konsulatswahlen nach Rom zurückkehrte, wurde er durch diesen Wider-

streit der Gesetze persönlich betroffen. Er richtete daher
ein Gesuch an den Senat, sich mit Hilfe von Freunden in
Abwesenheit um das Konsulat bewerben zu dürfen.
Cato setzte sich zunächst mit allem Nachdruck für die
Einhaltung des Gesetzes und gegen diese Forderung ein.
Später aber, als er sah, daß Caesar schon viele Senatoren
auf seine Seite gebracht hatte, versuchte er die Angelegenheit auf die lange Bank zu schieben und hielt eine
Dauerrede, die den ganzen Tag in Anspruch nahm.[20]
Daraufhin faßte Caesar den Entschluß, auf den Triumph
zu verzichten und sich um das Konsulat zu bewerben. Er
begab sich in die Stadt und unternahm sofort einen politischen Schachzug, durch den er alle hinters Licht führte,
ausgenommen Cato. Er brachte nämlich die Versöhnung
zwischen Pompeius und Crassus zustande, den beiden
mächtigsten Männern in Rom.[21] Die bisher Verfeindeten
machte er wieder zu Freunden und vermochte damit das
politische Ansehen beider auf sich zu vereinigen. Damit
gelang ihm durch eine so menschenfreundlich erscheinende Tat eine entscheidende politische Kräfteverschiebung. Es war nämlich nicht, wie die meisten annehmen,
das Zerwürfnis zwischen Caesar und Pompeius, das
am Ausbruch des Bürgerkriegs schuld war, die grundlegende Ursache war vielmehr ihre Freundschaft, denn sie
gingen ihre Verbindung zunächst einmal ein mit dem
Ziel, die Senatsherrschaft zu stürzen, und später haben
sie sich dann untereinander entzweit. Cato sagte diesen
Ausgang mehr als einmal voraus, aber das einzige Ergebnis für ihn war, daß er damals den Ruf davontrug, ein
griesgrämiger Mann zu sein, der überall seine Nase hineinsteckte, und daß er später zwar als einsichtsvoller,
aber erfolgloser Ratgeber galt.
14. Caesar erreichte also das Konsulat, wobei ihm die
Freundschaft des Crassus und des Pompeius Rückendeckung gab. Er wurde auf ehrenvolle Weise zusammen mit
Calpurnius Bibulus gewählt, aber kaum war er im Amt,

als er Gesetzesvorlagen einbrachte, die nicht zu einem Konsul, sondern eher zu dem allerdreistesten Volkstribunen paßten. Um sich beim Volk beliebt zu machen, beantragte er die Errichtung von Kolonien und ein Landverteilungsgesetz. Im Senat waren alle Optimaten dagegen, aber Caesar, der ja schon lange einen Vorwand für sein weiteres Vorgehen suchte, beteuerte mit lauter Stimme, ganz wider seinen Willen treibe man ihn dem Volk in die Arme und die Überheblichkeit und Härte des Senats zwängen ihn, die Partei des Volkes zu ergreifen. Daraufhin eilte er hinaus zu dem versammelten Volk. Auf die eine Seite neben sich stellte er Crassus, auf die andere Pompeius und fragte sie, ob sie seine Gesetzesvorschläge billigten. Als sie dies bestätigten, rief er sie auf, ihm gegen diejenigen Beistand zu leisten, die ihm Widerstand mit dem Schwert angedroht hätten. Sie versprachen es, und Pompeius fügte noch hinzu, er wolle gegen die Schwerter mit einem Schwert gerüstet kommen und auch noch einen Schild mitbringen. Durch diese Äußerung brüskierte er die Mitglieder der Senatspartei, die seine Worte weder mit seinem eigenen Ansehen noch mit der dem Senat schuldigen Achtung für vereinbar hielten. Sie erklärten seine Aussage für tolles und verrücktes Gerede, aber das Volk war begeistert davon. Caesar wollte nun die politische Macht des Pompeius noch mehr an sich binden und gab diesem daher seine Tochter Julia zur Frau, obwohl sie bereits mit Servilius Caepio verlobt war. Dem Caepio versprach er die Tochter des Pompeius, obgleich sie ebenfalls nicht mehr frei, sondern mit Faustus, dem Sohne Sullas, verlobt war. Kurze Zeit später heiratete Caesar selber Calpurnia, die Tochter des Piso, den er zum Konsul für das nächste Jahr bestimmte. Dagegen verwahrte sich Cato mit leidenschaftlichem Nachdruck, indem er ausrief, es sei unerträglich, daß die Vergabe des höchsten Amtes im Staat durch Heiraten zu einem Kuppeleigeschäft werde und man sich gegenseitig

Provinzen, Heere und Staatsämter durch Weiber zuschanze. Der Amtskollege Caesars, Bibulus, war gegen diese Anträge, er erreichte jedoch nichts, kam aber mehrere Male zusammen mit Cato in Gefahr, auf dem Forum erschlagen zu werden. Daher schloß er sich für die restliche Dauer seiner Amtszeit in seinem Hause ein. Pompeius aber besetzte gleich nach seiner Vermählung das Forum mit Soldaten und erreichte es, daß die dem Volk genehmen Gesetze angenommen wurden. Außerdem setzte er es durch, daß man Caesar die beiden gallischen Provinzen, das diesseitige und jenseitige Gallien, übertrug, dazu Illyrien samt 4 Legionen, und das alles auf die Dauer von 5 Jahren. Als Cato einen Einspruch wagte, ließ ihn Caesar ins Gefängnis abführen. Er erwartete allerdings, Cato werde an die Volkstribunen appellieren. Aber Cato ließ sich wortlos abführen, und Caesar mußte sehen, daß nicht nur die Anhänger der Senatspartei aufgebracht waren. Auch das Volk verharrte aus Achtung vor Catos tapferer Haltung in Schweigen und gab ihm bedrückt das Geleit. Daraufhin bat Caesar insgeheim einen der Volkstribunen, Cato wieder freizulassen.
Von den Senatoren kamen immer nur wenige in den Senat, wenn Caesar da war, die meisten gaben durch ihr Fernbleiben ihrer Abneigung Ausdruck. Considius, einer der Ältesten, sagte einmal, aus Furcht vor Waffen und Soldaten käme man nicht. Darauf antwortete Caesar: »Und warum bleibst du nun nicht auch aus Furcht daheim?« Und Considius erwiderte: »In meinem Alter hat man keine Furcht mehr. Für das bißchen Leben, das mir noch bleibt, braucht es keiner besonderen Vorsorge.«
Die schlimmste politische Machenschaft unter Caesars damaligem Konsulat bestand aber wohl darin, daß er dem Clodius die Wahl zum Volkstribunen ermöglichte, dem Mann, der sich gegen seine eigene Ehe wie gegen die geheime nächtliche Götterfeier vergangen hatte. Seine Wahl erfolgte in der Absicht, Cicero auszuschalten, und

Caesar ging nicht eher in seine Provinzen, als bis er mit der Hilfe des Clodius Cicero gestürzt und aus Italien vertrieben hatte.[22]

15. Dies waren nun die Ereignisse vor dem Gallischen Krieg. Während der Zeitdauer der Kriege, die er nachher führte, und der Feldzüge, in denen er ganz Gallien unterwarf, schien er sich in seinem politischen Wirken wie in seiner gesamten Lebensweise von einer ganz anderen Seite zu zeigen, als ob er gleichsam eine neue Epoche begonnen hätte. Er erwies sich als ein Soldat und Heerführer, der keinem der berühmtesten und größten Feldherrn nachsteht. Denn mag man auch alle möglichen mit ihm vergleichen: die Fabier, die Scipionen und Meteller, seine unmittelbaren Zeitgenossen oder die, die kurz vor ihm gelebt haben, Sulla, Marius, die beiden Luculli oder Pompeius selbst, dessen Ruhm wegen seiner vielfältigen militärischen Tugenden damals in hellstem Glanze strahlte – Caesar übertrifft mit seinen Taten alle. Die einen wegen der Unwirtlichkeit der Gegenden, in denen er Krieg führte, wegen der Größe des Raumes, den er eroberte, wegen der Zahl und der Stärke der Feinde, die er besiegte, andere dann wieder durch die Fremdartigkeit und Unberechenbarkeit der Menschen, die er für sich zu gewinnen wußte, sowie durch seine Milde und Freundlichkeit gegen die Gefangenen oder durch die Geschenke und Gunsterweise gegenüber seinen Soldaten. Alle zusammen aber übertrifft er darin, daß er die meisten Schlachten geschlagen und die größte Zahl von Feinden besiegt hat. Denn in den nicht einmal zehn Jahren, die er in Gallien Krieg führte, hat er über 800 Städte erobert, 300 verschiedene Volksstämme unterworfen und insgesamt mit 3 Millionen Menschen gekämpft, von denen er eine Million im Kampf getötet und ebenso viele zu Gefangenen gemacht hat.

16. Die Soldaten hingen mit ganz außergewöhnlicher Liebe und Begeisterung an ihm. Sie waren durchaus nicht

anders als andere Soldaten auch, aber wenn Caesars Ruhm auf dem Spiel stand, gingen sie tapfer und unerschütterlich für ihn durchs Feuer. Hier ein Beispiel: Acilius hatte in der Seeschlacht bei Massilia[23] ein feindliches Schiff geentert. Dabei war ihm die rechte Hand durch einen Schwerthieb abgehauen worden. Aber er ließ den Schild in der Linken nicht los, sondern stieß ihn den Feinden ins Gesicht, trieb alle zurück und bemächtigte sich des Schiffes. Ein anderes Beispiel: Cassius Scaeva hatte in der Schlacht von Dyrrhachion[24] ein Auge durch einen Pfeilschuß verloren. Ein Wurfspieß hatte ihm die Schulter und ein weiterer den Schenkel durchbohrt, dazu hatte er mit dem Schild 130 Pfeile aufgefangen. Daraufhin rief er die Feinde herbei, als ob er sich ergeben wollte. Als zwei von ihnen herankamen, hieb er dem einen mit dem Schwert die Schulter durch, den anderen schlug er durch einen Hieb ins Gesicht zurück. Er selber aber wurde endlich von seinen Kameraden, die ihm zu Hilfe eilten, in Sicherheit gebracht.

In Britannien waren einmal die Offiziere in vorderster Front in eine unter Wasser stehende Sumpfniederung geraten und wurden dort von den Feinden überfallen. Ein einfacher Soldat stürzte sich vor den Augen Caesars, der die Schlacht verfolgte, mitten unter die Feinde und rettete durch kühne Heldentaten die Offiziere. Die Barbaren ergriffen die Flucht, er selber mußte mühsam über alles hinwegsteigen, sprang dann in die sumpfigen Fluten und kam mit knapper Mühe, teils schwimmend, teils watend wieder hinüber, hatte aber dabei seinen Schild verloren. Caesars Begleiter kamen ihm voller Bewunderung für seine Taten mit Freudenrufen entgegen, er aber warf sich äußerst niedergeschlagen unter Tränen Caesar zu Füßen und bat ihn um Verzeihung, daß er seinen Schild nicht mit zurückgebracht habe.

In Afrika hatten die Soldaten Scipios eines von Caesars Schiffen gekapert,[25] auf dem sich Granius Petronius, ein designierter Quaestor, befand. Scipio erklärte die gesamte Besatzung als unter Kriegsrecht stehend, den Quaestor aber versprach er freizulassen. Dieser antwortete, Caesars Soldaten seien gewohnt, Pardon zu geben, nicht anzunehmen, und stieß sich das Schwert durch die Brust.

17. Ein solches Maß von Tapferkeit und Ruhmbegierde weckte und nährte Caesar selber, vor allem dadurch, daß er Geschenke und Beförderungen in reicher Fülle verteilte. Damit wollte er zeigen, daß er die im Krieg erworbenen Reichtümer nicht für sich selber zu Verschwendung und Luxus ansammele, sondern sie als gemeinsamen Lohn für tapfere Taten nur bei sich in Verwahrung nehme und sein eigener Anteil nur darin bestände, alles an verdiente Soldaten weiterzugeben. Ein weiteres erfolgreiches Mittel war seine Angewohnheit, von sich aus jede Gefahr auf sich zu nehmen und keiner Strapaze aus dem Wege zu gehen. Daß er die Gefahr suchte, erregte allgemein nicht so große Bewunderung, kannte man doch seine Ruhmsucht. Aber daß er Strapazen auf sich nahm, die über seine körperlichen Kräfte hinauszugehen schienen, das versetzte die Leute in Erstaunen. Er war nämlich hager, hatte eine zarte weiße Haut, oft plagten ihn Kopfschmerzen, und er litt dazu noch an epileptischen Anfällen. Die Krankheit soll ihn das erste Mal in Corduba befallen haben. Aber er nahm diese körperliche Schwäche nicht zum Vorwand für eine verweichlichte Lebensart, sondern gebrauchte den Kriegsdienst als Therapie für seine Krankheit. Durch weite Märsche, einfache Kost, durch das beständige Leben unter freiem Himmel und das Ertragen von Strapazen kämpfte er gegen die Krankheit an und härtete seinen Körper gegen die Anfälle ab. Meistens schlief er unterwegs in Wagen oder Sänften, während er dann die Ruhezeit zur Arbeit verwandte. Bei Tag fuhr er zu den Kastellen, Städten und Lagern, und neben ihm saß einer seiner Diener, die ge-

wohnt waren, während der Fahrt nach seinem Diktat zu schreiben. Hinter ihm auf dem Wagen stand ein einziger Soldat, mit einem Schwert bewaffnet. Caesar reiste mit einer solchen Geschwindigkeit, daß er bei seiner ersten Reise von Rom an die Rhône nur acht Tage brauchte. Schon von Kindheit an machte ihm das Reiten gar keine Anstrengung. Er hatte sich nämlich angewöhnt, die Hände auf dem Rücken zu verschränken und dabei das Pferd kräftig vorwärtstraben zu lassen. Auf diesem Feldzug übte er sich auch noch darin, beim Reiten Briefe zu diktieren und damit zwei Schreiber auf einmal, oder, wie Oppius[26] angibt, noch mehr zu beschäftigen. Es heißt auch, es sei Caesars Idee gewesen, immer brieflich mit den Freunden Kontakt zu halten, wenn wegen der Fülle der Geschäfte und der Größe der Stadt eine persönliche Aussprache über dringende Fragen zeitlich nicht möglich war.

Für seine Bescheidenheit, was das Essen angeht, zeugt das folgende: In Mailand bewirtete ihn einmal sein Gastfreund Valerius Leo und goß Salb- statt Speiseöl über den Spargel. Caesar aß ohne weiteres davon und tadelte seine Freunde, die sich darüber aufhielten, mit den Worten: »Es hätte ja genügt, das stehenzulassen, was euch nicht schmeckte. Wer aber von einem solchen Geschmacksverstoß viel Aufhebens macht, der hat selber nicht viel Geschmack.«

Auf einer Reise trieb ihn einmal ein Unwetter dazu, in der Hütte eines armen Mannes Schutz zu suchen. Er fand dort nichts weiter als eine einzige Kammer, die kaum für einen Menschen Platz bot. Da sagte er zu seinen Freunden, den Ehrenplatz müsse man dem Angesehensten, den notwendigen Ruheplatz aber dem Schwächsten einräumen. Er hieß den Oppius, drinnen zu schlafen, er selber übernachtete mit den anderen im Vorraum vor der Tür.

18. Den ersten Gallischen Krieg führte er gegen die Helvetier und Tiguriner. Diese hatten ihre 12 Städte und 400 Dörfer verbrannt und drangen durch das von den Römern unterworfene Gallien weiter vor, wie früher die Kimbern und Teutonen, denen sie allem Anschein nach weder an Mut noch an Zahl nachstanden. Sie waren nämlich insgesamt 300 000 Menschen, davon 190 000 waffenfähige Männer. Die Tiguriner besiegte er nicht selber, sondern schickte Labienus, der sie in einer Schlacht an der Saône vernichtend schlug. Die Helvetier griffen Caesar unversehens auf dem Marsch zu einer verbündeten Stadt an. Aber er konnte ihnen noch zuvorkommen, indem er auf ein günstiger gelegenes Terrain auswich. Dort sammelte er seine Truppen und stellte sie in Schlachtordnung auf. Als man ihm sein Pferd vorführte, sagte er: »Das will ich nach dem Sieg zur Verfolgung der Feinde benutzen, jetzt marschieren wir gegen sie los!« Und er leitete den Angriff zu Fuß. Nach geraumer Zeit und harter Gegenwehr drängte er das feindliche Heer zu den Wagenburgen und zum Lager zurück. Aber dort hatte er noch die härteste Arbeit, denn nicht nur die Männer leisteten erbitterten Widerstand, auch ihre Kinder und Frauen wehrten sich bis zu ihrem Tode und ließen sich mit ihren Angehörigen niederhauen. Daher fand die Schlacht erst mit Mühe und Not mitten in der Nacht ihr Ende.

Diesen ruhmvollen Sieg krönte er durch eine noch schönere Tat: Er siedelte die Barbaren wieder an, die aus der Schlacht entkommen waren – es waren noch über 100 000 an der Zahl –, und zwang sie, das verlassene Land erneut zu bewirtschaften und die niedergebrannten Städte wieder aufzubauen. Der Grund für diese Maßnahme war seine Furcht, die Germanen könnten den Rhein überschreiten und das unbewohnte Land in Besitz nehmen.

19. Den zweiten Krieg führte er unmittelbar zum Schutze Galliens gegen die Germanen. Er hatte zwar deren König

Ariovist erst vor kurzem in Rom zum Bundesgenossen des römischen Volkes erklären lassen, aber die Germanen waren für die von ihm unterworfenen Völker als Grenznachbarn nicht tragbar. Es war mit ziemlicher Sicherheit vorauszusehen, daß sie nicht ruhig in ihrem Gebiet bleiben würden, sondern sich bei der ersten günstigen Gelegenheit weiter ausbreiten und Gallien besetzen würden. Caesar merkte nun, daß die Offiziere in ziemlich banger Stimmung waren, besonders die vornehmen jungen Leute, die sich nur deshalb Caesars Feldzug angeschlossen hatten, um eine Gelegenheit zu Wohlleben und Bereicherung wahrzunehmen. Er berief nun eine Versammlung und forderte die Feigen und Zaghaften auf, nach Hause zu gehen und sich nicht ganz wider ihre Absicht solchen Gefahren auszusetzen. »Ich selber werde«, sagte er, »notfalls mit der 10. Legion allein die Barbaren angreifen. Die Feinde, mit denen ich zu kämpfen habe, sind ja wohl nicht tapferer als die Kimbern, und ich bin kein schlechterer Feldherr als Marius!« Daraufhin schickte die 10. Legion eine Abordnung an ihn und ließ ihm für sein Vertrauen danken. Die anderen schimpften sehr auf ihre Offiziere, und schließlich folgten ihm alle voller Mut und Begeisterung auf einem mehrtägigen Marsch, bis sie ungefähr 200 Stadien [etwa 38 km] von den Feinden entfernt ihr Lager aufschlugen. Dieser Anmarsch der Römer erschütterte nun Ariovist in seiner Siegeszuversicht. Daß die Römer die Germanen angreifen würden, hatte er nicht erwartet, er hatte ja nicht einmal geglaubt, daß sie den Germanen standhalten würden, wenn diese gegen sie anrückten. Daher war er sehr überrascht von Caesars Kühnheit und mußte sehen, daß auch seine Soldaten darüber in Bestürzung geraten waren. Noch mutloser machten ihn die Weissagungen der heiligen Frauen. Diese weissagten aus den Strudeln, aus der Strömung und dem Rauschen der Flüsse, und sie erklärten, man dürfe sich vor dem Neumond in kein Gefecht einlassen.

Caesar erfuhr davon und sah, daß die Germanen jede Kampfhandlung vermieden, und da schien es ihm klüger, sie gegen ihren Willen zur Schlacht zu zwingen, als untätig abzuwarten, bis sie eine für sie günstige Gelegenheit ergreifen würden. Er ließ nun ihre Befestigungen und die höher gelegenen Plätze, auf denen sie ihre Lager aufgeschlagen hatten, bestürmen, und brachte sie dadurch so sehr in Zorn und Erbitterung, daß sie wutentbrannt herabkamen und die Schlacht annahmen. Caesar errang einen glänzenden Sieg und verfolgte sie 400 Stadien [etwa 76 km] weit bis an den Rhein, und die ganze Ebene war mit Leichen und Waffenstücken bedeckt. Ariovist selber aber entkam mit wenigen Begleitern über den Rhein. Die Zahl der Toten soll 80000 betragen haben.

20. Nach diesem Sieg legte Caesar seine Truppen im Gebiet der Sequaner ins Winterquartier. Er selbst begab sich in die gallische Poebene, die zu seiner Provinz gehörte, um von dort aus die politischen Ereignisse in Rom zu verfolgen. Der Fluß Rubikon bildet nämlich die Grenze zwischen dem diesseits der Alpen gelegenen Gallien und dem übrigen Italien. Während seines dortigen Aufenthalts war er damit beschäftigt, seine Anhängerschaft zu verstärken. Es kamen viele Leute aus Rom zu ihm, und er stellte jeden zufrieden. Keinen entließ er, dem er nicht seine Wünsche erfüllt oder doch wenigstens sichere Hoffnungen darauf gemacht hatte. So brachte er es fertig, während der ganzen Zeit seiner Feldzüge einerseits die Feinde mit den Waffen der Bürger niederzuwerfen und sich auf der anderen Seite die Bürger mit den Schätzen der Feinde dienstbar zu machen, und zwar, ohne daß Pompeius darüber im Bilde war.

Mittlerweile erhielt Caesar die Nachricht, die Belger seien abgefallen. Sie waren der mächtigste gallische Stamm, bewohnten ein Drittel von ganz Gallien und hatten bereits ein gutgerüstetes Heer von vielen tausend Mann zusammengebracht. Daraufhin kehrte Caesar sofort zurück und rückte in größter Eile gegen sie vor. Er griff die Feinde an, die das Gebiet der mit Rom verbündeten Gallier verheerten, und schlug ihren zahlenmäßig stärksten Truppenteil. Sie leisteten nur schwache Gegenwehr und erlitten so hohe Verluste, daß Seen und tiefe Flüsse mit Toten angefüllt waren und den Römern den Übergang erleichterten. Von den abgefallenen Volksstämmen unterwarfen sich daraufhin die Völker am Atlantischen Ozean freiwillig. Gegen das wildeste und kämpferischste Volk in diesen Gegenden, die Nervier, mußte Caesar einen Feldzug unternehmen. Sie wohnten im dichten Waldgestrüpp und hatten ihre Angehörigen und ihre Habseligkeiten tief in einer unzugänglichen Waldschlucht vor den Feinden in Sicherheit gebracht. Als Caesar gerade mit der Verschanzung des Lagers beschäftigt und am allerwenigsten auf einen Angriff gefaßt war, überfielen sie ihn plötzlich mit 60000 Mann, schlugen die Reiterei aus dem Feld, schlossen die 12. und die 7. Legion ein und töteten deren sämtliche Offiziere. Hätte Caesar nicht rasch einen Schild ergriffen und sich durch die vorderen Glieder hindurch mitten unter die Feinde gestürzt und wäre nicht daraufhin die 10. Legion eilends von der Anhöhe herabgekommen, als sie ihn in einer solchen Gefahr erblickte, und hätte nicht die Reihen der Feinde durchbrochen, so wäre wohl keiner davongekommen. Nun aber wurden die Soldaten durch Caesars kühnen persönlichen Einsatz dazu gebracht, im Kampf, wie man so sagt, über sich selbst hinauszuwachsen. Aber trotzdem gelang es ihnen nicht, die Schlachtreihe der Nervier zum Wanken zu bringen, diese wehrten sich vielmehr tapfer und mußten Mann für Mann niedergemacht werden. Von den 60000 Mann sollen nämlich nur 500 übriggeblieben sein, und von den 400 Ratsmitgliedern nur ganze drei.

21. Auf die Kunde davon beschloß der Senat in Rom, den Göttern ein fünfzehntägiges Dankfest zu feiern, was es bisher noch bei keinem Sieg gegeben hatte.[27] Aber die Gefahr schien auch über die Maßen groß gewesen zu sein, da so zahlreiche Völker sich alle auf einmal empört hatten. Und der Volksmasse, die so sehr an Caesar hing, erschien der Sieg noch glänzender, weil er es war, der ihn erfochten hatte.

Caesar ordnete die Verhältnisse in Gallien und hielt sich den Winter über wieder in der Poebene auf und beeinflußte von dort die Politik in Rom. Denn die Amtsbewerber benutzten ihn als ihren Geldgeber und bestachen mit seinem Geld das Volk. Waren sie dann gewählt, so taten sie alles, was seinen Einfluß verstärken konnte. Außerdem kamen sehr viele der angesehensten und einflußreichsten Männer zu ihm nach Luca,[28] darunter Pompeius, Crassus, Appius [Claudius Pulcher], der Statthalter von Sardinien, und [Q. Metellus] Nepos, der Prokonsul von Spanien. 120 höhere Beamte waren damals dort versammelt und mehr als 200 Senatoren. Auf dieser Konferenz wurde folgendes beschlossen: Pompeius und Crassus sollten das Konsulat übernehmen, und Caesar sollte Geldmittel erhalten sowie eine Verlängerung seines Provinzkommandos um weitere fünf Jahre. Die zweite Forderung kam allen vernünftigen Leuten äußerst sonderbar vor. Denn gerade die, die von Caesar Geld in Hülle und Fülle erhielten, bearbeiteten den Senat, ihm Geld zur Verfügung zu stellen, als ob er keines hätte, ja sie zwangen den widerstrebenden Senat sogar zu diesem Beschluß.

Cato war zu der Zeit nicht in Rom, man hatte ihn nämlich absichtlich mit einem politischen Auftrag nach Zypern geschickt,[29] um ihn los zu sein. Favonius, ein eifriger Nachahmer Catos, konnte mit seinem Widerspruch nichts ausrichten, er rannte daraufhin zur Tür hinaus und appellierte an das Volk. Aber keiner wollte auf ihn hören, einige hatten Angst vor Pompeius und Crassus, aber die meisten blieben stumm aus Anhänglichkeit an Caesar, auf den sie alle Hoffnungen ihres Lebens gesetzt hatten.

22. Caesar kehrte nun wieder zu seinem Heer nach Gallien zurück, um erneut einen schweren Krieg zu führen. Denn zwei bedeutende Germanenstämme, die Usipeter und Tenkterer, hatten den Rhein überschritten, um sich in diesem Gebiet niederzulassen. Über diese Kämpfe berichtet Caesar in seinem Kriegstagebuch[30] folgendes: Die Barbaren hätten ihm eine Gesandtschaft geschickt, aber während des Waffenstillstandes hätten sie ihn auf dem Marsch überfallen und mit ihren 800 Mann seine Reiterei von 5000 Mann zum Rückzug gezwungen, da diese auf keinen Angriff gefaßt war. Daraufhin seien wieder andere Gesandte an ihn geschickt, um ihn abermals hinters Licht zu führen. Aber er habe sie festgenommen und seine Armee gegen die Barbaren vorrücken lassen, denn er sei zu der Ansicht gekommen, solch treulosen und wortbrüchigen Leuten gegenüber sein Wort halten zu wollen, sei reine Dummheit. Tanusius[31] berichtet dagegen: Als der Senat den Beschluß wegen des Dankfestes für diesen Sieg fassen wollte, habe Cato erklärt, man müsse Caesar den Barbaren ausliefern, um den Bruch des Waffenstillstandes im Namen Roms zu sühnen und den Fluch dafür auf den Alleinschuldigen zu lenken.

Von den Völkerscharen, die den Rhein überschritten hatten, wurden etwa 400000 getötet, die wenigen, denen die Flucht zurück über den Strom gelang, wurden von den Sugambrern, einem germanischen Volksstamm, aufgenommen.

Darin sah Caesar einen gegebenen Anlaß für einen Feldzug gegen die Sugambrer. Die Triebfeder dazu war hauptsächlich seine Ruhmsucht, denn er wollte als erster Mensch mit einem Heer den Rhein überschreiten. So baute er eine Brücke über den Fluß, der an dieser Stelle sehr breit war und wild und reißend dahinströmte. Er führte auch Bäume und Treibholz mit, die gegen die

Stützpfeiler prallten und die Brücke ins Wanken brachten. Caesar fing das Treibgut jedoch ab, indem er große hölzerne Schrägpfeiler ins Flußbett einrammen ließ. Dadurch brach er die Gewalt der Strömung, die an die Brücke anbrandete. Er erbaute die Brücke in 10 Tagen und übertraf mit diesem Werk die kühnsten Erwartungen.[32]

23. Er führte nun das Heer hinüber, und niemand wagte ihm Widerstand zu leisten, denn selbst die Sueben, der mächtigste Stamm der Germanen, hatten sich mit ihrem Hab und Gut in die Tiefe der Wälder zurückgezogen. So verheerte er sengend und brennend das feindliche Gebiet und bestärkte die Volksstämme, die die ganze Zeit über römerfreundlich gewesen waren, in ihrer Haltung. Nach einem Aufenthalt von 18 Tagen in Germanien kehrte er nach Gallien zurück.

Sein Feldzug nach Britannien ist ein Beweis für seinen außergewöhnlich kühnen Unternehmungsgeist. Er war der erste Mensch, der mit einer Flotte das westliche Meer befuhr und mit einem Heer über den Atlantischen Ozean übersetzte, um einen Krieg gegen eine Insel zu führen. Diese Insel wurde ihrer Größe wegen gar nicht von allen als Insel angesehen, und ein großer Gelehrtenstreit hatte sich ihretwegen erhoben. Es hieß, sie existiere gar nicht und habe nie existiert, und die Berichte über sie seien bloße Erfindung. Mit seinem Versuch, die Insel zu erobern, unternahm es Caesar, das römische Weltreich über die Grenzen der damals bewohnten Erde hinaus auszudehnen. Zweimal fuhr er von der gegenüberliegenden Küste Galliens aus zu der Insel hinüber. In zahlreichen Gefechten fügte er den Feinden Verluste zu, ohne daß freilich seine eigenen Truppen einen Gewinn davon hatten. Denn bei diesen kümmerlich lebenden, armen Leuten gab es nichts, was sich zum Beutemachen gelohnt hätte. So beendete Caesar den Krieg, ohne ein wünschenswertes Ziel erreicht zu haben. Er ließ sich von dem dortigen König Geiseln stellen, legte ihm einen Tribut auf und verließ die Insel wieder.

Bei der Rückkehr fand er Briefe vor, die ihm gerade nachgesandt werden sollten. Sie kamen von seinen Freunden aus Rom und enthielten die Nachricht vom Tode seiner Tochter. Sie war im Hause ihres Gatten Pompeius im Wochenbett gestorben. Groß war die Trauer darüber bei Pompeius, groß war auch Caesars Schmerz, beider Freunde aber gerieten in Bestürzung, da das verwandtschaftliche Band nun gelöst war, das dem Staat in seiner Schwäche allein noch Frieden und Eintracht garantiert hatte. Denn auch das Kind starb bald darauf, es überlebte die Mutter nur um wenige Tage. Das Volk nahm den Leichnam Julias und trug ihn gegen den Willen der Volkstribunen auf das Marsfeld, wo sie nun begraben liegt.

24. Caesar mußte infolge einer Notlage[33] seine Kriegsmacht, die schon stark angewachsen war, auf verschiedene Winterquartiere verteilen. Er selbst ging seiner Gewohnheit gemäß nach Oberitalien. Da brach abermals in Gallien ein allgemeiner Aufstand los, starke Heere sammelten sich, versuchten die Winterquartiere zu überrennen und griffen die Römer innerhalb ihrer Verschanzungen an. Das zahlen- und kräftemäßig stärkste Heer der Aufständischen unter der Führung des Ambiorix vernichtete die Truppen des Cotta und Titurius[34] in ihren Lagern. Darauf schlossen sie die Legion des Quintus Cicero[35] ein und belagerten sie mit 60000 Mann. Es fehlte nicht viel, so hätten sie das Lager erobert, denn die Römer waren fast alle verwundet, und ihre tapfere Gegenwehr ging über ihre Kräfte. Als Caesar, der weit vom Kriegsschauplatz entfernt war, die Nachricht erhielt, kehrte er rasch zurück. Er brachte im ganzen nur 7000 Mann zusammen und eilte herbei, um den belagerten Cicero zu befreien. Die Belagerer merkten dies und zogen Caesar entgegen, um ihn zu schlagen, denn sie hatten

nur Geringschätzung übrig für seine paar Mann. Caesar aber täuschte sie und wich ihnen dauernd aus, bis er ein geeignetes Terrain erreichte, von dem aus er mit seinen wenigen Leuten die Feinde in ihrer Überzahl angreifen konnte. Dort verschanzte er sich in einem Lager, enthielt sich aber jeglicher Kampfhandlungen und ließ den Wall um das Lager hoch aufschütten und die Tore verrammeln, daß es so aussah, als fürchte man sich. Damit wollte er die feindlichen Anführer dazu verleiten, ihn zu unterschätzen. Als sie daraufhin siegesgewiß ohne feste Ordnung anrückten, machte er einen Ausfall, schlug sie in die Flucht und tötete viele von ihnen.[36]

25. Dieser Ausgang des Kampfes machte der Aufstandsbewegung im dortigen Gallien ein Ende. Caesar reiste im Winter durch das ganze Gebiet und hatte ein scharfes Auge auf jeden möglichen Unruheherd. Aus Italien waren drei Legionen zu ihm gestoßen, um die verlorenen Truppen zu ersetzen, zwei davon hatte ihm Pompeius von den seinen geliehen, und die dritte war vor kurzem in der Poebene neu ausgehoben worden.

Aber weit von hier tauchte nun ein neuer Krieg auf.[37] Er war von langer Hand heimlich vorbereitet, und alle Führer der kriegerischsten Volksstämme hatten darin eine Rolle übernommen. Er führte zu dem größten und gefährlichsten Krieg in diesem Land und fand rasch Stärkung durch eine zahlreiche junge Mannschaft, die man von überall her zusammengezogen und bewaffnet hatte, durch große, eigens zu diesem Zweck zusammengebrachte Geldsummen, durch feste Städte und uneinnehmbare Plätze. Jetzt mitten im Winter waren außerdem die Flüsse mit Eis bedeckt, die Wälder unter Schneemassen begraben, die Ebenen von reißenden Fluten unter Wasser gesetzt. Die Wege waren teils unpassierbar durch den tiefen Schnee, teils war das Gelände überall unzugänglich durch Sümpfe und Überschwemmungen. Deshalb war man allgemein überzeugt, daß Caesar nicht in der Lage sein würde, wirksame Maßnahmen gegen die Rebellion zu ergreifen. Es waren bereits zahlreiche Volksstämme abgefallen, die Anführer der Rebellion aber waren die Averner und Carnuten. Zum Oberbefehlshaber des Krieges wurde Vercingetorix gewählt. Seinen Vater hatten die Gallier seinerzeit getötet, da er nach der Königsherrschaft zu streben schien.

26. Vercingetorix teilte nun seine Streitmacht in mehrere einzelne Heere, unterstellte sie verschiedenen Befehlshabern und brachte das ganze umliegende Land bis an die Saône unter seine Macht. Sein Plan ging dahin, ganz Gallien in Aufruhr zu bringen, und zwar zu einer Zeit, da Caesar in Rom offene Gegnerschaft fand. Hätte er dies einige Zeit später getan, als Caesar schon durch den Bürgerkrieg die Hände gebunden waren, so hätte dies für Italien keine geringere Gefahr bedeutet als seinerzeit der Einfall der Kimbern. Nun war Caesar aber ein Meister darin, im Krieg jeden Vorteil wahrzunehmen und jede Gelegenheit auszunutzen. Auf die Nachricht von dem Aufstand brach er sofort mit dem Heer auf. Er nahm dieselbe Marschroute wie auf dem Hinweg, und der rücksichtslose Einsatz und die Schnelligkeit, mit der er durch das winterliche Land marschierte, gaben den Barbaren den Beweis, daß ein unbesiegtes und unschlagbares Heer gegen sie heranrücke. Denn in Gegenden, wo man es nicht einmal für möglich hielt, daß auch nur ein Abgesandter oder ein Kurier Caesars nach langer Reisezeit durchkommen könnte, da sah man ihn plötzlich mit dem ganzen Heer. Er verwüstete das flache Land, zerstörte die Dörfer, eroberte die Städte, nahm aber alle in Gnaden auf, die sich ihm wieder anschlossen. Dies tat er, bis die Haeduer gegen ihn in den Krieg eintraten, die sich bis dahin »Brüder des römischen Volkes« genannt und besondere Ehren genossen hatten. Unter diesen Umständen versetzte ihr Anschluß an die Rebellen Caesars Soldaten in ziemliche Mutlosigkeit. Deshalb verließ Caesar seine

Stellung und marschierte durch das Land der Lingonen, da er zu den Sequanern wollte, die treu geblieben waren und als Schutzwall gegen das übrige Gallien dienten. Auf dem Marsch wurde er von Feinden angegriffen und von einem riesigen Heer eingeschlossen. Er stellte sich zur Schlacht mit der feindlichen Gesamtmacht, kämpfte sie nieder und errang den Sieg nach langem Kampf und Blutvergießen. Zu Anfang schien er einer Niederlage nahe zu sein, und die Averner zeigen noch heute in einem ihrer Tempel ein kurzes Schwert, das man Caesar abgenommen und als Beute dort aufgehängt habe. Er besichtigte es später selber und lächelte darüber. Seine Freunde forderten, man solle es herabnehmen lassen, aber er erlaubte es nicht, denn es sei eine Weihgabe an die Götter.
27. Die Gallier, die aus der Schlacht entkommen waren, retteten sich zum größten Teil mit ihrem König in die Stadt Alesia[38]. Caesar belagerte die Stadt, obwohl sie wegen der Höhe ihrer Mauern und der Zahl ihrer Verteidiger uneinnehmbar schien. Dabei wurde er auch von außen her angegriffen und geriet dadurch in eine unbeschreibliche Gefahr. Die Kerntruppen aus allen gallischen Stämmen sammelten sich nämlich und rückten in guter Bewaffnung, an die 300 000 Mann stark, vor die Mauern von Alesia. Die Verteidiger drinnen waren nicht weniger als 170 000 Mann, so daß Caesar nun auf beiden Seiten von einem solch zahlreichen Feind eingeschlossen und belagert wurde. Er sah sich gezwungen, einen doppelten Befestigungsring aufzurichten, einen gegen die Stadt, den anderen gegen die herangerückten Feinde. Denn eine Vereinigung beider Heere hätte mit Sicherheit zu seinem Untergang geführt. Daher ist die Belagerung von Alesia zu Recht aus mehr als einem Grund berühmt geworden: sie stellt eine kühne und geniale Leistung dar, die so leicht von keinem anderen Kampf übertroffen wird. Am meisten muß man sich darüber wundern, daß die Leute in der Stadt es gar nicht merkten, daß Caesar

mit so vielen Tausenden von Feinden des Entsatzheeres im Kampfe lag und sie besiegte. Ja, was noch erstaunlicher ist: Auch die Römer, die die stadtwärts gerichtete Mauer verteidigten, merkten nichts davon. Sie erfuhren erst von dem Sieg, als sie aus Alesia die Klagerufe der Männer und das Jammern der Frauen vernahmen. Diese sahen mit an, wie die Römer auf der anderen Seite zahlreiche mit Gold und Silber geschmückte Schilde, viele blutbesudelte Harnische, gallische Becher und Zelte in ihr Lager trugen. So rasch war die ungeheure Heeresmacht verschwunden und zerstoben, wie ein Schattenbild oder ein Traum, denn die meisten waren in der Schlacht gefallen. Die Besatzung von Alesia, die sich selber wie auch Caesar in schwere Bedrängnis gebracht hatte, ergab sich nun endlich. Vercingetorix, der Oberbefehlshaber in diesem Krieg, legte seine schönsten Waffen an, ließ sein Pferd prächtig aufzäumen und ritt zum Tor hinaus. Caesar saß auf einem Tribunal, und Vercingetorix umkreiste ihn einmal zu Pferde, sprang dann ab, warf die Rüstung von sich und ließ sich zu Caesars Füßen nieder, wo er ruhig sitzen blieb, bis man ihn abführte, um ihn bis zum Triumph gefangenzuhalten.[39]

28. Caesar war schon lange entschlossen, Pompeius zu stürzen, und dieser plante übrigens umgekehrt das Gleiche. Crassus, der sie beide unter Kontrolle gehalten hatte, war im Kampf gegen die Parther gefallen,[40] und nun blieb nur noch eins: Wer der Mächtigste werden wollte, mußte den derzeit Mächtigsten stürzen. Der aber mußte, um diesem Schicksal vorzubeugen, den gefürchteten Gegner aus dem Wege räumen. Der Gedanke an eine solche Gefahr war Pompeius erst vor gar nicht langer Zeit gekommen, vorher hatte er nur Geringschätzung für Caesar übriggehabt. Denn es schien ihm eine Kleinigkeit zu sein, den Mann wieder zu stürzen, den er selber erst groß gemacht hatte. Caesar hatte dagegen von Anfang an diesen Plan verfolgt, er nahm vorerst wie ein

Athlet einen weiten Abstand von seinen Gegnern, übte sich militärisch in den Gallischen Kriegen, stählte seine Heeresmacht und mehrte durch Kriegstaten seinen Ruhm, so daß er auf gleicher Höhe mit den Siegestaten des Pompeius stand. So benutzte er jeden Vorwand, den ihm Pompeius selber, die Zeitumstände oder die politische Mißwirtschaft in Rom boten. Dort stellten die Amtsbewerber in der Öffentlichkeit Tische auf und zahlten ganz ungeniert Bestechungsgelder an die Volksmenge. Das gekaufte Volk ging dann hin und setzte sich nicht durch die bloße Stimmabgabe, sondern mit Pfeil und Bogen, mit Schwertern und Schleudern für die edlen Spender ein. Es hinterließ oft genug die Rednertribüne mit Blut und Leichen besudelt, und die Stadt, hin- und hergeworfen wie ein Schiff ohne Steuermann, versank durch ihr Treiben in die Anarchie.

So kam es, daß die einsichtigen Leute es noch für ein Glück ansahen, wenn ein solcher Wahnsinnstaumel zu nichts Schlimmerem führen würde als zur Herrschaft eines einzelnen Mannes. Viele wagten es auch schon in aller Öffentlichkeit auszusprechen, außer durch eine Form von Alleinherrschaft sei der Staat nicht mehr zu retten, man müsse sich nur dieses Heilmittel von dem schonungsvollsten Arzt verabreichen lassen, womit sie Pompeius meinten. Dieser wies zwar um des schönen Scheins willen einen solchen Antrag weit von sich, in Wirklichkeit aber hatte er nur ein Ziel: Er wollte zum Diktator ernannt werden. Deshalb stellten Cato und seine Anhänger, die Pompeius durchschauten, im Senat den Antrag, ihn zum alleinigen Konsul zu ernennen. Er werde dann, meinten sie, mit einer Alleinherrschaft im Rahmen der Verfassung zufrieden sein und nicht mit Gewalt nach der Diktatur streben. Man beschloß ferner, sein Provinzkommando zu verlängern. Er hatte zwei Provinzen, das gesamte Spanien und Afrika,[41] die er durch seine Legaten verwalten ließ, und zum Unterhalt seiner Truppen erhielt er jährlich 1000 Talente aus der Staatskasse.

29. Daraufhin bewarb sich Caesar durch Freunde um das Konsulat und beantragte ebenfalls eine Verlängerung seines Provinzkommandos. Pompeius äußerte sich zunächst überhaupt nicht dazu, aber Marcellus und Lentulus[42] und ihre Anhänger widersetzten sich seinen Forderungen. Sie gaben ihrem Haß auf Caesar noch auf andere Weise Ausdruck und ließen den durch die Lage bedingten Maßnahmen noch andere folgen, die über das unbedingt Erforderliche weit hinausgingen und eine Mißachtung und Beschimpfung Caesars darstellten. So entzogen sie den Bewohnern von Novum Comum[43] in Gallien, die Caesar vor kurzem angesiedelt hatte, das Bürgerrecht. Der Konsul Marcellus hatte sogar einen der dortigen Ratsherrn, der nach Rom gekommen war, auspeitschen lassen und hinzugefügt, das gebe er ihm als Beweis dafür mit, daß er kein römischer Bürger sei, er solle nur hingehen und Caesar seine Striemen zeigen. Auf dieses Vorgehen des Marcellus hin ließ Caesar seine in Gallien erworbenen Reichtümer allen reichlich zufließen, die eine Rolle in der Politik spielten. Den Volkstribunen Curio befreite er von seiner Schuldenlast, dem Konsul [Aemilius] Paulus gab er 1500 Talente, von denen dieser am Forum anstelle der alten fulvischen eine neue Basilika erbaute, ein berühmtes Prachtgebäude. Da geriet Pompeius nun doch in Furcht, als er sah, wie Caesar sich Anhänger schuf, und er begann, ganz offen selber und mit der Hilfe seiner Freunde darauf hinzuarbeiten, daß Caesar als Provinzstatthalter abgelöst werde. Zugleich ersuchte er ihn, die Legionen zurückzugeben, die er ihm für den Krieg in Gallien geliehen hatte. Caesar schickte sie auch zurück und beschenkte jeden einzelnen Mann mit 250 Drachmen.

Die Offiziere, die diese Truppen zu Pompeius zurückbrachten, streuten unter dem Volk allerhand unzutreffende und nachteilige Gerüchte über Caesar aus und schadeten Pompeius damit, da dieser sich daraufhin falsche Hoffnungen machte. Caesars Truppen verlangten nach Pompeius, erklärten sie, und wenn ihm auch hier in Rom wegen der Anfeindungen und Intrigen in der Politik nicht alles nach Wunsch ginge, die Armee dort sei ihm immer sicher, und sie werde sich, sobald sie Italien betrete, für ihn erklären. So sehr seien nämlich die Soldaten Caesars seine ewigen Feldzüge leid, und so sehr mißtrauten sie ihm aus Furcht vor seinem Streben nach Alleinherrschaft.

Auf diese Redereien hin wurde Pompeius stolz und aufgeblasen, er vernachlässigte die Truppenaushebungen,[44] als ob er nichts zu befürchten habe, und wollte Caesar durch Reden und Abstimmungen auf dem Verhandlungsweg zu Fall bringen, aber Caesar nahm gar keine Notiz von seinen Beschlüssen.

Einer der Offiziere, die Caesar nach Rom geschickt hatte, stand vor der Kurie, so erzählt man, und erfuhr, daß der Senat Caesar die Verlängerung seines Kommandos nicht bewillige. »Dann wird eben dieses hier sie ihm bewilligen«, antwortete er, und legte die Hand an sein Schwert.[45]

30. Indessen erschienen Caesars Forderungen durchaus nicht unbillig. Er schlug nämlich vor, er wolle selber die Waffen niederlegen und Pompeius solle dasselbe tun. Dann wollten sie beide als Privatpersonen die Belohnung ihrer Verdienste von den Bürgern entgegennehmen. Wenn man ihm aber seine Armee nähme, den Pompeius aber noch in seiner Machtstellung bestärke, dann würde man doch nur, während man den einen als Tyrannen hinstelle, den anderen damit zum Tyrannen machen. Curio, der diese Forderung in Caesars Auftrag in der Volksversammlung vortrug, wurde mit begeistertem Beifall bedacht, einige warfen ihm sogar wie einem siegreichen Gladiator Blumen und Kränze zu. Der Volkstribun An-

tonius brachte einen diesbezüglichen Brief Caesars in die Volksversammlung und las ihn gegen den Widerstand der Konsuln vor.

Im Senat stellte dagegen Scipio, der Schwiegervater des Pompeius, den Antrag, falls Caesar nicht bis zu einem bestimmten Termin die Waffen niedergelegt habe, solle er zum Staatsfeind erklärt werden. Die Konsuln befragten nun die Versammelten, erstens, ob Pompeius sein Heer entlassen solle, und zweitens, ob Caesar dies tun solle. Auf die erste Frage antworteten nur sehr wenige mit ja, auf die zweite aber nahezu alle. Daraufhin erneuerte Antonius seinen Antrag, beide sollten ihr Kommando niederlegen, und dafür stimmten nun alle ohne Ausnahme. Aber Scipio wollte seinen Antrag mit aller Gewalt durchsetzen, und der Konsul Lentulus rief aus, Waffen müsse man gegen einen Räuber einsetzen, nicht Abstimmungen. Daraufhin löste sich die Versammlung auf, und die Senatoren legten Trauerkleidung an, um ihrem Kummer über diese Uneinigkeit Ausdruck zu geben.

31. Danach trafen erneut Briefe Caesars mit gemäßigten Vorschlägen ein. Er erbot sich, auf alles übrige zu verzichten, falls man ihm das diesseitige Gallien und Illyricum mit zwei Legionen belasse, bis er sich um das zweite Konsulat bewerben könne.[46] Der Redner Cicero, der gerade aus Kilikien zurückgekehrt war,[47] bemühte sich um eine Aussöhnung und brachte Pompeius so weit, daß er auf die Vorschläge Caesars einging, allerdings mit Ausnahme der Legionen. Cicero beredete nun Caesars Freunde, sich mit den genannten Provinzen und der beschränkten Anzahl von 6000 Soldaten zufriedenzugeben und den Streit beizulegen. Auch Pompeius ließ sich dazu bewegen und ging darauf ein. Aber der Konsul Lentulus widersetzte sich, ja er vertrieb Antonius und Curio mit Schimpf und Schande aus dem Senat und gab Caesar auf diese Weise selber den besten Vorwand an die Hand.

Dieser nutzte den Vorfall weidlich aus, um dadurch die Soldaten aufzustacheln. Er führte ihnen die beiden vor, angesehene Männer, Beamte des römischen Volkes,[48] wie sie sich auf gemieteten Wagen in Sklavenkleidung zur Flucht gewandt hatten. Sie hatten wirklich voller Furcht in diesem Aufzug heimlich die Stadt verlassen.

32. Caesar hatte nun nicht mehr als 300 Reiter und 5000 Mann Fußvolk bei sich. Die übrigen Truppen standen jenseits der Alpen und sollten erst von seinen Legaten, die er hingeschickt hatte, herübergeholt werden. Er war sich darüber klar, daß es am Anfang der Entwicklung und für den ersten Angriff im Augenblick gar nicht so sehr auf Truppenstärke ankäme, sondern vielmehr auf einen kühnen, schnellen Überraschungsschlag im rechten Augenblick. Die anderen durch sein unvermutetes Erscheinen außer Fassung zu bringen schien ihm nämlich leichter, als sie mit einer Heeresmacht niederzuringen. Daher gab er den Obersten und Offizieren den Befehl, mit dem bloßen Schwert, ohne sonstige Bewaffnung, die große gallische Stadt Ariminum[49] zu besetzen. Dabei sollten sie nach Möglichkeit Blutvergießen und Tumulte vermeiden. Den Oberbefehl übertrug er dem Hortensius. Er selber zeigte sich den ganzen Tag über in der Öffentlichkeit und besuchte die Gladiatoren bei ihren Übungen. Am Abend machte er ein wenig Toilette, ging dann in den Speisesaal und unterhielt sich eine Weile mit den geladenen Gästen. Als es dunkel wurde, erhob er sich, verabschiedete sich freundlich von den Anwesenden mit der Bitte, auf ihn zu warten, bis er wiederkäme. Einigen Freunden hatte er vorher gesagt, sie sollten ihm folgen, doch nicht alle auf einmal, sondern jeder einzeln. Er bestieg nun einen gemieteten Wagen und schlug erst eine andere Richtung ein, dann wandte er sich nach Ariminum. Als er nun an den Fluß kam, der das diesseitige Gallien von dem übrigen Italien trennt – Rubikon mit Namen –, da verfiel er in tiefes Nachdenken, je mehr er

sich dem entscheidenden Punkt näherte, ein Schwindel ergriff ihn vor der Größe seines Wagnisses, und er hielt den Wagen an. Während er so innehielt, überlegte er sich in der Stille noch einmal sein Vorhaben nach allen Seiten und änderte seinen Entschluß immer wieder. Lange beriet er sich mit den Freunden aus seinem Gefolge, unter denen sich auch Asinius Pollio[50] befand. Er stellte sich vor Augen, wieviel Unglück sein Überschreiten dieser Grenze über die Menschheit bringen und wie dieser Übergang wohl von der Nachwelt beurteilt werden würde. Endlich entriß er sich mit heftiger Bewegung seinen Grübeleien und tat den Schritt in die Zukunft. Er sprach dabei ein Wort, das diejenigen gebrauchen, die sich auf ein gewagtes Abenteuer einlassen: »So soll der Würfel denn geworfen sein!«[51], und schritt rasch zum Übergang. Den übrigen Weg legte er in großer Geschwindigkeit zurück, er drang noch vor Tagesanbruch in Ariminum ein und besetzte die Stadt. Es heißt auch, er habe in der Nacht vor dem Übergang einen schrecklichen Traum gehabt: Es schien ihm, als ob er mit seiner eigenen Mutter widernatürlichen Umgang habe.[52]

33. Mit der Einnahme von Ariminum schien sich dem Krieg ein weites Tor aufgetan zu haben nach allen Ländern und Meeren hin, und mit den Grenzsteinen der Provinz schienen auch zugleich die Gesetze des Staates umgestürzt. Es sah nicht aus wie sonst wohl in Kriegszeiten, als seien es Männer und Frauen, die da von Panik erfaßt durch ganz Italien zogen, nein, ganze Städte schienen in Aufbruch geraten zu sein und auf ihrer Flucht durcheinanderzuwirbeln. Rom selber wurde von den Flüchtlings- und Auswandererströmen regelrecht überschwemmt, die Stadt war weder durch einen Befehl der Beamten zu lenken noch durch gutes Zureden zu beeinflussen, ja es hätte wenig gefehlt, so hätte sich die Stadt in den aufbrandenden Wogen selber ihren Untergang bereitet. Alles wurde hin- und hergerissen von Parteileiden-

schaften und gewaltsamem Aufruhr. Denn die Anhänger der jetzt triumphierenden Partei verhielten sich nicht ruhig, es gab vielmehr in der großen Stadt häufige Zusammenstöße zwischen ihnen und ihren Gegnern. Diese waren voller Furcht und Niedergeschlagenheit, die anderen aber pochten auf ihre Zukunftsaussichten und gerieten dabei alsbald in Händel mit der Gegenpartei.

Pompeius, der schon in ziemlicher Aufregung war, wurde von allen Seiten her völlig verwirrt. Die einen forderten Rechenschaft von ihm, weil er Caesar habe so mächtig werden lassen, wovon er selber und der Staat jetzt den Schaden hätten, die anderen machten ihm Vorwürfe, er habe Caesar von Lentulus und seinen Gesinnungsgenossen so schändlich behandeln lassen, und zwar gerade zu einem Zeitpunkt, als Caesar zum Nachgeben bereit schien und annehmbare Vorschläge gemacht habe. Favonius forderte Pompeius auf, er solle doch nun mit dem Fuß auf die Erde stampfen. Pompeius hatte nämlich einmal im Senat großsprecherisch verkündet, man solle sich weder Sorgen machen noch großartige Kriegsvorbereitungen treffen, Caesar solle nur kommen, dann werde er, Pompeius, mit dem Fuß auf die Erde stampfen und ganz Italien mit Heeren anfüllen! Trotzdem besaß Pompeius auch damals noch ein größeres Kriegspotential als Caesar, aber man ließ ihn einfach nicht nach seinem eigenen Kopf handeln. Vor lauter Unglücksbotschaften, Gerüchten und Ängsten, der Krieg stünde schon vor den Toren und es sei alles besetzt, gab er schließlich nach und ließ sich von der allgemeinen Panik mit fortreißen.[53] Er verkündete in einem Dekret den Bürgerkriegszustand und verließ die Stadt mit dem Befehl, der Senat solle ihm folgen und keiner dürfe zurückbleiben, dem Vaterland und Freiheit höher ständen als die Tyrannei.

34. Die Konsuln verließen nun Rom, ohne die Opfer zu verrichten, die das Gesetz bei einem Auszug der Konsuln vorschreibt. Ebenso flohen die meisten Senatoren, die von ihrer Habe eilends das zusammenrafften, was ihnen in die Hände fiel, gerade so, wie wenn einer fremdes Gut plündert. Es gab sogar einige, die vorher offen auf Caesars Seite gestanden hatten, jetzt aber keiner vernünftigen Überlegung mehr fähig waren, sondern sich ganz unnötigerweise von der allgemeinen Panik zur Flucht mit fortreißen ließen. Den erschütterndsten Anblick bot die Stadt selber, denn sie war beim Herannahen dieses gewaltigen Sturmes wie ein Schiff von den Steuerleuten aufgegeben und ihrem Schicksal überlassen worden. Doch soviel Kummer ihnen diese Flucht auch machte, die Leute sahen Pompeius zuliebe das Exil als ihre Heimat an und ließen Rom als Caesars Heerlager im Stich. Unter diesen Umständen verließ sogar Labienus, ein Mann, der zum engsten Freundeskreis Caesars gehört und in allen Kämpfen in Gallien mit größter Tapferkeit an seiner Seite gekämpft hatte, die Partei Caesars und ging zu Pompeius über. Caesar aber schickte ihm sein Vermögen und sein Gepäck nach.

Caesar griff nun den Domitius an, der an der Spitze von 30 Kohorten die Stadt Corfinium besetzt hielt, und belagerte ihn. Domitius hielt sich für verloren und ließ sich von seinem Arzt, einem Sklaven, einen Gifttrank reichen. Er trank ihn aus, um Selbstmord zu begehen. Gleich darauf hörte er aber, mit welch bewundernswerter Milde Caesar seine Gefangenen behandle. Da beklagte er sein Los und machte sich Vorwürfe wegen seines übereilten Entschlusses. Der Arzt tröstete ihn, es sei kein Gift, sondern nur ein Schlaftrunk gewesen, was er eingenommen habe. Voller Freude sprang er auf und begab sich zu Caesar. Er erhielt von ihm Verzeihung, ging aber wieder zu Pompeius über.

Als diese Nachrichten nach Rom kamen, faßten die Menschen wieder Mut, und verschiedene Leute kehrten von ihrer Flucht zurück.

35. Caesar übernahm nun die Truppen des Domitius so-

wie alle anderen, die in den Städten für Pompeius ausgehoben wurden, soweit er sie noch rechtzeitig in die Hand bekam. Er besaß jetzt ein starkes und furchteinflößendes Truppenkontingent und rückte damit gegen Pompeius vor. Dieser wartete jedoch seinen Angriff nicht ab, sondern wandte sich zur Flucht nach Brundisium. Die Konsuln hatte er schon vorher mit einem Heer nach Dyrrhachium geschickt, er selbst aber fuhr, als Caesar heranrückte, ebenfalls dorthin, wie ich in der Lebensbeschreibung des Pompeius ausführlicher berichten werde.[54] Caesar wollte ihn sofort verfolgen, aber es fehlte ihm an Schiffen. So kehrte er nach Rom zurück, er war innerhalb von 60 Tagen ohne alles Blutvergießen Herr von ganz Italien geworden. Die Stadt fand er viel ruhiger, als er erwartet hatte, er traf dort auch noch zahlreiche Senatsmitglieder an. Er hielt vor ihnen eine maßvolle, freundliche Rede und forderte sie auf, Gesandte an Pompeius wegen eines angemessenen Vergleichs zu schicken. Es ging aber keiner von ihnen darauf ein, sei es aus Furcht vor Pompeius, den sie im Stich gelassen hatten, oder weil sie an Caesars Aufrichtigkeit zweifelten und seine Worte für Schönrednerei hielten.

Der Volkstribun Metellus wollte Caesar daran hindern, die hinterlegten Gelder aus der Staatskasse zu entnehmen, und berief sich dabei auf diesbezügliche Gesetze. »Waffen und Gesetze vertragen sich nicht miteinander«, entgegnete ihm Caesar. »Bist du mit dem, was ich tue, nicht einverstanden, dann mach, daß du fortkommst. Denn der Krieg duldet keinen Widerspruch. Wenn Friede geschlossen ist und ich die Waffen niederlege, dann magst du kommen und Volksreden halten!« »Und wenn ich das sage«, fügte er hinzu, »vergebe ich mir damit eigentlich schon etwas von meinen Rechten. Denn du bist in meiner Hand und alle, die ich hier im Widerstand gegen mich finde.« So sprach er zu Metellus und ging dann auf die Tür der Schatzkammer zu. Als es sich herausstellte, daß keine Schlüssel da waren, ließ er Schlosser holen und die Schlösser aufbrechen. Wieder stellte sich ihm Metellus in den Weg, und einige unterstützten ihn mit Beifall. Da drohte ihm Caesar mit aller Entschiedenheit, er werde ihn töten lassen, falls er nicht aufhöre, ihm Schwierigkeiten zu machen. »Du weißt sehr gut, Bursche, daß es mir mehr ausmacht, so etwas zu sagen, als es zu tun.« Diese Drohung tat ihre Wirkung. Metellus räumte aus Furcht das Feld, und Caesar wurde alles, was er für den Krieg benötigte, rasch und ohne weitere Schwierigkeiten zur Verfügung gestellt.[55]

36. Jetzt unternahm Cacsar einen Feldzug nach Spanien, um Afranius und [M. Terentius] Varro, die Legaten des Pompeius, aus dem Lande herauszudrängen und die dortigen Truppen und die Provinzen in seine Hand zu bekommen. Erst dann wollte er gegen Pompeius ausrükken, wenn er keinen Feind mehr im Rücken habe. Er geriet auf diesem Feldzug mehrmals in Lebensgefahr durch Überfälle aus dem Hinterhalt, und das Heer kam in Gefahr durch Mangel an Lebensmitteln. Aber er hörte nicht eher auf, die Feinde zu verfolgen, zum Kampf herauszufordern und mit Wall und Graben einzuschließen, bis er die feindlichen Lager und Heere in seine Hand gebracht hatte. Ihre Anführer entkamen zu Pompeius.

37. Caesar kehrte nun wieder nach Rom zurück, und sein Schwiegervater Piso suchte ihn zu bereden, an Pompeius Unterhändler zu schicken wegen eines Vergleichs. Servilius Isauricus aber wollte sich Caesar gefällig erweisen und widersprach diesem Vorschlag.

Caesar wurde nun vom Senat zum Diktator ernannt. In dieser Eigenschaft gestattete er den Verbannten die Rückkehr, rehabilitierte die Söhne der von Sulla Geächteten und erleichterte die Lage der Schuldner durch Herabsetzung des Zinsfußes.[56] Er führte noch eine Anzahl anderer Maßnahmen durch, es waren jedoch nicht sehr viele, denn schon nach 11 Tagen legte er das Amt des

Diktators nieder, ernannte sich selbst und Servilius Isauricus zu Konsuln und setzte den Krieg fort. Er zog unterwegs in Eilmärschen an dem Hauptteil seiner Armee vorbei[37] und hatte selber nur eine Elitetruppe von 600 Reitern sowie 5 Legionen bei sich, als er sich einschiffte. Dies war zur Zeit der Wintersonnenwende, zu Anfang des Monats Januar, dieser entspricht etwa dem athenischen Monat Poseideon. Nach der Überfahrt über das Adriatische Meer besetzte er die Städte Orikon und Apollonia. Die Schiffe schickte er wieder nach Brundisium zurück, um die übrigen Truppen, die noch unterwegs waren, nachzuholen. Diese befanden sich noch immer auf dem Landmarsch, die Soldaten waren schon älter, und die Strapazen der endlosen Kriege hatten ihnen zugesetzt. Daher machten sie sich in Vorwürfen gegen Caesar Luft: »Wohin will dieser Mensch noch mit uns, an welches Ende der Welt will er uns jetzt schleppen? Er glaubt wohl, wir seien unverwüstlich und hätten überhaupt kein menschliches Empfinden. Aber selbst das Eisen wird durch ständige Beanspruchung abgenutzt, auch Schild und Panzer schont man einmal, wenn sie so lange im Gebrauch waren. Merkt Caesar denn nicht wenigstens an unseren Verwundungen, daß er nur Sterbliche befehligt? Auch wir fühlen Strapazen und Schmerzen genau wie alle anderen irdischen Wesen! Winter und Stürme auf See – kein Gott vermag dem zu trotzen, aber der da setzt alles aufs Spiel, gerade als wäre nicht er hinterm Feind her, sondern der Feind hinter ihm!« So redeten sie untereinander und ließen sich Zeit bei ihrem Marsch nach Brundisium. Als sie schließlich ankamen, war Caesar bereits abgefahren. Da änderten sie auf einmal ihre Meinung, jetzt machten sie einander Vorwürfe, nannten sich Verräter ihres Feldherrn und beschimpften ihre Offiziere, weil diese sie unterwegs nicht zur Eile angetrieben hätten. Sie setzten sich auf die Uferhöhen, blickten aufs Meer hinaus und nach Epirus hinüber und erwarteten sehnlichst die Schiffe, die sie zu Caesar hinüberbringen sollten.

38. Caesar wartete unterdessen in Apollonia, er hatte nicht genügend Truppen zur Verfügung, und die Soldaten aus Italien kamen immer noch nicht. Er geriet dadurch in ziemliche Sorge und Aufregung[58] und faßte schließlich den kühnen Plan, ohne jemandem ein Wort davon zu sagen, auf einem kleinen zwölfrudrigen Boot nach Brundisium zu fahren, obwohl das Meer von der überaus zahlreichen feindlichen Flotte beherrscht wurde. In der Nacht ging er in Sklavenkleidern heimlich an Bord und setzte sich wie ein einfacher Mann still in eine Ecke. Als das Boot den Fluß Aoos hinabfuhr, dem Meere entgegen, wurde der morgendliche Landwind, der gewöhnlich zu dieser Jahreszeit die See ruhig hielt und die Brandung eindämmte, von einem nächtlich aufgekommenen Seewind verdrängt. Die Meeresflut wurde in die Flußmündung hineingedrückt, es entstand eine Gegenströmung, und dadurch wurde der Fluß wild und reißend. Das Wasser toste in heftigen Wirbeln, und es war dem Steuermann unmöglich, hindurchzukommen. Daher befahl er den Ruderknechten, zu wenden und zurückzufahren. Als Caesar das merkte, gab er sich zu erkennen. Der Steuermann erschrak bei seinem Anblick, aber Caesar faßte ihn bei der Hand und sagte: »Auf, mein Lieber, wage es und hab keine Angst. Du fährst Caesar und sein Glück.« Da kümmerten sich die Seeleute nicht mehr um den Sturm, sie ruderten mit aller Kraft, um die Strömung zu bezwingen, aber es war unmöglich. Das Schiff war schon hoch voll Wasser und geriet an der Einmündung ins Meer in Gefahr zu kentern. Da erst gestattete Caesar höchst ungern dem Steuermann die Umkehr. Bei seiner Rückkehr kamen ihm seine Soldaten in Scharen entgegengelaufen. Sie beklagten sich bitter, daß er nicht darauf vertraut hätte, mit ihnen allein den Sieg zu erringen. Aus Sorge um die abwesenden Truppen setze er alles aufs

Spiel, als ob er sich auf die anwesenden nicht verlassen könne.

39. Schon kurze Zeit später brachte Antonius von Brundisium aus die Truppen herüber. Caesar faßte neuen Mut und bot daraufhin Pompeius die Schlacht an. Dieser hatte eine günstige Stellung inne, die ihm zu Wasser und zu Lande reichen Nachschub bot, während Caesar schon von Anfang an keineswegs im Überfluß lebte und später durch den Mangel an den notwendigsten Lebensmitteln in große Bedrängnis geriet. Seine Soldaten lebten von einer bestimmten Wurzelart, die sie zerstampften und mit Milch anrührten. Sie machten sogar einmal Brot davon, liefen auf die feindlichen Vorposten zu und warfen es zu ihnen hinein. Dabei riefen sie, solange die Erde solche Wurzeln hervorbringe, würden sie nicht aufhören, Pompeius zu belagern. Pompeius verhinderte jedoch, daß jemand im Lager etwas von den Broten oder von diesen Äußerungen erfuhr. Denn seine Soldaten begannen den Mut zu verlieren, die Feinde kamen ihnen vor wie wilde Tiere, deren Roheit und Unempfindlichkeit gegen alles Elend sie in Angst und Schrecken versetzte.
An den Befestigungswällen des Pompeius gab es immer hier und da einzelne Gefechte, und Caesar war in allen siegreich. Nur einmal erlitt er eine Niederlage und kam sogar in Gefahr, sein Lager zu verlieren. Denn Pompeius griff mit solcher Macht an, daß ihm niemand standhielt. Sogar die Gräben füllten sich mit Toten, und die Soldaten wurden auf ihrer überhasteten Flucht noch vor ihren eigenen Wällen und Verschanzungen niedergehauen. Caesar trat den Fliehenden entgegen und suchte sie zum Stehen zu bringen, aber umsonst. Wenn er ein Feldzeichen ergreifen wollte, warfen die Träger es von sich, und so kam es, daß 32 Feldzeichen in die Hände der Feinde fielen. Er selbst hätte dabei um ein Haar sein Leben verloren. Es kam nämlich ein großer, stattlicher Mann auf der Flucht an ihm vorbei, und Caesar packte ihn und

befahl ihm, stehenzubleiben und sich wieder gegen die Feinde zu wenden. Der aber, angesichts der ihn umgebenden Gefahren in Panik geraten, hob das Schwert, um zuzuschlagen, doch Caesars Schildträger konnte ihm noch zuvorkommen und hieb ihm den Arm ab. Caesar gab nun seine Sache verloren, Pompeius aber nützte sein Kriegsglück nicht aus, entweder handelte es sich um eine Vorsichtsmaßnahme, oder es war dem Glück zuzuschreiben, jedenfalls schloß er die Fliehenden nur in ihrem Lager ein und zog sich dann zurück. Daraufhin sagte Caesar beim Verlassen des Schlachtfeldes zu seinen Freunden: »Heute hätte der Sieg den Feinden gehört, wenn sie nur jemand hätten, der sich aufs Siegen versteht.«

Er begab sich in sein Zelt und legte sich zum Schlafen nieder. Es war die schlimmste Nacht seines Lebens, und er verbrachte sie in ausweglosen Grübeleien. Es sei ein strategischer Fehler gewesen, so schien es ihm nun, nicht das vor ihm offen daliegende fruchtbare Land und die wohlhabenden Städte Makedoniens und Thessaliens zum Kriegsschauplatz gewählt zu haben. Statt dessen sitze er nun hier am Meer, und die Feinde beherrschten die See. Er selber sei aufgrund seines Mangels an Lebensmitteln eher der Belagerte, als daß er die Feinde mit Waffengewalt belagere. So warf er sich unruhig auf dem Lager hin und her, und die Sorgen wegen seiner schwierigen und verzweifelten Lage quälten ihn. Endlich erhob er sich mit dem Entschluß, seine Stellung aufzugeben und nach Makedonien vorzurücken, um Scipio anzugreifen.[59] Er hoffte dabei, entweder Pompeius in eine Gegend zu locken, wo er ohne die Unterstützung von der Seeseite her kämpfen müsse, oder wenigstens Scipio zu besiegen, falls Pompeius diesen sich selbst überließe.

40. Die Armee und die Generäle des Pompeius fühlten sich durch die Geschehnisse dazu ermutigt, Caesar zu verfolgen, als sei er schon geschlagen und auf der Flucht.

Pompeius selber hatte Bedenken, in einer Schlacht alles aufs Spiel zu setzen. Da ihm alles Erforderliche reichlich zur Verfügung stand, war es seine Absicht, die feindliche Macht, die sich nicht lange auf dieser Höhe halten konnte, durch Verzögerungstaktik aufzureiben und allmählich zur Auflösung zu bringen. Caesars Kerntruppen besaßen zwar Kriegserfahrung und unwiderstehlichen Kampfeseifer in der Schlacht, aber bei längerem Hin- und Hermarschieren, bei Schanzarbeiten, beim Sturm auf die Mauern oder bei Nachtwachen gingen ihnen ihres Alters wegen bald die Kräfte aus: ihr Körper konnte die Belastungen nicht mehr ertragen, und durch die körperliche Schwäche verloren sie auch ihren kämpferischen Elan. Außerdem hatte man auch Nachricht, daß gerade eine Seuche in Caesars Lager wütete, die infolge der ungeeigneten Nahrung aufgetreten war. Die Hauptsache aber war: Caesar hatte weder Geld noch Lebensmittel in ausreichender Menge zur Verfügung, und somit war zu erwarten, daß er in kurzer Zeit von selber aufgeben mußte.
41. Aus diesen Überlegungen heraus wollte Pompeius keine Schlacht liefern. Der einzige aber, der ihm beistimmte, war Cato, denn er wollte weiteres Blutvergießen zwischen Mitbürgern vermeiden. Er hatte auch beim Anblick der etwa tausend in der Schlacht gefallenen Feinde sein Haupt verhüllt und war weinend weggegangen. Alle anderen aber beschimpften Pompeius, er liefe vor der Schlacht davon, und um ihn aufzustacheln, nannten sie ihn Agamemnon und König der Könige. Sie taten so, als ginge es ihm nur darum, seine Alleinherrschaft zu behalten, und als sei es sein Stolz, daß so viele Feldherrn unter seinem Kommando ständen und ihm in seinem Zelt ihre Aufwartung machen müßten. Favonius, der Catos Freimut nachzuahmen suchte, jammerte ganz kläglich darüber, daß er heuer keine Feigen von seinem Tusculanergut zu essen bekäme, bloß weil Pompeius so gern den

Herrn spiele. Afranius – er war erst vor kurzem nach seinem unglücklichen Feldzug aus Spanien angekommen,[60] und man verdächtigte ihn, sein Heer für Geld verraten zu haben – Afranius fragte immer, warum man denn mit dem Provinzenmakler nicht kämpfen wolle, der ihm seine Provinzen abgehandelt habe.

Durch all diese Redereien sah sich Pompeius schließlich wider seinen Willen zu einer Schlacht gedrängt, und er brach zur Verfolgung Caesars auf. Dieser hatte auf seinem Marsch mit großen Schwierigkeiten zu kämpfen, von niemandem bekam er Lebensmittel, da ihn alle wegen seiner neulich erlittenen Niederlage ihre Geringschätzung spüren lassen wollten. Als er aber die thessalische Stadt Gomphoi erobert hatte, besaß er wieder Lebensmittel für seine Soldaten, und nicht nur das, er konnte ihnen auch ganz unverhofft Heilung von der Seuche verschaffen. Seine Soldaten fanden nämlich einen riesigen Weinvorrat und tranken unmäßig viel davon. Sie zechten noch unterwegs auf dem Marsch fröhlich und ausgelassen weiter, und der Weingenuß machte sie frei von der Krankheit, sie waren wieder ganz gesund.

42. Beide Heere waren nun in die Gegend von Pharsalos[61] eingerückt und hatten dort ihr Lager aufgeschlagen. Pompeius kehrte jetzt wieder zu seinem früheren Plan zurück, außerdem beeinflußten ihn noch unglückverheißende Vorzeichen und ein nächtlicher Traum. Er glaubte sich nämlich zu sehen, wie er im Theater von den Römern mit Beifall begrüßt würde.[62] Seine Anhänger dagegen waren so überheblich und siegessicher, daß zwischen Domitius [Ahenobarbus], [Lentulus] Spinther und [Metellus] Scipio bereits ein edler Wettstreit entbrannt war um Caesars Oberpriesterwürde. Viele schickten auch Leute nach Rom, um Häuser zu mieten und zu beschlagnahmen, die standesgemäß wären für einen Konsul oder Praetor, denn sie sahen sich schon unmittelbar nach Beendigung des Krieges im Besitz dieser Ämter.[63]

Am meisten fieberten die Reiter einer Schlacht entgegen. Sie machten einen großartigen Eindruck mit ihren glänzenden Waffen, ihren wohlgenährten Pferden und ihrem stattlichen Aussehen, dazu waren sie hochgemut wegen ihrer Übermacht, da sie mit 7000 Mann gegen Caesars 1000 antreten konnten. Auch bei den Fußtruppen war der zahlenmäßige Unterschied sehr groß: 45 000 Mann auf Pompeius' Seite gegen 22 000 bei Caesar.
43. Caesar berief eine Heeresversammlung ein und teilte den Soldaten mit, daß Cornificius mit zwei Legionen zu ihnen im Anmarsch sei sowie daß 15 weitere Kohorten unter Calenus bei Megara und Athen stünden. Er stellte ihnen die Frage, ob sie auf diese Truppen warten oder allein eine Schlacht wagen wollten. Mit lautem Geschrei forderten sie ihn auf, nicht zu warten, sondern es durch ein taktisches Manöver dahin zu bringen, daß sie möglichst bald mit dem Feind zusammenträfen. Caesar veranstaltete nun ein Sühnopfer für sein Heer, und gleich beim Schlachten des ersten Opfertieres erklärte der Opferschauer, daß es innerhalb von drei Tagen zur Entscheidungsschlacht mit den Feinden käme. Caesar fragte ihn nun, ob er in dem Opfer auch ein günstiges Zeichen für den Ausgang entdecke. »Das wirst du dir selber am besten beantworten können«, antwortete der Opferschauer. »Die Götter künden einen bedeutsamen Wechsel an, der alles Bestehende in sein Gegenteil verkehren wird. Glaubst du also, es geht dir gegenwärtig gut, dann kannst du dich auf etwas Schlimmes gefaßt machen. Geht es dir aber jetzt schlecht, dann kannst du eine Besserung deiner Lage erwarten.«
Als Caesar nachts vor der Schlacht die Runde bei den Posten machte, erblickte man um Mitternacht eine feurige Fackel am Himmel, die über Caesars Lager hinwegzufliegen und wie ein leuchtender Flammenschein in das Lager des Pompeius hinabzustürzen schien. Während der Morgenwache bemerkte man auch, daß unter den

Feinden ein panischer Schrecken ausbrach. Caesar rechnete an diesem Tag gar nicht mit einer Schlacht, sondern ließ Vorbereitungen treffen, um nach Skotusa zu marschieren.[64]

44. Die Zelte waren schon abgebrochen, da kamen die Kundschafter mit der Nachricht, die Feinde marschierten in Schlachtordnung auf. Caesar betete voller Freude zu den Göttern, dann stellte er das Heer in drei Formationen gegliedert in Schlachtordnung auf. Das Zentrum unterstellte er dem Domitius Calvinus, den linken Flügel befehligte Antonius, Caesar selber den rechten, auf dem er an der Spitze der 10. Legion mitkämpfen wollte. Er sah nun, daß sich ihm gegenüber die feindliche Reiterei aufstellte, und ihre blitzenden Waffen und ihre Überzahl erregten seine Besorgnis. Deshalb beorderte er 6 Kohorten von der hintersten Linie heimlich zu sich. Er ließ sie hinter dem rechten Flügel Aufstellung nehmen und instruierte sie, was sie beim Anrücken der gegnerischen Reiterei zu tun hätten.

Pompeius befehligte den rechten Flügel, Domitius[65] den linken, und Pompeius' Schwiegervater Scipio kommandierte das Zentrum. Die gesamte Reiterei lehnte sich an den linken Flügel an, in der Absicht, Caesars rechten Flügel einzuschließen und den Feinden dort, wo der oberste Feldherr selber stand, eine entscheidende Niederlage beizubringen. Kein noch so tief gestaffeltes Fußvolk könne da standhalten, meinten sie, die gesamte feindliche Streitmacht werde vielmehr zermalmt und auseinandergerissen werden, wenn eine so starke Reiterei auf einmal angriffe. Als beide Feldherrn schon im Begriff waren, das Signal zum Angriff zu geben, befahl Pompeius den Fußtruppen, kampfbereit stehenzubleiben und im geschlossenen Glied den Ansturm der Feinde zu erwarten, bis diese in Wurfweite herangekommen seien. Caesar behauptet,[66] dies sei ein taktischer Fehler des Pompeius gewesen. Er habe nicht berücksichtigt, daß der erste Zusammenstoß, wenn er im Sturmschritt und in heftiger Erregung geschieht, den Schlägen größere Wucht verleiht und zugleich auch den Mut in Flammen hält, den es ja mit allen Mitteln anzufachen gelte. Caesar war gerade im Begriff, das Fußvolk vorrücken zu lassen und mit dem Angriff zu beginnen. Da sah er unter seinen Hauptleuten einen Mann, der treu an ihm hing und in vielen Schlachten erprobt war, wie er gerade seine Leute anfeuerte und sie zu tapferem Kämpfen ermunterte. Caesar rief ihn beim Namen und sagte zu ihm: »Wie sind unsre Aussichten, Gaius Crassinius, wie steht's mit unsrem Mut?« Crassinius streckte die Hand aus und rief laut: »Siegen werden wir, und zwar ganz glänzend, Caesar. Mich wirst du heute loben können – lebend oder tot!« Mit diesen Worten warf er sich als erster in vollem Lauf unter die Feinde und riß seine 120 Soldaten mit sich. Er brach durch das erste Glied hindurch und drang unter blutigem Gemetzel gewaltsam vor, bis ihn schließlich ein Schwert in den Mund traf, daß ihm die Spitze hinten im Nacken wieder herauskam.

45. So war in der Mitte das Fußvolk bereits zusammengestoßen und hatte den Kampf begonnen, als nun auch die Reiterei des Pompeius auf dem linken Flügel hochgemut heranjagte und ihre Schwadronen ausdehnte, um den feindlichen rechten Flügel zu umfassen. Aber ehe sie zum Angriff kamen, brachen die bei Caesar aufgestellten Kohorten hervor. Sie benutzten ihre Speere nicht wie üblich als Wurfgeschosse, stießen auch nicht nach den Schenkeln oder den Schienbeinen der Feinde, sondern zielten nach den Augen und verwundeten die Feinde im Gesicht. So hatte es sie Caesar geheißen, weil er darauf baute, daß diese jungen Männer, nicht gewöhnt an Krieg und Verwundungen und stolz auf ihre jugendliche Schönheit, solche Hiebe am meisten scheuen und ihnen nicht standhalten würden. Sie würden neben der gegenwärtigen Gefahr auch noch die spätere Verunstaltung fürchten. Und so traf es auch ein. Sie konnten den Stoß der erhobenen Speere nicht aushalten und hatten keinen Mut mehr, wenn sie das Eisen in Augenhöhe sahen, sondern drehten um und deckten sich, um ihr Gesicht zu schützen. Dadurch gerieten sie völlig außer Reih und Glied, ergriffen schließlich ganz schmählich die Flucht und rissen durch ihr schändliches Verhalten alle übrigen mit ins Verderben. Denn die siegreichen Kohorten schlossen das Fußvolk ringsum ein, fielen ihm in den Rücken und hieben alles nieder. Als Pompeius vom andern Flügel aus seine Reiterei in völliger Auflösung fliehen sah, war er gleichsam nicht mehr derselbe. Er dachte nicht mehr daran, daß er Pompeius der Große war. Als ob ein Gott ihm die Besinnung geraubt hätte,[67] ging er stumm in sein Zelt. Dort setzte er sich nieder, um den Ausgang der Ereignisse zu erwarten. Erst als sein ganzes Heer die Flucht ergriffen hatte, als die Feinde den Wall stürmten und die Lagerbesatzung niederkämpften, kam er wieder zur Besinnung, brachte aber, wie man erzählt, nur die Worte heraus: »Also bis ins Lager?« Er legte seinen Feldherrnmantel ab, vertauschte ihn mit einer Kleidung, die für die Flucht geeignet war, und verließ dann heimlich das Lager. Was ihm noch alles widerfuhr, wie er sich den Ägyptern auslieferte und von ihnen ermordet wurde, das steht in seiner Lebensbeschreibung.[68]

46. Als Caesar in das Lager des Pompeius kam und die vielen Toten sah und die vielen, die noch niedergehauen wurden, da sagte er unter Seufzen: »Das haben sie gewollt, in diese Zwangslage haben sie mich gebracht: Denn hätte ich meine Heere entlassen, dann wäre ich, Gaius Caesar, der Sieger in den größten Schlachten, vor Gericht gestellt und verurteilt worden.«

Asinius Pollio überliefert, daß Caesar diese Worte damals auf lateinisch gesagt habe, er aber habe sie griechisch aufgeschrieben.[69] Er berichtet auch, die Toten seien zum größten Teil Sklaven gewesen, die bei der Eroberung des Lagers umkamen, an Soldaten seien nicht mehr als 6000 gefallen. Von den Gefangenen nahm Caesar die meisten in seine Legionen auf. Vielen vornehmen Männern schenkte er die Freiheit, darunter auch dem Brutus, der später sein Mörder wurde. Als dieser nicht aufzufinden war, sei Caesar in die größte Aufregung geraten, und als er dann heil bei ihm eintraf, soll er die größte Freude gezeigt haben.[70]

47. Unter den vielen Vorzeichen, die auf diesen Sieg hindeuteten, war das auffallendste dasjenige, das man aus Tralles berichtet. Dort stand im Niketempel eine Statue Caesars, und der Boden um sie herum war von Natur aus hart und obendrein noch mit festen Steinplatten gepflastert. Aus diesem Boden soll nun am Sockel der Statue eine Palme hervorgewachsen sein. In Padua lebte Gaius Cornelius, der wegen seiner Deutung des Vogelflugs berühmt war, ein Landsmann und Bekannter des Geschichtsschreibers Livius. Dieser beobachtete an diesem Tag gerade den Vogelflug. Wie Livius berichtet,[71] ersah er daraus den Zeitpunkt der Schlacht und sagte zu denen, die gerade bei ihm waren: »Jetzt kommt es zur Entscheidung, die Männer treffen zusammen im Kampf.« Wiederum stellte er seine Beobachtungen an, und als er die Zeichen erblickte, sprang er auf und rief voller Begeisterung: »Caesar, du siegst!« Die Umstehenden waren bestürzt, er aber nahm seinen Kranz vom Haupt und leistete einen Eid darauf, ihn nicht eher wieder aufzusetzen, als bis seine Kunst durch die Wirklichkeit ihre Bestätigung erhalten habe. Livius versichert, daß es wirklich so gewesen ist.

48. Caesar verlieh nun den Thessaliern als Dank für den Sieg die Unabhängigkeit, und dann begann er die Verfolgung des Pompeius. Auf seinem Zug durch Kleinasien schenkte er auch den Bewohnern von Knidos[72] die Freiheit, zu Ehren des Theopomp, des Sammlers mythologi-

scher Geschichten. Allen Einwohnern von Kleinasien erließ er ein Drittel ihrer Abgaben.
Als er nach Alexandria kam, war Pompeius schon tot. Theodotos überbrachte ihm das Haupt des Ermordeten, aber Caesar wandte sich schaudernd ab, den Siegelring nahm er jedoch und brach dabei in Tränen aus.
Allen Freunden und Vertrauten des Pompeius, die, im Lande umherirrend, von dem König gefangengenommen worden waren, erwies er viel Gutes und gewann sie dadurch für sich. Seinen Freunden schrieb er nach Rom, der höchste und schönste Genuß seiner Siege bestünde für ihn darin, immer wieder einige seiner Mitbürger, die gegen ihn gekämpft hätten, begnadigen zu können.
Der Krieg, der nun folgte,[73] wäre nach dem Urteil einiger Geschichtsschreiber überhaupt nicht nötig gewesen, sondern an diesem unrühmlichen und gefahrvollen Feldzug sei nur Caesars Liebe zu Kleopatra schuld gewesen. Andere schieben den Ministern des Königs die Schuld zu, hauptsächlich dem Eunuchen Potheinos, der den größten Einfluß am Hofe besaß. Er hatte vor kurzem den Pompeius ermorden lassen, hatte Kleopatra vertrieben und schmiedete jetzt heimlich Pläne gegen Caesar. Deswegen soll Caesar von dieser Zeit an begonnen haben, nachts beim Trinken wach zu bleiben, um auf diese Weise sein Leben zu schützen. Die gehässige und freche Art, die Potheinos auch in der Öffentlichkeit in Wort und Tat Caesar gegenüber an den Tag legte, war einfach unerträglich. Den Soldaten teilte er das schlechteste und älteste Getreide aus und sagte, sie sollten froh und glücklich sein, sie würden ja auf fremde Kosten durchgefüttert. Am Hofe kam nur hölzernes und irdenes Geschirr auf die Tafel, das goldene und silberne, behauptete er, habe man Caesar geben müssen zur Tilgung einer alten Schuld. Der Vater des damaligen Königs schuldete Caesar nämlich 17 500 000 Drachmen, davon hatte Caesar schon früher den Kindern des Königs einen Teil erlassen, 10 Millionen

davon forderte er aber jetzt zum Unterhalt seiner Truppen. Potheinos machte ihm dagegen den Vorschlag, abzuziehen und sich der Durchführung seiner großen Pläne zuzuwenden, später werde ihm dann die Schuld mit Dank zurückerstattet werden. Caesar entgegnete darauf, er wüßte nicht, was er weniger nötig hätte als Ratschläge von Ägyptern, und ließ heimlich Kleopatra vom Land her zu sich kommen.

49. Kleopatra nahm von ihrem Gefolge nur den Sizilier Apollodoros mit, bestieg ein kleines Boot und landete am königlichen Palast, als es gerade dunkel wurde. Da es keine andere Möglichkeit gab, unbemerkt hineinzukommen, legte sie sich der Länge nach in einen Bettsack, Apollodoros schnürte ihn mit einem Riemen zusammen und trug ihn geradewegs zum Tor hinein zu Caesar. Schon durch dieses listige Manöver soll Kleopatra Caesar für sich eingenommen haben, denn es verriet ihm ihren kecken Einfallsreichtum. Und durch ihre gewinnende Art im Umgang mit Menschen und ihren Charme gewann sie Caesar vollends für sich. Er vermittelte daraufhin eine Aussöhnung zwischen ihr und ihrem Bruder, durch die sie als Mitregentin anerkannt wurde. Bei dem nun folgenden großen Versöhnungsfest geschah folgendes: Caesar hatte einen Barbier, der so furchtsam war wie kein zweiter und daher alles immer genau untersuchte, überall seine Ohren hatte und in alles seine Nase hineinsteckte. Dieser fand eine Spur, die darauf hindeutete, daß der Feldherr Achillas und der Eunuch Potheinos Caesar nach dem Leben trachteten.

Auf diese Entdeckung hin ließ Caesar den Saal mit Wachen umstellen und den Potheinos aus dem Wege räumen. Dem Achillas dagegen gelang die Flucht ins Lager.[74] Er verwickelte Caesar in einen schweren, äußerst gefährlichen Krieg, denn er mußte sich mit seinen wenigen Truppen gegen die riesige Stadt und ein weit überlegenes Heer behaupten. Zuerst geriet er in Bedrängnis durch den Mangel an Trinkwasser. Die Feinde hatten nämlich alle Leitungen zugemauert. Außerdem versuchten sie, ihm die Flotte wegzunehmen, und er sah sich genötigt, Feuer zu legen, um dieser Gefahr zu entgehen. Dieses Feuer aber griff von den Werften aus weiter um sich und zerstörte auch die große Bibliothek.[75] Als es schließlich bei der Insel Pharos zu einem Gefecht gekommen war, sprang er vom Damm hinunter in ein Boot und wollte den Kämpfenden zu Hilfe kommen. Aber von allen Seiten fuhren die Ägypter auf ihn los, daher sprang er ins Meer und rettete sich schwimmend nur mit Mühe und Not. Es wird erzählt, er habe dabei zahlreiche Schriftstücke in der einen Hand gehabt und sie nicht losgelassen, obwohl man von allen Seiten auf ihn schoß und er mehrmals untertauchen mußte. Er hielt die Schriftstücke mit der einen Hand über Wasser und konnte so nur die andere Hand zum Schwimmen nehmen. Das Boot aber war auf der Stelle gesunken.

Schließlich ging auch der König zu den Feinden über, aber Caesar rückte gegen ihn aus und besiegte ihn in einer Schlacht, in der die Ägypter hohe Verluste hatten und der König selber spurlos verschwand.[76]

Hierauf ließ Caesar Kleopatra als Königin von Ägypten zurück. Sie schenkte ihm kurze Zeit später einen Sohn, den man in Alexandria Caesarion nannte. Caesar selber aber brach nach Syrien auf.

50. Von da aus ging er nach Kleinasien. Dort erfuhr er, daß Domitius, von Pharnakes, dem Sohn des Mithridates besiegt, mit dem Rest seiner Truppen aus Pontos geflohen sei. Pharnakes aber nutze seinen Sieg nach Kräften aus, er habe bereits Bithynien und Kappadokien besetzt und greife nun Kleinarmenien an. Dazu versuche er noch alle Könige und Fürsten in den dortigen Gegenden zum Aufstand zu bringen. Caesar rückte daraufhin sofort mit drei Legionen gegen ihn heran, schlug ihn in einer gewaltigen Schlacht bei der Stadt Zela und vertrieb den König,

dessen Armee völlig aufgerieben war, aus Pontos. Um sein rasches Zupacken bei dieser Schlacht deutlich zu machen, schrieb Caesar nach Rom an Gaius Matius, einen seiner Freunde, nur die drei Worte: »Ich kam, sah, siegte.«[77] Diese Worte haben im Lateinischen durch die gleichen Endsilben einen Gleichklang am Ende und wirken ganz außerordentlich durch ihre Kürze.

51. Danach setzte er nach Italien über und kam gegen Jahresende nach Rom. In diesem Jahr war er zum zweiten Mal Diktator gewesen. Dieses Amt war vorher noch nie jemandem für die Dauer eines ganzen Jahres übertragen worden. Für das kommende Jahr[78] war er zum Konsul designiert. Er hatte sich damals gerade recht unbeliebt gemacht, weil er die Soldaten, die bei einer Meuterei zwei Praetoren, Cosconius und Galba, ermordet hatten, nur folgendermaßen bestraft hatte: Er hatte sie nicht »Kameraden«, sondern »Bürger« angeredet[79] und jedem noch 1000 Drachmen und ein großes Stück Land in Italien gegeben. Es schadeten ihm auch die Umtriebe Dolabellas, die Raffgier des Matius und der ewig betrunkene Antonius, der das Haus des Pompeius durch dunkle Machenschaften an sich gebracht hatte und es völlig umbauen ließ, als ob es nicht gut genug für ihn wäre. Dies alles erregte großen Unwillen in Rom. Caesar wußte darüber Bescheid und billigte diese Vorkommnisse durchaus nicht, aber bei der gegenwärtigen politischen Lage sah er sich gezwungen, Männer von dieser Art als seine Helfer zu gebrauchen.[80]

52. Cato und Scipio waren nach der Schlacht von Pharsalos nach Afrika geflohen und hatten dort mit der Unterstützung des Königs Juba[81] ein ansehnliches Heer zusammengebracht. Daher beschloß Caesar, einen Feldzug gegen sie zu unternehmen. Um die Zeit der Wintersonnenwende setzte er über nach Sizilien, und um seinen Offizieren gleich jede Hoffnung auf einen längeren dortigen Aufenthalt zu nehmen, ließ er sein Zelt unmittelbar

am Meer aufschlagen. Beim ersten günstigen Wind schiffte er sich ein mit 3000 Mann Fußvolk und einer geringen Anzahl Reiter. Er setzte diese Truppen unbemerkt an Land und fuhr dann wieder hinüber, weil er sich um sein Hauptkontingent Sorgen machte. Er traf es jedoch schon unterwegs auf hoher See und brachte die Soldaten alle sicher ins Lager. Nun erfuhr er, daß die Gegner sehr siegesgewiß seien, und zwar aufgrund eines alten Orakelspruches, wonach das Geschlecht der Scipionen[82] in Afrika immer siegreich sein solle. Es ist nun schwer zu sagen, ob Caesar den feindlichen Feldherrn Scipio durch einen groben Scherz lächerlich machen wollte oder ob er ernsthaft daran dachte, sich das Orakel selber anzueignen – jedenfalls gab es in seinem Heer einen nichtswürdigen, ganz und gar unbedeutenden Mann, der aber aus dem Hause der Africani stammte und Scipio Sallutio hieß. Diesen Mann ließ er jetzt in allen Gefechten die Rolle des Feldherrn spielen. Caesar war damals zu häufigen Kämpfen gezwungen und sah sich genötigt, den Feinden öfters die Schlacht anzubieten. Denn es gab weder genügend Lebensmittel für die Soldaten noch Futter für die Tiere. Man war sogar gezwungen, Seemoos als Pferdefutter zu verwenden, nachdem man das Seewasser abgespült und ihm durch die Beimischung von ein wenig Feldgras einen besseren Geschmack gegeben hatte. Die Numider tauchten nämlich immer plötzlich in großen Scharen auf und verhinderten das Futterholen im Lande.

Einmal hatten Caesars Reiter gerade freie Zeit, und es war zufällig ein Afrikaner da, der einen Tanz mit gleichzeitiger Flötenbegleitung vorführte und allgemeine Bewunderung fand. Die Soldaten saßen da und hatten ihren Spaß beim Zuschauen, während sich die Pferde in der Obhut der Troßknechte befanden. Da waren sie plötzlich von Feinden umringt, die sich auf sie stürzten, die einen niederhieben und mit den anderen, die Hals über

Kopf flüchteten, zugleich ins Lager einzubrechen versuchten. Wäre Caesar nicht selber zusammen mit Asinius Pollio ihnen aus dem Lager heraus zu Hilfe geeilt und hätte die Fliehenden zum Stehen gebracht, so wäre der Krieg mit einem Schlag zu Ende gewesen. Es gab noch ein anderes Gefecht, bei dem die Feinde die Oberhand gewonnen hatten. Da packte Caesar, so erzählt man, mitten im Kampfgewühl einen fliehenden Adlerträger im Genick, drehte ihn herum und herrschte ihn an: »Dort sind die Feinde!«

53. Durch diese Anfangserfolge fühlte sich Scipio ermutigt, die Entscheidungsschlacht zu schlagen. Er rückte von Afranius und Juba ab, die jeder für sich in geringer Entfernung ein Lager aufschlugen. Scipio selber legte bei der Stadt Thapsos[83] oberhalb eines Sees ein stark befestigtes Lager an, das bei der bevorstehenden Schlacht seinem gesamten Heer als Ausgangsbasis wie auch als Rückzugsort dienen sollte. Während er noch damit beschäftigt war, drang Caesar mit unglaublicher Geschwindigkeit durch ein Waldgebiet mit ungeschützten Zugängen ein, umfaßte den einen Teil des Heeres und griff den anderen von vorne an. Er besiegte den Gegner und ließ den günstigen Augenblick und sein Glück nicht ungenützt vorübergehen. Es gelang ihm, mit einem Streich auch das Lager des Afranius einzunehmen und das numidische zu zerstören. Der König Juba ergriff daraufhin die Flucht. Innerhalb weniger Stunden hatte Caesar drei Lager in seine Hand bekommen, hatte 50000 Feinde getötet und selber dabei nicht einmal 50 Mann verloren. So lautet eine Version über diese Schlacht. Andere berichten, Caesar habe nicht selber an den Kämpfen teilgenommen, sondern gerade als er die Armee aufgestellt und die Kommandos gegeben habe, sei er von seiner Krankheit befallen worden. Er habe aber die ersten Anzeichen gleich gespürt und beim ersten Schütteln, noch ehe das Leiden sein Bewußtsein völlig trübte und die Krankheit ihn

überwältigte, habe er sich auf einen der nahegelegenen Türme bringen lassen, wo er ganz in Ruhe wartete, bis alles vorüber war. Einige der ehemaligen Senatoren und Praetoren, die entkommen waren, begingen bei ihrer Gefangennahme Selbstmord, viele ließ Caesar nach ihrer Festnahme hinrichten.

54. Dagegen war es ihm eine Ehrensache, Cato lebend in seine Gewalt zu bringen. Deshalb marschierte er eilends nach Utica. Denn Cato befehligte die Besatzung dieser Stadt und hatte auch deshalb nicht an der Schlacht teilgenommen. Als Caesar von Catos Selbstmord[84] erfuhr, zeigte er seinen Kummer darüber ganz offen, der wahre Grund dafür aber blieb im verborgenen. Er rief aus: »Cato, diesen Tod mißgönne ich dir, denn du hast mir auch deine Begnadigung nicht gegönnt!« Caesars spätere gegen den toten Cato gerichtete Schrift deutet nun freilich nicht gerade auf eine milde und versöhnliche Gesinnung. Denn wie sollte er einen Mann im Leben geschont haben, über den er im Tode soviel Gift und Galle ausgoß? Aus der Milde, die er gegen Cicero, Brutus und unzählige andere seiner Gegner bewies, versucht man jedoch den Schluß zu ziehen, daß auch diese Schrift nicht aus persönlicher Feindschaft, sondern vielmehr nur aus politischem Ehrgeiz heraus geschrieben sei, und zwar aus folgendem Anlaß: Cicero hatte eine Lobschrift auf Cato verfaßt, ihr Titel lautete *Cato*. Diese Schrift fand viele begeisterte Leser, begreiflicherweise, denn hier hatte der größte Künstler des Wortes über den würdigsten Gegenstand geschrieben. Caesar fühlte sich jedoch dadurch beleidigt, er sah in der Verherrlichung eines Mannes, an dessen Tod er schuld war, eine Anklage gegen sich selber. Er verfaßte also eine Gegenschrift, in der er eine Menge von Beschuldigungen gegen Cato zusammentrug, mit dem Titel *Anticato*. Beide Schriften fanden wegen ihrer Verfasser Caesar und Cicero zahlreiche eifrige Leser.

55. Als Caesar nun aus Afrika nach Rom zurückgekehrt war, hielt er zunächst großartige Reden an das Volk über seinen Sieg: Ein solch riesiges Territorium habe er erobert, daß jetzt dem Staat jährlich 200 000 Scheffel Getreide und 3 Millionen Pfund Öl geliefert würden. Danach feierte er seine Triumphe: über Gallien, über Ägypten, über Pontos, über Afrika, dieser letztere natürlich nicht über Scipio, sondern offiziell über den König Juba. Damals wurde auch der noch sehr junge Sohn des Juba im Triumphzug mitgeführt. Für ihn war die Gefangenschaft das größte Glück, denn aus dem numidischen Barbaren wurde später einer der gelehrtesten Geschichtsschreiber in griechischer Sprache.[85]

Im Anschluß an die Triumphe verteilte Caesar große Geldsummen an die Soldaten und versuchte das Volk durch öffentliche Gastmähler und Spiele zu gewinnen. So gab er an 22 000 Dreiertischen ein Essen für das gesamte Volk. Zu Ehren seiner vor Jahren verstorbenen Tochter Julia veranstaltete er Spiele: Gladiatorenkämpfe und eine Seeschlacht.

Nach diesen Spielen wurde eine Volkszählung durchgeführt. Anstatt der früheren Zahl von 320 000 Bürgern ergab sich jetzt nur noch eine Zahl von 150 000.[86] So ungeheure Verluste hatte der Bürgerkrieg gebracht, einem solch großen Teil der Bevölkerung hatte er das Leben gekostet, gar nicht gerechnet das ganze Elend im übrigen Italien und in den Provinzen.

56. Nach dem Ende der Feiern wurde Caesar zum viertenmal zum Konsul ernannt. Er unternahm nun einen Feldzug nach Spanien gegen die Söhne des Pompeius. Diese hatten, so jung sie waren, eine erstaunlich große Streitmacht zusammengebracht und durch ihre Kühnheit bewiesen, daß sie zu Recht eine solche Armee befehligen konnten, sie brachten selbst einen Caesar in höchste Gefahr. Die entscheidende Schlacht fand bei der Stadt Munda statt.[87] Als Caesar sah, daß seine Truppen zurückgeworfen wurden und nur schwache Gegenwehr leisteten, stürzte er mitten durch die Reihen der Kämpfenden hindurch und schrie ihnen zu, ob sie sich denn nicht schämten, ihn diesen Knaben in die Hände zu liefern. Kaum vermochte er es mit tapferster Anstrengung, die Feinde in die Flucht zu schlagen. Über 30 000 Mann wurden getötet, aber er selber verlor tausend seiner besten Leute. Beim Verlassen des Schlachtfeldes sagte er zu seinen Freunden, er habe schon oft um den Sieg, nun aber zum ersten Mal um sein Leben gekämpft. Diesen Sieg errang Caesar am Dionysosfest[88], am selben Tag, an dem einst Pompeius der Große vier Jahre zuvor in den Krieg gezogen war. Der jüngere Sohn des Pompeius rettete sich durch die Flucht, der Kopf des älteren wurde Caesar wenige Tage später durch Didius überbracht. Das war Caesars letzter Krieg, und daß er deswegen einen Triumph abhielt, schmerzte die Römer mehr als alles andere. Er hatte ja keine ausländischen Heerführer oder Barbarenkönige bezwungen, sondern er hatte die Söhne und das Geschlecht eines Mannes ausgerottet, der der Größte in Rom gewesen war und den das Schicksal geschlagen hatte. Es konnte keinen guten Eindruck machen, wenn er nun über das Unglück des Vaterlandes triumphierte und Taten feierte, für die es vor Göttern und Menschen überhaupt nur die eine Rechtfertigung gab, daß er durch eine Zwangslage dazu gebracht worden war. Auch hatte er vorher nie einen offiziellen Boten oder ein Schreiben nach Rom gesandt, um einen Sieg im Bürgerkrieg zu verkünden, sondern hatte so viel Ehrgefühl besessen, um einen solchen Ruhm zu verschmähen.

57. Ungeachtet dessen beugte man sich vor Caesars Glück und nahm sein Joch auf sich. Man glaubte, in der Form der Alleinherrschaft endlich Erholung zu finden von den Leiden der Bürgerkriege und ernannte Caesar deshalb zum Diktator auf Lebenszeit. Damit war die Tyrannis errichtet, denn zur unumschränkten Macht der

Diktatur kam nun noch ihre zeitlich unbegrenzte Dauer. Cicero war der erste, der im Senat besondere Ehrungen beantragte, aber er wahrte darin, so weit er auch ging, doch ein gewisses menschliches Maß. Andere jedoch setzten sich über jede Grenze hinweg und suchten sich gegenseitig zu übertrumpfen. Durch ihre übertriebenen, unsinnigen Vorschläge brachten sie es schließlich dahin, Caesar auch bei den tolerantesten Mitbürgern verhaßt und unerträglich zu machen. Man hält es auch für möglich, daß Caesars Feinde nicht weniger als seine Schmeichler sich bei diesem Wettstreit überboten haben. Denn diese waren ja darauf aus, die triftigsten Gründe gegen ihn in die Hand zu bekommen, um einen Angriff auf ihn mit schwerwiegenden Anklagen rechtfertigen zu können. Denn seit dem Ende der Bürgerkriege war dies die einzige Angriffsfläche, die er bot, und wenn die Römer zum Dank für Caesars bewiesene Milde der Clementia einen Tempel geweiht haben, so hatten sie wohl Grund zu einem solchen Beschluß. Denn er hatte vielen, die gegen ihn die Waffen ergriffen hatten, verziehen, hatte einige sogar in Amt und Würden eingesetzt, wie Brutus und Cassius, die beide Praetoren wurden. Auch die umgestürzten Bildsäulen des Pompeius ließ er nicht unbeachtet liegen, sondern ließ sie wieder aufrichten. Das gab Cicero Veranlassung zu dem Wort, Caesar habe durch die Aufrichtung von Pompeius' Bildsäulen seine eigenen befestigt. Als seine Freunde ihn baten, sich mit einer Leibwache zu umgeben, und viele sich zu diesem Dienst erboten, wehrte er ab und meinte, es sei besser, einmal zu sterben, als dauernd darauf zu warten. Die Anhänglichkeit der Bürger hielt er für den schönsten und sichersten Schutz, und so versuchte er wieder und wieder, das Volk durch öffentliche Gastmähler und Getreidespenden und die Soldaten durch die Anlage von Kolonien zu gewinnen. Die bedeutendsten dieser Kolonien waren Karthago und Korinth. Das Schicksal hatte es so gefügt, daß diese beiden Städte einst im gleichen Jahr zerstört wurden, und jetzt wurden sie zur gleichen Zeit zusammen wiederaufgebaut.[89]

58. Den Mitgliedern der Nobilität versprach er für die nächste Zeit das Konsulat oder die Praetur, oder er stellte sie mit anderen Würden und Ehrenämtern zufrieden. Jedem machte er große Hoffnungen, denn er legte Wert darauf, daß sich seine Untertanen aus freiem Willen von ihm beherrschen ließen. So ernannte er auch beim Tode des Konsuls Q. Fabius Maximus für den einzigen noch verbleibenden Tag seines Amtsjahres einen Nachfolger, den Caninius Rebilus. Als sich nun, wie es Sitte war, viele aufmachten, um diesem zu gratulieren und ihm vom Rathaus aus das Geleit zu geben, spottete Cicero: »Wir müssen uns eilen, sonst kommen wir an, und der gute Mann hat das Konsulat schon wieder niedergelegt!«[90]

Caesars angeborener Drang zu großen Taten und sein Streben nach Ruhm machten es ihm unmöglich, sich auf seinen Lorbeeren auszuruhen, diese waren im Gegenteil ein starker Anreiz für ihn und bestärkten ihn in seinem Vertrauen auf die Zukunft. Sie gaben ihm Stoff zu noch gewaltigeren Plänen und entzündeten in ihm eine Begierde nach neuem Ruhm, als sei der gegenwärtige schon aufgebraucht. Diese Leidenschaft war nichts anderes als eine Art von Eifersucht auf sich selbst wie auf einen Nebenbuhler, eine ehrgeizige Besessenheit, die früheren Taten durch die zukünftigen in den Schatten zu stellen. Daher hatte er den Plan gefaßt, einen Feldzug gegen die Parther zu unternehmen,[91] und die Vorbereitungen dazu waren bereits im Gange. Er wollte, nachdem er die Feinde besiegt hatte, durch Hyrkanien am Kaspischen Meer und am Kaukasus entlang um das Schwarze Meer herumziehen und ins Gebiet der Skythen einfallen, dann die Nachbarländer der Germanen und Germanien selber unterwerfen und schließlich durch Gallien nach Italien zurückkehren. So wollte er den Kreis schließen und überall den Ozean zur Grenze des Römischen Reiches machen. Während dieses Feldzugs sollte der Isthmos von Korinth durchstochen werden; die Leitung dieser Aufgabe war bereits dem Anienus übertragen worden. Es war auch geplant, den Tiber gleich von der Stadt aus in einen tiefen Kanal zu fassen, ihn im Bogen zum Kap Circeum zu leiten und bei Terracina ins Meer münden zu lassen. Damit sollte den Kaufleuten ein sicherer und bequemer Weg nach Rom eröffnet werden. Außerdem wollte Caesar die Sümpfe bei Pometia und Setia trockenlegen,[92] um dadurch für Zehntausende von Menschen Ackerland zu gewinnen. Das Meer vor den Toren Roms wollte er durch Dämme unter Kontrolle bringen und die gefährlichen Untiefen und Klippen an der Reede von Ostia beseitigen sowie Häfen und Ankerplätze schaffen, die für einen ausgedehnten Schiffsverkehr die nötige Sicherheit boten. Für all diese Pläne waren die Vorbereitungen schon im Gange.

59. Caesar nahm auch eine Neuordnung des Kalenders vor und verbesserte die Fehler in der Zeitrechnung. Er arbeitete mit großer Genauigkeit daran, und die Reform war am Ende von überaus großem Nutzen. Denn bei den Römern herrschte schon in den alten Zeiten, als man noch nach dem Mondjahr rechnete, ein großes Durcheinander im Kalender, was das Verhältnis der Mondmonate zur Dauer des Jahres anging. So war es dahin gekommen, daß sich die Opferfeiern und Feste allmählich verschoben hatten und in die entgegengesetzten Jahreszeiten fielen. Aber nicht nur damals, sondern auch nach der Einführung des Sonnenjahres wußte kaum jemand in der Zeitrechnung Bescheid. Die Priester, die als einzige das System beherrschten, schoben ganz plötzlich, ehe man sich's versah, den Schaltmonat ein, den sie Mercedonius nannten. Der König Numa soll ihn als erster eingeführt haben, und er schuf damit eine wenn auch nur geringe und nicht sehr weitreichende Abhilfe für die Fehler im

Jahresablauf. Ich habe davon in seiner Lebensbeschreibung berichtet.[93] Caesar legte das Problem den größten Philosophen und Mathematikern vor und schuf auf der Grundlage der ihm vorgelegten Berechnungen eine eigene sorgfältig durchdachte Neuordnung des Kalenders, die die Römer heute noch benutzen und mit deren Hilfe sie weniger Fehler in der Zeitrechnung haben als andere Völker.[94] Doch Caesars Kritikern und denen, die schwer an seinem Joch trugen, war selbst diese Kalenderreform ein Dorn im Auge. Zu dem Redner Cicero soll einmal jemand gesagt haben: »Morgen geht das Sternbild der Leier auf.« »Ja«, antwortete er, »auf höheren Befehl!«, gerade als ob man auch das nur gezwungenermaßen hinnehmen würde.

60. Was aber den offenen und schließlich todbringenden Haß gegen Caesar entflammte, das war sein Streben nach der Königswürde. Für das Volk war dies der erste Anlaß zur Feindseligkeit, für seine Gegner, die ihren Groll schon lange im geheimen nährten, war es der gegebene Vorwand. Und doch gingen diejenigen, die Caesar diese Würde gern verschaffen wollten, so weit, das Gerücht unter dem Volk zu verbreiten, in den Sibyllinischen Büchern fände sich der Spruch, daß die Parther von den Römern nur unter der Führung eines Königs bezwungen werden könnten, andernfalls seien sie nicht zu besiegen. Und als Caesar eines Tages vom Albanerberg nach Rom zurückkehrte, wagten sie es, ihn laut als König zu begrüßen. Als aber das Volk darüber Bestürzung zeigte, fuhr er sie unwillig an, er heiße nicht König, sondern Caesar. Daraufhin wurde es totenstill, er aber ritt finster und ungnädig weiter. Bald darauf wurden im Senat überschwengliche Ehrungen für ihn beschlossen. Caesar saß auf der Rednerbühne, und die Konsuln und Praetoren, gefolgt vom gesamten Senat, traten vor ihn hin. Er aber erhob sich nicht vor ihnen, sondern tat, als habe er es mit einfachen Bürgern zu tun, und fertigte sie mit der Ant-

wort ab, die Ehrungen müßten eher eingeschränkt als vermehrt werden. Damit stieß er nicht nur den Senat vor den Kopf, sondern auch das Volk, denn mit dem Senat fühlte sich zugleich die ganze Stadt verächtlich behandelt. Alle, die nicht unbedingt dableiben mußten, gingen tief bedrückt weg, so daß es auch Caesar merken mußte. Er machte sich sofort auf den Weg nach Hause, zog sich die Toga vom Hals und rief seinen Freunden zu, er sei bereit, jedem, der ihn töten wolle, die Kehle hinzuhalten.[95] Später entschuldigte er sich mit seiner Krankheit. Wer daran leide, habe keine sichere Kontrolle über sich selbst, wenn er im Stehen zu einer Menschenmenge reden müsse. Man verliere dann schnell das Gleichgewicht, werde schwindlig, erleide daraufhin einen Anfall und verliere das Bewußtsein. Aber so war es in Wirklichkeit gar nicht gewesen, vielmehr soll er durchaus gewillt gewesen sein, vor dem Senat aufzustehen, aber einer seiner Freunde oder besser seiner Schmeichler, Cornelius Balbus, habe ihn festgehalten mit den Worten: »Vergiß nicht, daß du Caesar bist, du mußt dich als ein höheres Wesen verehren lassen!«

61. Zu all diesen Anstößen kam dann noch die schimpfliche Behandlung der Volkstribunen. Es fand gerade das Luperkalienfest statt, das nach den Zeugnissen vieler als ein altes Hirtenfest anzusehen ist. Es hat auch wirklich einige Ähnlichkeit mit dem in Arkadien gefeierten Lykeia-Fest. Viele junge Patriziersöhne, ja selbst Magistratspersonen laufen dabei nackt durch die Stadt und schlagen fröhlich und ausgelassen mit ledernen Peitschen nach allen, die ihnen in den Weg kommen. Auch viele vornehme Frauen treten ihnen dann absichtlich in den Weg und halten wie Schulkinder die Hände den Schlägen hin. Sie sind nämlich überzeugt, daß dies den Schwangeren die Geburt erleichtert und den Kinderlosen Fruchtbarkeit verleiht.

Caesar saß bei diesem Fest als Zuschauer auf der Rednerbühne, auf goldenem Thronsessel, angetan mit den Insignien des Triumphators. Auch Antonius, der damals Konsul war, nahm an dem feierlichen Lauf teil. Als er nun auf das Forum kam und die Menge ihm respektvoll Platz machte, hielt er Caesar ein Diadem entgegen, das mit einem Lorbeerkranz umwunden war. Dabei hörte man Händeklatschen, aber es war durchaus kein rauschender Beifall, sondern nur ein recht spärlicher von ein paar bestellten Leuten. Als Caesar aber das Diadem zurückwies, brach das gesamte Volk in Jubel aus. Noch einmal bot ihm Antonius das Diadem, wieder regte sich nur spärlicher Beifall, und als Caesar es erneut zurückwies, klatschten alle. Der Versuch war also gescheitert, und Caesar befahl, das Diadem aufs Kapitol zu bringen. Dort entdeckte man, daß seine Statuen mit dem königlichen Diadem geschmückt waren. Die beiden Volkstribunen Flavius und Marullus eilten herbei und rissen es ab; sie machten auch die Leute ausfindig, die Caesar mit dem Königstitel begrüßt hatten, und ließen sie ins Gefängnis bringen. Das Volk lief mit lautem Beifall hinterher und nannte die Tribunen mit dem Namen Brutus, weil es ein Brutus gewesen war, der einst die Königsherrschaft gestürzt und die Gewalt der Hand eines einzelnen entrissen und dem Volk übertragen hatte.

Caesar geriet darüber in einen solchen Zorn, daß er Flavius und Marullus ihrer Ämter enthob. In einer öffentlichen Anklagerede gegen sie nannte er sie, um gleichzeitig das Volk zu verhöhnen, immer wieder Bruti und Kymaier.[96]

62. So kam das Volk dazu, sich Marcus Brutus zuzuwenden. Dieser stammte nach allgemeiner Ansicht väterlicherseits von jenem berühmten Brutus ab, seine Mutter aber stammte aus einem anderen angesehenen Hause, aus dem der Servilier,[97] und er selber war außerdem noch der Schwiegersohn und Neffe Catos. Der Anstoß zu einem Sturz der Gewaltherrschaft kam nicht von ihm selber,

allzusehr hatten Caesars Ehrenbezeigungen und Gunsterweise sein Gefühl dafür abgestumpft. Nicht nur, daß er bei Pharsalos sogleich nach der Flucht des Pompeius begnadigt worden war und auch vielen seiner Freunde durch seine Fürbitte das Leben retten konnte, er genoß zudem das Vertrauen Caesars in allerhöchstem Maße. Er hatte die zu dieser Zeit angesehenste Praetur erhalten[98] und sollte nach drei Jahren Konsul werden. Auch Cassius hatte sich um dieses Amt beworben, und Caesar soll gesagt haben, Cassius habe die größeren Ansprüche, aber er könne Brutus unmöglich übergehen. Eines Tages, als die Verschwörung schon bestand, versuchten einige, den Brutus bei Caesar anzuschwärzen. Er ging aber nicht darauf ein, sondern legte die Hand auf den Leib und sagte zu den Verleumdern: »Brutus wartet auf diesen Leib!« Er schien damit sagen zu wollen, Brutus sei zwar seiner hervorragenden Charaktereigenschaften wegen der Herrschaft würdig, aber gerade deshalb werde er um dieser Herrschaft willen weder undankbar noch verbrecherisch handeln. Die Männer, die einen Umsturz planten, richteten nun zwar ihr Augenmerk allein oder doch hauptsächlich auf Brutus, sie wagten es aber nicht, mit ihm Verbindung aufzunehmen. Daher legten sie des Nachts eine Menge von Zetteln auf die Rednerbühne und auf den Sessel, auf dem Brutus in seiner Eigenschaft als Gerichtsvorsitzender saß. Auf diesen Zetteln stand zumeist etwa folgendes: »Du schläfst, Brutus!« und »Du bist kein Brutus!« Als Cassius merkte, wie dadurch allmählich der Ehrgeiz des Brutus angestachelt wurde, verstärkte er seine Bemühungen und suchte seine Erbitterung zu wecken. Cassius hatte nämlich selber einen persönlichen Haß auf Caesar, den Grund dazu habe ich im Leben des Brutus dargelegt.[99] Caesar hatte auch einen Verdacht gegen ihn, er sagte einmal zu seinen Freunden: »Was glaubt ihr, was wälzt Cassius für Pläne? Mir gefällt er gar nicht, er ist so blaß.« Als man einmal Antonius und

Dolabella eines Umsturzversuchs verdächtigte und Caesar darüber Mitteilung machte, sagte er: »Vor diesen wohlbeleibten, geschniegelten Herren ist mir gar nicht bange, ich fürchte mehr die Blassen, Mageren.« Damit meinte er Cassius und Brutus.

63. Das Verhängnis scheint gar nicht einmal so völlig unerwartet zu kommen, aber es ist dann doch unausweichlich, denn es zeigten sich auch damals, so heißt es, seltsame Zeichen und Erscheinungen. Man erlebte Feuerschein am Himmel, Donnergetöse, das weithin durch die Nacht dröhnte, sah einzelne Vögel, die sich auf dem Forum niederließen. Doch verdienen diese Dinge vielleicht angesichts der Bedeutung des Geschehens gar keine Erwähnung. Der Philosoph Strabon[100] berichtet, man habe viele Feuergestalten gesehen, die aufeinander losgingen, und aus der Hand eines Soldatenknechts sei ein starker Flammenschein gekommen. Alle, die dabei waren, dachten, der Mann würde verbrennen. Aber als das Feuer erlosch, sei er unverletzt gewesen. Caesar selber soll es erlebt haben, daß man beim Opfern das Herz des Opfertiers nicht fand. Man hielt dies für ein Unglückszeichen, denn natürlicherweise gibt es ja kein Lebewesen ohne Herz. Auch wissen viele zu berichten, ein Wahrsager habe Caesar gewarnt, er solle sich an dem Tag im Monat März, den die Römer die Iden nennen, vor einer großen Gefahr in acht nehmen. Der Tag kam, und Caesar sprach auf dem Weg zum Senat den Seher mit den spöttischen Worten an: »Nun, die Iden des März sind da!« Der andere aber antwortete gelassen: »Ja, sie sind da, aber sie sind noch nicht vorüber.«[101]

Am Tag zuvor war Caesar zum Essen bei Marcus Lepidus und unterschrieb bei Tisch wie gewöhnlich einige Briefe. Da kam das Gespräch darauf, welcher Tod der schönste sei, und er kam allen mit der Antwort zuvor, indem er ausrief: »Der unerwartete!« Später legte er sich wie sonst an der Seite seiner Gattin zum Schlafen nieder.

Auf einmal sprangen alle Türen und Fenster des Schlafgemachs auf, und Caesar fuhr von dem Geräusch und dem plötzlich hereinflutenden Mondlicht erschrocken in die Höhe. Dabei bemerkte er, daß Calpurnia fest weiterschlief, gleichzeitig aber unverständliche Worte und tiefe Seufzer ausstieß. Sie träumte, sie hielte ihren ermordeten Gemahl in den Armen und beweinte ihn. Andere erzählen den Traum Calpurnias etwas anders: An Caesars Haus war, wie Livius berichtet, auf Senatsbeschluß zum Schmuck und zum Zeichen seiner Würde ein Giebel angebracht worden. Diesen Giebel sah Calpurnia nun abgebrochen.[102] Und darüber klagte und weinte sie. Als es Tag wurde, flehte sie Caesar an, er solle, wenn irgend möglich, zu Hause bleiben und die Senatssitzung verschieben. Und wenn er auf ihre Träume nichts geben wolle, dann solle er doch durch andere Zeichen der Wahrsagekunst oder durch Opferschau einen Blick in die Zukunft tun. Da kamen anscheinend auch ihm Argwohn und Besorgnis. Er hatte nämlich noch nie eine Gespensterfurcht, wie sie Frauen oft an sich haben, bei Calpurnia bemerkt, und nun sah er sie völlig außer Fassung. Als ihm jetzt auch noch die Seher nach zahlreichen Opfern verkündeten, sie hätten unglückbedeutende Vorzeichen gefunden, da beschloß er, die Senatssitzung durch Antonius absagen zu lassen.

64. Indessen geriet Decimus Brutus mit dem Beinamen Albinus in Furcht, die Verschwörung könne entdeckt werden, wenn Caesar ihnen an diesem Tag einen Strich durch die Rechnung machte. Dieser Brutus stand in so hohem Ansehen bei Caesar, daß er von ihm sogar zum zweiten Erben eingesetzt worden war.[103] Dennoch hatten ihn der andere Brutus und Cassius in die Verschwörung eingeweiht. Er machte sich nun lustig über die Seher und hielt Caesar vor, er werde sich Klagen und Beschwerden beim Senat einhandeln, weil dieser sich für beleidigt halten werde. Die Senatoren seien ja auf seinen

Befehl zusammengekommen und alle ohne Ausnahme bereit, einer Verordnung zuzustimmen, daß er in den außeritalischen Provinzen den Königstitel führen und überall dort, wo er hinkomme, zu Land und Meer, das Diadem tragen solle. Und nun wolle er den versammelten Senatoren melden lassen, sie sollten wieder heimgehen und ein andermal wiederkommen, wenn Calpurnia besser geträumt hätte? Was würden seine Neider dazu sagen? Und wenn seine Freunde dann auch beteuerten, das habe nichts mit Sklaverei und Tyrannis zu tun – wer würde das wohl hinnehmen? Wenn er es aber durchaus für geboten hielte, sich an diesem Tag besonders in acht zu nehmen, dann wäre es schon besser, er ginge selber hin, um den Senat zu begrüßen und ihm die Vertagung der Sitzung mitzuteilen. Mit diesen Worten faßte ihn Brutus bei der Hand und zog ihn mit sich fort. Caesar war kaum ein paar Schritte von der Tür entfernt, da kam ein fremder Sklave auf ihn zu und wollte ihn sprechen. Aber er konnte nicht bis zu ihm vordringen, denn das Gedränge des Volkes war zu groß. Daraufhin bahnte er sich einen Weg ins Haus und bat Calpurnia, sie solle ihn so lange bei sich behalten, bis Caesar zurückkäme, er habe ihm etwas Wichtiges mitzuteilen.

65. Artemidoros von Knidos war ein griechischer Gelehrter, der aufgrund seiner Lehrtätigkeit mit einigen Freunden des Brutus bekannt war und so auch über die Verschwörung ziemlich gut im Bilde war. Er hatte seine Entdeckung in einer Schrift niedergelegt und trug sie bei sich, als er an diesem Tage unterwegs auf Caesar zutrat. Er sah nun aber, daß Caesar alle Schriften, die man ihm überreichte, annahm und an seine Diener weitergab. Deshalb trat er ganz nahe an ihn heran und sagte: »Caesar, das mußt du für dich allein lesen, und ganz rasch! Es stehen wichtige Dinge darin, die von größter Bedeutung für dich sind.« Caesar nahm die Schrift, wurde aber von der Menge der Leute, die sich dauernd an ihn heran-

drängte, am Lesen gehindert, sooft er auch einen Versuch dazu unternahm. Er behielt sie jedoch als einzige von allen anderen Schriften sorgfältig in der Hand und hatte sie auch noch bei sich, als er den Senat betrat. Anderen Berichten zufolge soll ihm jemand anders diese Schrift überreicht haben, und Artemidoros sei gar nicht an ihn herangekommen, sondern auf dem ganzen Weg immer wieder abgedrängt worden.

66. Doch hierbei kann es sich auch um einen Zufall gehandelt haben. Der Ort jedoch, wo die blutige Tat geschah und wo sich der Senat damals versammelte, war eines der Prachtgebäude des Pompeius, die er neben seinem Theater errichtet hatte, und eine Bildsäule des Pompeius stand darin. Dies deutet allerdings klar darauf hin, daß eine überirdische Macht dabei am Werk war und es so fügte, daß die Tat gerade hier geschehen mußte. Man berichtet auch, Cassius habe, ehe er zustieß, mit einem Blick auf die Statue im stillen den Pompeius um Beistand angerufen, obwohl er sich sonst zu Epikurs Lehre bekannte.[104] Aber der entscheidende Moment unmittelbar vor der schrecklichen Tat erfüllte ihn wohl mit einer Art von Begeisterung und Erregung und ließ ihn seine früheren Grundsätze vergessen. Antonius, der Caesar treu ergeben und außerdem ungewöhnlich kräftig war, wurde von Brutus Albinus vor dem Sitzungssaal absichtlich in eine lange Unterredung verwickelt und dadurch ferngehalten.[105]

Caesar betrat nun den Saal, und die Senatoren erhoben sich respektvoll von ihren Plätzen. Einige von Brutus' Freunden stellten sich hinter Caesars Stuhl, die anderen gingen ihm entgegen, als ob sie die Fürbitte des Tullius Cimber für dessen verbannten Bruder unterstützen wollten. Sie folgten ihm bis zu seinem Stuhl und bestürmten ihn dabei dauernd mit Bitten. Caesar nahm nun Platz und schlug ihr Gesuch glattweg ab, und als sie weiterhin noch heftiger in ihn drangen, wurde er ärgerlich gegen sie alle. Daraufhin faßte Tullius mit beiden Händen Caesars Toga und zog sie ihm vom Hals. Das war das verabredete Zeichen zum Angriff. Als erster traf ihn Casca mit dem Dolch im Nacken, doch war die Wunde nicht tief und wirkte nicht tödlich, denn Casca war begreiflicherweise bei einer so kühnen Tat im ersten Moment noch zu aufgeregt. So gelang es Caesar, sich umzudrehen, den Dolch zu packen und ihn festzuhalten. Beide riefen nun gleichzeitig, der Verwundete auf lateinisch: »Verfluchter Casca, was tust du?«, und dieser auf griechisch zu seinem Bruder: »Bruder, hilf mir!« Als die Tat so ihren Anfang genommen hatte, ergriff die Nichteingeweihten bei diesem Anblick schauderndes Entsetzen, sie vermochten weder zu fliehen noch Caesar zu Hilfe zu kommen, ja sie wagten nicht einmal, ein Wort über die Lippen zu bringen. Die Verschwörer aber zogen alle ihren Dolch und schlossen Caesar von allen Seiten ein. Wohin er sich auch wandte, überall trafen ihn die Stiche, richteten sich auf sein Gesicht und seine Augen und durchbohrten ihn, der sich unter den Händen seiner Mörder wand wie ein gefangenes wildes Tier. Es war nämlich festgelegt worden, daß jeder einzelne einen Stich führen und so seinen Anteil an der Tat leisten müsse. So brachte ihm auch Brutus einen Stich in den Unterleib bei. Nach einigen Berichten soll sich Caesar eine Zeitlang gegen die Angreifer gewehrt und sich schreiend hin- und hergeworfen haben. Als er aber Brutus mit gezücktem Dolch erblickte, verhüllte er sein Gesicht mit der Toga und gab den Widerstand auf. An der Bildsäule des Pompeius brach er zusammen, vielleicht aus Zufall oder weil ihn die Mörder dorthin gedrängt hatten. Die Statue wurde ganz mit Blut bespritzt, es sah aus, als sei Pompeius selber der Führer gewesen bei der Rachetat an seinem Feind, der jetzt zu seinen Füßen hingesunken, aus vielen Wunden blutend, mit dem Tode rang. 23 Stiche soll er erhalten haben, und die Mörder hatten sich auch gegenseitig Verletzungen beigebracht, da sie mit so vielen Stichen auf den einen Körper losstießen.

67. Als Caesar tot war, trat Brutus hervor, um über die Tat Rechenschaft abzulegen. Aber die Senatoren stürzten, ohne ihn anzuhören, zur Tür hinaus und stoben in wilder Flucht davon. Dadurch verbreiteten sich Verwirrung, Furcht und Ratlosigkeit unter dem Volk. Die einen verrammelten ihre Häuser, die anderen ließen ihre Geldwechslertische und Läden im Stich und eilten zu der Mordstätte, um das gräßliche Geschehen mit eigenen Augen zu sehen. Wieder andere, die es schon gesehen hatten, kamen von dort zurückgerannt. Antonius und Lepidus, die treuesten Anhänger Caesars, stahlen sich heimlich fort und suchten in fremden Häusern Zuflucht. Brutus und seine Freunde begaben sich, so wie sie waren, noch erhitzt vom Morden, den Dolch in der Faust, alle zusammen vom Senatsgebäude zum Kapitol. Sie sahen nicht aus, als seien sie auf der Flucht, sie machten vielmehr einen heiteren und zuversichtlichen Eindruck, riefen das Volk zum Genuß der Freiheit auf und standen den Männern der Nobilität, die ihnen begegneten, bereitwillig Rede und Antwort. Einige schlossen sich ihnen auch an und stiegen mit ihnen hinauf, um sich den Anschein zu geben, als hätten sie selber an der Tat teilgenommen und nähmen den Ruhm auch für sich in Anspruch. Zu diesen gehörten Gaius Octavius Balbus und Lentulus Spinther, die aber für ihre Eitelkeit teuer büßen mußten. Sie wurden nämlich von Antonius und dem jungen Caesar[106] umgebracht, ohne daß sie den Ruhm, für den sie starben, überhaupt hatten genießen können. Denn niemand hatte ihnen Glauben geschenkt, und auch ihre Mörder bestraften sie nicht wegen der Teilnahme an der Tat, sondern weil sie ihr Einverständnis damit bekundet hatten.

Am nächsten Tag kam Brutus mit seinen Anhängern vom Kapitol herab, um eine Rede ans Volk zu halten. Dieses hörte ihn an und nahm das Geschehene ohne ein Zeichen der Mißbilligung, aber auch ohne Beifall auf. Durch tiefes Schweigen gaben die Bürger zu erkennen, daß sie großes Mitgefühl mit dem toten Caesar empfanden, daß sie aber auch Brutus ihre Achtung nicht versagen konnten. Der Senat setzte sich für eine allgemeine Amnestie und Aussöhnung ein und erließ die Verordnung, daß Caesar göttliche Ehren zuteil werden sollten sowie daß keine seiner Maßnahmen auch nur im geringsten angetastet werden dürfe. Brutus und seinen Freunden wies der Senat Provinzen zu und ließ ihnen angemessene Ehrungen zuteil werden. So glaubte man allgemein, daß sich die Lage wieder beruhigt habe und ein vollkommener Ausgleich erzielt sei.

68. Als es sich aber bei der Eröffnung von Caesars Testament herausstellte, daß jedem römischen Bürger ein ansehnliches Geldgeschenk ausgesetzt war, und als man nun den von Wunden zerfetzten Leichnam sah, wie er über das Forum getragen wurde, da war das Volk nicht mehr zu halten. Man holte Bänke, Absperrgitter und Tische vom Forum, schichtete sie rundherum auf, zündete sie an und verbrannte den Leichnam gleich auf der Stelle. Einige rissen brennende Scheite aus dem Holzstoß und liefen damit zu den Häusern der Mörder, um dort Feuer zu legen, andere durchstreiften die ganze Stadt, um die Verschwörer aufzugreifen und sie in Stücke zu reißen. Sie fanden aber keinen, denn alle hatten sich hinter verschlossenen Türen in Sicherheit gebracht. C. Helvius Cinna, ein Freund Caesars, hatte, wie berichtet wird, in der vergangenen Nacht einen merkwürdigen Traum gehabt: Es kam ihm nämlich so vor, als habe ihn Caesar zu Tisch gebeten und ihn, als er die Einladung ablehnte, wider seinen Willen und trotz seines Sträubens an der Hand gepackt und mit sich fortgezogen. Als Cinna nun hörte, Caesars Leichnam werde auf dem Forum verbrannt, ging er hin, um ihm die letzte Ehre zu erweisen.

Er tat dies, obwohl er wegen seines Traumes Bedenken hatte und dazu noch an einer fiebrigen Erkrankung litt. Als er hinkam, nannte einer aus der Volksmenge einem anderen, der danach gefragt hatte, seinen Namen, dieser sagte ihn wieder einem anderen weiter, und schon lief das Gerücht durch die Menge, dieser Mann sei einer der Caesarmörder. Es gab nämlich wirklich einen Cinna unter den Verschwörern. Für diesen hielt ihn nun die Menge, stürzte auf ihn los, packte ihn und riß ihn auf der Stelle in Stücke. Dieser Vorfall versetzte Brutus und Cassius so sehr in Furcht, daß sie wenige Tage später die Stadt verließen. Ihre weiteren Taten und ihr Schicksal bis zu ihrem Tode habe ich in der Lebensbeschreibung des Brutus dargestellt.

69. Caesar war 56 Jahre alt, als er starb, und er hatte Pompeius nur um knapp vier Jahre überlebt. Sein Leben lang hatte er unter so vielen Gefahren der Herrschaft und der höchsten Machtstellung nachgejagt, hatte sie schließlich mit so viel Mühe errungen, aber er erntete letzten Endes nichts davon als den bloßen Namen und einen Ruhm, der ihm den Haß seiner Mitbürger einbrachte.

Sein großer Schutzgeist jedoch, der ihn im Leben begleitet hatte, blieb auch im Tode noch bei ihm als Rächer des Mordes. Er jagte die Mörder über Land und Meer und heftete sich an ihre Spuren, bis keiner mehr am Leben war und alle von ihrer Strafe ereilt worden waren, die entweder selber mit Hand angelegt oder auch nur in irgendeiner Weise an dem Plan mitgewirkt hatten.

Das auffallendste Zeichen im menschlichen Bereich war das Ende des Cassius: Nach seiner Niederlage bei Philippi beging er Selbstmord mit demselben Dolch, den er bei der Ermordung Caesars benutzt hatte. Das eindrucksvollste Wunderzeichen im göttlichen Bereich war der große Komet – er zeigte sich sieben Nächte lang nach Caesars Ermordung, dann verschwand er wieder – und dazu die schwache Sonneneinstrahlung. Das ganze Jahr hindurch ging nämlich die Sonne nur bleich und ohne Strahlenglanz auf und gab nur schwache, kraftlose Wärme. Daher war die Luft immer dunstig und schwer, da die wärmenden Sonnenstrahlen zu schwach waren, um sie zu durchdringen. Wegen der kühlen Witterung welkten die Früchte vor der Zeit und fielen halbreif zu Boden.

Deutlicher noch als alles andere bewies die Erscheinung, die Brutus hatte, daß Caesars Ermordung den Zorn der Götter erregte. Das hat sich so zugetragen: Als Brutus sein Heer von Abydos[107] nach dem europäischen Festland übersetzen wollte, ruhte er in der Nacht davor in seinem Zelt, wie gewöhnlich ohne zu schlafen, sondern mit Gedanken an die Zukunft beschäftigt. Er brauchte nämlich, wie erzählt wird, weniger Schlaf als irgendein anderer Feldherr und konnte länger wach bleiben als jeder andere. Da glaubte er nun, ein Geräusch an der Tür zu hören, und als er beim Schein der verlöschenden Lampe hinschaute, erblickte er die schreckenerregende Gestalt eines Mannes von riesiger Größe und gräßlichem Aussehen. Zuerst war er gelähmt vor Entsetzen, als er dann aber wahrnahm, daß die Gestalt, ohne sich zu bewegen und ohne ein Wort zu sagen, stumm neben seinem Lager stehenblieb, stellte er ihr die Frage: »Wer bist du?« Die Erscheinung antwortete ihm: »Ich bin dein böser Geist, Brutus. Bei Philippi wirst du mich wiedersehen.« Brutus gab gefaßt zur Antwort: »Gut, ich sehe dich dann wieder.« Und die Geistererscheinung verschwand sogleich.

Einige Zeit später stand er bei Philippi den Heeren des Antonius und des jungen Caesar gegenüber. Im ersten Gefecht blieb er auf seinem Flügel siegreich, schlug die Feinde in die Flucht, verfolgte sie und drang erobernd in das Lager des jungen Caesar ein. Als er die zweite Schlacht liefern wollte, erschien ihm in der Nacht zuvor die Geistererscheinung abermals. Sie sprach kein Wort, aber Brutus erkannte sein Schicksal und stürzte sich blindlings in den Kampf. Doch fiel er nicht in der Schlacht, sondern floh nach der Niederlage seines Heeres auf eine nahegelegene Anhöhe und stürzte sich dort in sein Schwert. Ein Freund soll ihm noch zur Seite gestanden haben, indem er die Wucht des Stoßes verstärken half. So fand Brutus sein Ende.[108]

Anmerkungen zu »Caesar«

1 Der Anfang der Biographie ist verloren. – Cinna war ein Parteigänger des Marius, führte von 87 bis 84 v. Chr. ein unumschränktes Regiment in Rom, annullierte als erbitterter Gegner Sullas dessen Gesetze und ließ viele seiner Anhänger ermorden. Unter Cinna besaß Caesar bereits das Priesteramt des *flamen dialis,* des Priesters des Juppiter, das ihm Sulla dann entzog.
2 Vor der kleinasiatischen Küste, in der Nähe von Milet.
3 Das heißt, schon lange bevor ihre Machtstellung zum Seeräuberkrieg und zum Eingreifen des Pompeius führte (67 v. Chr., vgl. Plut. Pomp. 24 ff.).
4 76–74 v. Chr. Während dieser Zeit leistete Caesar in Griechenland auch Kriegsdienste im Kampf gegen König Mithridates von Pontus, vgl. Suet. Caes. 4. – Caesars Rang als Redner wird auch von Cicero in seiner rhetorischen Schrift *Brutus* (261) bestätigt.
5 Diese verlorene Schrift Ciceros aus dem Jahre 46 pries M. Porcius Cato, den aufrechten Republikaner, der sich nach Caesars Sieg im Bürgerkrieg nach der Schlacht von Thapsos das Leben nahm. Über Caesars Gegenschrift vgl. Kap. 54.
6 Sueton (Caes. 9) zitiert einen nicht erhaltenen Brief Ciceros, in dem dieser erklärt, Caesar habe sich als Konsul die Königsherrschaft gesichert, die er bereits als Aedil geplant habe (vgl. auch Cic. off. 3,82 ff.)
7 Den Inhalt zitiert Sueton (Caes. 6). Caesar betont darin programmatisch die königliche und göttliche Abkunft seines Geschlechts.
8 Die Tochter des Q. Pompeius Rufus (Konsul 88 v. Chr.), und Enkelin des Sulla. Als erste eheliche Verbindung wird hier die später wieder gelöste Verlobung Caesars mit Cossutia, der Tochter eines römischen Ritters, angesehen.

9 Julia, an der Caesar sehr hing, die spätere Gattin des Pompeius, starb im Jahr 54.
10 102/101 v. Chr. hatte Marius die Kimbern und Teutonen bei Aquae Sextiae und Vercellae besiegt.
11 Gemeint sind P. Servilius Vatia, der seinen Beinamen Isauricus als Statthalter von Kilikien durch die Unterwerfung der Isaurier, eines dort ansässigen Volksstammes, erhalten hatte, und Q. Lutatius Catulus, der bis zu seinem Tode im Jahre 61 die Stellung eines *primus inter pares* im Senat innehatte.
12 Als Unterlegener hätte er seiner Schulden wegen außer Landes gehen müssen, als Beamter dagegen war er immun und als Pontifex Maximus dazu noch sakrosankt.
13 C. Scribonius Curio, Konsul im Jahre 76, einer der einflußreichsten Männer im Senat, späterer Gegner Caesars. Sein Sohn ist der ab Kap. 30 erwähnte Volkstribun Curio, der ein enger Mitarbeiter Caesars war und im Jahr 49 im Bürgerkrieg in Afrika fiel. – Die erwähnte Senatssitzung war am 5. Dezember 63.
14 Ein größtenteils verlorenes hexametrisches Gedicht mit dem Titel *De consulatu suo*. Vgl. auch Plut. Crass. 13.
15 Vgl. dagegen Suet. Caes. 16.
16 P. Clodius Pulcher, aus der altadligen Familie der Appii Claudii, ein politischer Abenteurer und Demagoge, der Rom in den Jahren 58 bis 52 durch seine Umtriebe an den Rand der Anarchie brachte. 52 wurde er im Straßenkampf von T. Annius Milo erschlagen (vgl. Ciceros *Rede für Milo* und Kap. 14 Ende).
17 Der Freispruch erfolgte auf massiven Druck und Bestechung durch den späteren Triumvirn M. Crassus, der Clodius als politisches Werkzeug benutzen wollte.
18 Volksstämme im Nordosten und Westen der Iberischen Halbinsel (Keltiberer), die erst unter Augustus endgültig besiegt wurden. Spanien war in zwei Provinzen geteilt, Hispania Citerior und Ulterior, der westliche Teil mit dem heutigen Portugal. Caesar war in Hispania Ulterior tätig.

19 Ehrentitel des siegreichen Feldherrn, berechtigte zu einem Triumphzug in Rom.
20 Ein beliebtes Verzögerungsmanöver, denn bei Sonnenuntergang mußte die Sitzung geschlossen werden, und man durfte dem Redner nicht das Wort entziehen. Fanden an den folgenden Tagen keine Senatssitzungen statt, so war die Annahme des Antrags auf unbestimmte Zeit verschoben.
21 Sie waren seit ihrem gemeinsamen Konsulat im Jahre 70 als Rivalen um die Vormachtstellung miteinander verfeindet. Caesar schloß 60 v. Chr. mit Pompeius und Crassus das erste Triumvirat, um die Schlüsselpositionen im Staat in die Hand zu bekommen. Vgl. auch Plut. Crass. 14 und Plut. Pomp. 47 sowie Suet. Caes. 19.
22 Cicero hatte sich gegen Caesars außergesetzliche Maßnahmen ausgesprochen, und Caesar, der sich bei seinem Abmarsch nach Gallien den Rücken frei halten wollte, ließ Ciceros persönlichen Feind Clodius auf diesen los. Er ermöglichte ihm den Übertritt zum Plebejerstand und gestattete ihm so, Volkstribun zu werden. Als Volkstribun setzte Clodius die Verbannung Ciceros durch (58/57 v. Chr.). Vgl. auch Suet. Caes. 20.
23 Während des Bürgerkrieges, im Jahre 49, vgl. Caesars Werk vom Bürgerkrieg *De bello civili* 1,57f.
24 Bei Dyrrhachion (Durazzo) hatte Caesar Mitte April des Jahres 48 Pompeius eingeschlossen. Diesem gelang es aber, die Blockade zu durchbrechen. Dabei hatte Caesar erhebliche Verluste (vgl. Caes. bell. civ. 3,53).
25 Während des Bürgerkrieges, als sich nach der Schlacht von Pharsalos die übriggebliebenen Republikaner unter der Führung des Metellus Scipio, des Schwiegervaters des Pompeius, erneut zum Kampfe stellten.
26 Gaius Oppius, Freund Caesars, der zusammen mit Cornelius Balbus das Amt eines Sekretärs und Agenten ausübte und auch eine (verlorene) Biographie Caesars verfaßte (vgl. Plut. Pomp. 10).
27 Dadurch konnte Caesar Pompeius übertrumpfen, dem bei

seinem großen Sieg im Mithridatischen Krieg und im Seeräuberkrieg nur 12 Tage bewilligt wurden.

28 Auf der Konferenz von Luca (Lucca) erneuerte Caesar das Triumvirat mit Pompeius und Crassus (56 v. Chr.) und leitete seine nächsten Schritte ein.

29 Nach Cicero mußte auch Cato, der andere Verfechter der republikanischen Traditionen, kaltgestellt werden. Man sandte ihn nach Zypern, wo er aufgrund eines unklaren Rechtstitels, aber mit gesetzmäßigem Auftrag, das Reich des dortigen Königs annektieren sollte, vgl. Plut. Cato min. 34.

30 Caes. bell. Gall. 4,11–13.

31 Tanusius Geminus, röm. Geschichtsschreiber, Zeitgenosse Caesars, erwähnt bei Suet. Caes. 9.

32 Vgl. Caesars eigene Beschreibung (bell. Gall. 4,16–19).

33 Infolge einer Dürre war es zu einer Lebensmittelknappheit gekommen (vgl. Caes. bell. Gall. 5,24 ff.).

34 Legaten Caesars. Der Eburonen-Aufstand unter Ambiorix vgl. Caes. bell. Gall. 5,26–37.

35 Quintus Tullius Cicero war der Bruder des Redners; er hatte als Legat Caesars sein Standquartier im Gebiet der Nervier.

36 Vgl. Caes. bell. Gall. 5,45–52. Der folgende schwere Vercingetorix-Aufstand wird hier nur kurz behandelt, vgl. hierzu das 7. Buch von *De bello Gallico*.

37 Folgende Gründe waren für das Losschlagen zu diesem Zeitpunkt von Bedeutung: Der gallische Adel war schwer gereizt durch die von Caesar verfügten Hinrichtungen zahlreicher vornehmer Männer und andere brutale Vergeltungsmaßnahmen. Dazu hatte man offenbar Kunde, daß die Situation für Caesar in Rom derzeit ungünstig war, denn Pompeius begann sich aus dem Bündnis zu lösen und mit dem Senat zusammenzuarbeiten. Im Jahre 52 wurde er zur Behebung der anarchistischen Zustände nach Clodius' Tod zum alleinigen Konsul gewählt.

38 Heute Alise, bei Dijon im nördlichen Burgund.

39 Aus seinem gleichsam rituellen Auftritt hat man erschlossen, daß sich Vercingetorix Caesar als Sühnopfer für sein Volk anbieten wollte. Er blieb sieben Jahre im Gefängnis, wurde dann im Triumphzug mitgeführt und anschließend hingerichtet (46 v. Chr.).
40 In der Niederlage gegen die Parther bei Carrhae am Euphrat 53 v. Chr.
41 Pompeius hatte nur die zwei hispanischen Provinzen, nicht Afrika.
42 M. Claudius Marcellus (aus Ciceros *Rede für Marcellus* bekannt) und L. Cornelius Lentulus Crus, Konsuln 51 bzw. 49 v. Chr.
43 Como in Oberitalien. – Zur Rechtsfrage im Zusammenhang mit dem Ausbruch des Bürgerkriegs vgl. K. Christ, *Römische Geschichte*, S. 139 f. sowie H. Gesche, *Caesar*, S. 113 ff.
44 Der Konsul Marcellus hatte inzwischen beantragt, Caesar zum Staatsfeind zu erklären. Er hatte Pompeius den Auftrag gegeben, das Kommando über die in Italien stehenden Truppen zu übernehmen und neue auszuheben. Vgl. auch Suet. Caes. 29 ff.
45 Vgl. Plut. Pomp. 58. Sueton (Aug. 26) berichtet dieselbe Begebenheit von Octavian, als dieser sich im Jahre 43 um das Konsulat bewarb.
46 Der Antrag wurde nicht von Marcus Antonius, sondern von Curio unterbreitet, vgl. auch Plut. Pomp. 58. – Es ging Caesar darum, eine zeitliche Lücke zwischen seinem Prokonsulat und einem zweiten Konsulat zu vermeiden, da er in der Zwischenzeit, da er kein Imperiumsträger, sondern Privatmann war, Anklagen vor Gericht zu erwarten hatte (vor allem wegen seiner eigenmächtigen Amtsführung in Gallien). Diese Prozesse hätten zu seiner Verbannung führen können. Daher war die Verlängerung des Kommandos eine Existenzfrage für ihn: Er genoß dann weiterhin die Immunität der Beamtenstellung. Vgl. Kap. 46, Plut. Pomp. 58 f. und Suet. Caes. 30.

47 Am 4. Januar 49. Cicero hatte dort als Prokonsul die Provinz verwaltet.
48 Die Volkstribunen waren von alters her sakrosankt. – Nach dem Auszug der Tribunen M. Antonius und Cassius Longinus (so auch Plut. Ant. 6) – es war nicht Curio – hatte der Senat das *senatus consultum ultimum* erlassen (die Übertragung außerordentlicher Vollmachten an die Konsuln im Falle eines Notstandes). Damit sollte der Staat in Verteidigungsbereitschaft gegen Caesar versetzt werden. Infolge dieser Maßnahme bestand ein latenter Kriegszustand.
49 Rimini, das zwar großenteils von Galliern bewohnt war, aber zu Italien gehörte. Es lag schon jenseits des Grenzflusses Rubikon. Caesar selbst blieb noch in Ravenna, etwa 40 km von Ariminum und 30 km vom Rubikon entfernt. Es war der 10. Januar 49.
50 Freund und Kampfgefährte Caesars (76 v. Chr. – 5 n. Chr.), Konsul 40 v. Chr. Gelehrter und Schriftsteller, Verfasser einer Geschichte des Bürgerkrieges.
51 Nicht »Der Würfel ist gefallen«, wie es allgemein heißt. Gefallen war der Würfel erst beim Ausgang des Bürgerkrieges. Caesar zitierte das Sprichwort, das bereits in den Komödien des griechischen Dichters Menander erscheint, auf griechisch, wie Plut. Pomp. 60 berichtet.
52 Wie Sueton (Caes. 7) berichtet, habe Caesar diesen Traum bereits in Spanien gehabt. Die Traumdeuter prophezeiten ihm die Herrschaft über die Welt, da die Erde die Mutter aller sei. Der gleiche Traum wird von dem Athener Hippias erzählt, da dieser die Feindesmacht der Perser gegen Athen heranführt (Herod. 6,107). In diesem Traum manifestiert sich das Gefühl, mit dem Angriff auf die Mutterstadt ein Tabu zu verletzen.
53 Wie aus Ciceros Briefen hervorgeht, mangelte schon den Zeitgenossen das Verständnis für Pompeius' strategisch durchaus richtigen, politisch-ideologisch aber falschen Plan, Rom und Italien preiszugeben und den Kriegsschau-

platz nach dem Osten zu verlegen, wo er über ein überaus starkes, zuverlässiges Truppenkontingent und reichen Nachschub verfügte. Vgl. auch Plut. Pomp. 63.

54 Vgl. Plut. Pomp. 62f. Die Wechselzitate bieten einen gewissen Anhalt für eine relative Chronologie innerhalb der Viten.

55 Auf die Zeitgenossen machte diese Szene, die Caesar selbst in seiner Geschichte des Bürgerkriegs (bell. civ. 1,33) bagatellisiert, einen äußerst negativen Eindruck: Caesar, der angebliche Schützer der Tribunenwürde (vgl. Kap. 31 und Caes. bell. civ. 1,7 Ende), läßt die Maske der *clementia*, der Milde, fallen und bedroht einen sakrosankten Volkstribunen mit dem Tode. Dies schien ein Beweis dafür, daß an eine Wiederherstellung der republikanischen Staatsform nicht mehr zu denken war (vgl. Cic. ad Att. 10,4,8 und die Szene, wie sie Lucan in seinem Epos vom Bürgerkrieg darstellt: 3,143 ff.).

56 Vgl. Caes. bell. civ. 3,1.

57 Auf dem Weg nach Brundisium (Brindisi), von wo aus man nach Griechenland übersetzte.

58 Er mußte damit rechnen, daß die Truppen in Italien samt ihrem Feldherrn M. Antonius zu Pompeius übergegangen waren.

59 Metellus Scipio, Pompeius' Schwiegervater, der am Haliakmon, dem Grenzfluß zwischen Makedonien und Thessalien, stand. Es gelang ihm, sein Heer unmittelbar vor der Schlacht von Pharsalos mit dem des Pompeius zu vereinigen.

60 Afranius war Befehlshaber der Truppen des Pompeius in Spanien und hatte dort kapituliert. Caesar übernahm das Heer und entließ es (Caes. bell. civ. 1,84–87; 3,83).

61 Im südöstlichen Thessalien in der Landschaft Phtiotis. Die Schlacht fand am 9. August 48 statt.

62 Hier befindet sich eine Lücke, die aus Plut. Pomp. 68 zu ergänzen ist. Dort heißt es, Pompeius habe noch geträumt, er schmücke den Tempel der Siegreichen Venus (*Venus Vic-*

trix) mit Beutestücken aus. Da Caesar sein Geschlecht auf Venus zurückführte (die Julier sahen Julus, den Sohn des Aeneas und Enkel der Venus, als ihren Stammvater an), sei Pompeius durch diesen Traum in Sorge geraten, er werde durch eine Niederlage Caesar und seiner *gens* zum Ruhme verhelfen. Vgl. auch Lucan 7,7 ff.

63 Vgl. Caes. bell. civ. 3,82 f.
64 Nordostwärts von Pharsalos.
65 Der in Kap. 34 erwähnte Lucius Domitius Ahenobarbus, ein Vorfahre des Kaisers Nero, im Jahre 54 Konsul. Caesar (bell. civ. 3,88) gibt an, Pompeius habe auf dem linken Flügel gestanden, zusammen mit Domitius, während der rechte von L. Cornelius Lentulus Crus kommandiert wurde.
66 Caes. bell. civ. 3,92; vgl. auch Plut. Pomp. 69 f.
67 Hier ist eine homerische Situation nachgestaltet, die Plutarch (Pomp. 72) zitiert: Hom. Il. 11,544 ff.
68 Plut. Pomp. 72–80. Die Ratgeber des jungen Königs Ptolemaios XIII., des Bruders der Kleopatra, hielten es für das sicherste, Pompeius heimtückisch zu ermorden. Als Caesar nach Ägypten kam, ließ er die Schuldigen hinrichten (vgl. Caes. bell. civ. 3,104; 112 Ende).
69 Caesar sprach die Worte griechisch, Pollio aber übertrug in seinem Geschichtswerk alle griechischen Aussprüche der stilistischen Einheit wegen ins Lateinische, merkte aber an, wenn ein Zitat ursprünglich auf griechisch gegeben wurde. Bei Plutarch liegt hier eine Verwechslung vor.
70 Plutarch (Brut. 5) gibt als Grund dafür die Zuneigung Caesars zu Brutus' Mutter Servilia an. Caesar verfolgte wohl zugleich die Absicht, den integren Republikaner Brutus auf seine Seite zu ziehen und damit seine Sache auch für die Pompeianer annehmbar zu machen. Er sollte eine Art Gegengewicht bilden zu den Männern, die ihn in Rom in schlechten Ruf brachten, vgl. Kap. 51 Ende.
71 Vermutlich in dem verlorengegangenen 111. Buch seiner *Römischen Geschichte*. Vgl. auch Lucan 7,192 ff. – Die Be-

gebenheit aus Tralles (Kleinasien) berichtet auch Caesar (bell. civ. 3,105).

72 Stadt in Karien (im Südwesten Kleinasiens). Theopomp war ein Freund Caesars, nicht zu verwechseln mit dem Geschichtsschreiber Theopomp von Chios (etwa 380–305 v. Chr.). – Der im folgenden genannte Theodotos war der Hofmeister des jungen Ptolemaios, einer der Anstifter zu Pompeius' Ermordung.

73 Der Alexandrinische Krieg, von Herbst 48 bis Sommer 47. Ptolemaios und Kleopatra kämpften um den Thron, und Caesar berief sich für sein Eingreifen auf das Testament des verstorbenen Königs. Dieser hatte in seinem Testament das verbündete römische Volk als Vormund seiner Kinder eingesetzt (so Caes. bell. civ. 3,107 f.).

74 Zu den Truppen des Königs Ptolemaios, der gegen Kleopatra ins Feld gezogen war.

75 Die (neben der von Pergamon) berühmteste Bibliothek des Altertums im Museion, die zu ihrer Blütezeit 700 000 Buchrollen enthalten haben soll.

76 Er ertrank vermutlich im Nil. – Der Alexandrinische Krieg, der hier bei Plutarch nur kurz und daher etwas unklar geschildert wird, findet sich ausführlicher dargestellt im 3. Buch von Caesars Werk über den Bürgerkrieg.

77 Das berühmte *Veni, vidi, vici*, vgl. Suet. Caes. 37.

78 46 v. Chr.

79 Für die Soldaten war dies dennoch eine Strafe, da diese Anrede ihre unehrenhafte Ausschließung aus der Armee in Aussicht stellte. Vgl. Suet. Caes. 70; Tac. ann. 1,42. Die Soldaten baten um Verzeihung, Caesar ließ die Hauptradelsführer bestrafen.

80 Nämlich Opportunisten und Kriegsgewinnler, die Cicero in seinen Briefen »die Unterwelt« nennt. Caesar selbst sagte zu Cicero, als dieser sich weigerte, seine Politik zu unterstützen, ihm bliebe gar nichts anderes übrig, als auf Leute solchen Schlages zurückzugreifen, da alle ehrbaren Se-

natoren nichts mit ihm zu tun haben wollten (vgl. Cic. ad Att. 9, 18,3; Plut. Ant. 6 Ende).

81 König von Numidien und Mauretanien und ein erklärter Gegner Caesars.

82 Die berühmtesten Vertreter waren Scipio Africanus der Ältere, der 202 v. Chr. Hannibal bei Zama besiegte, und sein Adoptivenkel, Scipio Aemilianus Africanus der Jüngere, der 146 Karthago zerstörte.

83 An der Kleinen Syrte; die Schlacht bei Thapsos fand im Frühjahr 46 statt.

84 Cato erhielt danach den Beinamen Uticensis und wurde, wie Caesar wohl voraussah, zum Märtyrer der republikanischen Freiheit. Vgl. Anm. 5; Plut. Cato min. 58–71 und Lucans Epos vom Bürgerkrieg, dessen Held Cato ist.

85 Verfasser zahlreicher historischer und geographischer Schriften, darunter einer *Römischen Geschichte*, von denen jedoch nichts erhalten ist. Augustus setzte ihn später wieder als König ein.

86 Offenbar ein Mißverständnis Plutarchs. Wie aus Sueton (Caes. 41) hervorgeht, setzte Caesar die Zahl der Getreideempfänger in Rom von 320000 auf 150000 herab. 80000 römische Bürger siedelte er in überseeischen Kolonien an.

87 In der Nähe von Corduba, März 45 v. Chr.

88 Gemeint ist das römische Fest des Liber Pater, der von Plutarch mit Bakchos–Dionysos gleichgesetzt wird. – Der jüngere Sohn war Sextus Pompeius, der nach Caesars Tod noch auf der Seite des Brutus und Cassius zur See gegen Antonius und Octavian kämpfte und im Verlauf dieser Kämpfe umkam. Der ältere Sohn hieß wie sein Vater Gnaeus Pompeius.

89 Im Jahre 146 v. Chr. von Scipio Africanus dem Jüngeren bzw. Lucius Mummius zerstört, 45 v. Chr. wieder aufgebaut.

90 Diese Maßnahme brachte Caesar freilich keine Beliebtheit ein. Die ohne Auspizien vollzogene, daher nicht rechtsgültige Wahl von Caesars Legaten wirkte als eine Verhöhnung

der republikanischen Einrichtungen (vgl. Cic. ad fam. 7,30,1 f.; Suet. Caes. 76). Plutarch urteilt hier aus seiner Zeit heraus. Im Prinzipat war es üblich geworden, daß der Kaiser mehrere Konsuln im Jahr ernannte, um ihre Familien durch den konsularischen Rang zu ehren und emporzuheben. Dies hatte sich vor allem seit der gewaltigen Dezimierung der alten aristokratischen Familien in der Zeit Caligulas und Neros als notwendig erwiesen.

91 Seit der Niederlage bei Carrhae im Jahre 53, bei der der Triumvir Crassus den Tod gefunden hatte, bildete der Nachfolgestaat des persischen Großreiches eine stete Gefahr im Osten. Caesar hatte diese selbst noch vergrößert, indem er die Pufferstaaten am Rande des Imperiums, wie etwa das Königreich Pontus am Schwarzen Meer, dem römischen Herrschaftsgebiet einverleibt hatte. Neben diesen militärpolitischen Gründen kann man an eine Alexander-Imitatio denken. (Zu Caesars letzten Plänen und seinem Streben nach der Königswürde vgl. H. Gesche, *Caesar*, 151 f.).

92 Die Pontinischen Sümpfe, vgl. Suet. Caes. 44. Sie verursachten häufige Fiebererkrankungen (Malaria). Ihre völlige Trockenlegung wurde erst in diesem Jahrhundert verwirklicht.

93 Plut. Num. 18.

94 Der Julianische Kalender wurde erst 1582 durch den Gregorianischen des Papstes Gregor XIII. ersetzt.

95 Bei Plutarch, *Antonius 12*, findet sich diese Szene historisch richtig beim Luperkalienfest im Februar 44 (vgl. Kap. 61).

96 Lucius Junius Brutus, 509 v. Chr. erster Konsul der römischen Republik, hatte den König Tarquinius Superbus vertrieben. Brutus bedeutet: »dumm, einfältig«, und der Tyrannenbesieger soll diesen Namen erhalten haben, da er sich zur Tarnung seiner Pläne blödsinnig stellte. – Die Einwohner von Kyme an der kleinasiatischen Küste galten als beschränkt.

97 Zu Brutus' Vorfahren mütterlicherseits gehörte Servilius

Ahala, der im Jahre 439 den nach der Alleinherrschaft strebenden Spurius Maelius getötet haben sollte. Ahala genoß den Ruhm eines Tyrannenmörders. Cicero spielt bereits im Jahre 46 am Ende seiner rhetorischen Schrift *Brutus* auf die Rolle an, die Brutus als dem Nachfahren zweier so berühmter Geschlechter zufallen müsse (Cic. Brut. 331).

98 Die Stadtpraetur, das Amt des *Praetor urbanus,* der auch Gerichtsverhandlungen abhielt.

99 Plut. Brut. 8f. Dort wird ein Vorfall aus der Provinz berichtet, doch Plutarch fügt ausdrücklich hinzu, daß dies nicht der ausschlaggebende Grund für Cassius, den führenden Kopf der Verschwörung, war. Vielmehr habe sein Hauptbeweggrund in einer tiefeingewurzelten Abneigung gegen jede Art von Tyrannei bestanden. – Den Ausspruch Caesars über Brutus und Cassius hat Shakespeare in seinen *Julius Caesar* übernommen.

100 Griechischer Geograph, Historiker und Philosoph (etwa 63 v. Chr. – 19 n. Chr.). Sein Werk *Historische Kommentare,* das vermutlich die Stelle enthielt, ist verloren.

101 Der 15. März war als Termin für die Tat gewählt worden, da an diesem Tag im Senat der Antrag auf die Erteilung des Königstitels gestellt werden sollte. Für den 18. März war der Abmarsch Caesars zur Armee nach Makedonien und der Beginn des Feldzugs gegen die Parther festgesetzt. Vgl. Suet. Caes. 79 f.

102 Das Abbrechen der Zinnen zum Zeichen der Trauer vgl. Plut. Alex. 72.

103 Für den Fall, daß der erste Erbe, Caesars Großneffe und Adoptivsohn, C. Octavian, sterben sollte.

104 Er glaubte demzufolge weder an ein Leben nach dem Tode noch an dämonische Mächte. Vgl. auch Plut. Brut. 37.

105 Daß die zahlreichen Verschwörer vor Antonius Angst gehabt haben sollten, ist wenig einleuchtend. Cicero berichtet, Antonius sei von Trebonius, einem der Verschwörer, an der Tür zurückgehalten worden, da er selbst einmal Caesars Tod geplant habe (vgl. Cic. ad fam. 10,28,1; Cic. Phil.

2,34 und 74 sowie Plut. Ant. 13). Man wollte ihn daher schonen und sich nicht genötigt sehen, ihn ebenfalls zu töten, wenn er Caesar zu Hilfe kam. Auch wollte Brutus, daß seine Tat als Tyrannenmord nach griechischem Muster erscheine, bei dem nur der Tyrann selbst zum Opfer fiel.

106 Octavian. Sie starben bei den Proskriptionen während des zweiten Triumvirats Antonius–Octavian–Lepidus.

107 Am Hellespont, auf der asiatischen Seite der Dardanellenstraße. Die Erscheinung berichtet Plutarch auch Brut. 36. Die Schlacht von Philippi fand 42 v. Chr. statt.

108 Eine Gegenüberstellung des Griechen und des Römers, wie sie bei den meisten Parallelbiographien den Schluß bildet, ist bei *Alexander* und *Caesar* nicht erhalten. – Ein Vergleich Caesars mit Alexander findet sich bei Appian (2,149–154). In der Antoniusvita (Kap. 6) sagt Plutarch über Caesar zu Beginn des Bürgerkrieges: Ihn reizte zum Krieg gegen die ganze Welt eben das, was in früherer Zeit Alexander und noch früher Kyros dazu getrieben hatte: eine unersättliche Herrschsucht und ein wahnwitziges Bestreben, immer der Erste und der Größte zu sein.

Zeittafel zu »Caesar«

100 v. Chr.	Caesar geboren
88–84	Bürgerkrieg zwischen Marius und Sulla
82	Sulla erobert Rom, Proskriptionen
81–78	Caesar im Osten
78	Tod Sullas, Rückkehr Caesars nach Rom
76–74	Caesar in Griechenland
73	Caesar Militärtribun
70	Konsulat des Pompeius und Crassus
68	Caesar Quaestor in Spanien
65	Caesar kurulischer Aedil
63	Caesar Pontifex Maximus. Cicero Konsul, Catilinarische Verschwörung
62	Caesar Praetor. Clodius-Skandal
61	Caesar Propraetor in Spanien
60	Erstes Triumvirat zwischen Caesar, Pompeius und Crassus
59	Caesar Konsul
58–50	Caesar als Prokonsul in Gallien
58	Krieg gegen die Helvetier und Ariovist
57	Krieg gegen die Belger
56	Konferenz von Luca
55	Vernichtung der Usipeter und Tencterer, erster Rheinübergang, erste Expedition nach Britannien
54	Zweite Überfahrt nach Britannien, Tod der Tochter Julia. Aufstandsbewegung der Eburonen unter Ambiorix
52	Vercingetorix-Aufstand, Belagerung von Alesia
51/50	Gallien vollständig besiegt. Caesar plant zweites Konsulat, diplomatische Auseinandersetzungen
49	Caesar überschreitet den Rubikon, Ausbruch des Bürgerkriegs, Einnahme von Italien
48	Übergang nach Epirus, Schlacht bei Dyrrhachium. Sieg bei Pharsalos. Alexandrinischer Krieg

47	Krieg gegen Pharnakes in Kleinasien
46	Feldzug in Afrika, Sieg bei Thapsos. Freitod Catos in Utica
45	Spanienfeldzug gegen die Söhne des Pompeius. Sieg bei Munda
45	Caesar Diktator auf Lebenszeit
44	15. März: Caesar ermordet
43	Octavian Konsul, 2. Triumvirat Octavian–Antonius–Lepidus
43/42	Krieg gegen die Caesarmörder
42	Schlacht bei Philippi, Antonius schlägt Cassius und Brutus, Selbstmord beider

Literaturhinweise

Der Übersetzung liegt die Ausgabe von C. Lindskog/K. Ziegler zugrunde: Plutarchi Vitae Parallelae. Stuttgart: Teubner, 1968.

Weitere Ausgaben und Übersetzungen

Plutarch: Große Griechen und Römer. Bd. 5. Übers. von K. Ziegler und W. Wuhrmann. Zürich 1966.
Plutarch: Heldenleben. Übers. von W. Ax. Stuttgart 1953.
Plutarch: Alexander. A Commentary. Hrsg. von J. R. Hamilton. Oxford 1969.
Plutarchi Vita Caesaris. Hrsg. von A. Garzetti. Florenz 1954. [Text mit Komm. und ital. Übers.]
Plutarch: Alexander. Griech. Hrsg. von O. Veh. Bamberg 1978.
Plutarch: Caesar. Griech. Hrsg. von O. Veh. Bamberg 1979

Antike Quellen und Zeugnisse in Übersetzungen

Zu Alexander

Arrian: Alexanders des Großen Siegeszug durch Asien. Übers. von W. Capelle. Zürich 1950.
Curtius Rufus: Geschichte Alexanders des Großen. Lat./Dt. Übers. von H. Schönfeld. München 1954.
Curtius Rufus: Geschichte Alexanders des Großen. Übers. von J. Siebelis. München 1961.
Diodorus Siculus: Geschichtsbibliothek. Buch 17. Übers. von A. Wahrmund. Stuttgart 1866–69.
Diodorus Siculus: Bibliotheca historica. Griech./Engl. Hrsg. von C. H. Oldfather. London 1933 ff.
Geschichte im Altertum. Bd. 4: Alexander. Hrsg. von J. Rehork. Hamburg 1964. [Ausz. aus: Arrian, Curtius Rufus, Plutarch, Alexanderroman.]

Leben und Taten Alexanders von Makedonien. Der griechische Alexanderroman. Hrsg. und übers. von H. van Thiel. Berlin 1971; Darmstadt 1974.

Zu Caesar

Caesar: De bello Gallico/Der Gallische Krieg. Lat./Dt. Hrsg. von Marieluise Deißmann. Stuttgart 1979. (Reclams Universal-Bibliothek. Nr. 9960 [8].) Auch einsprachig: Reclams Universal-Bibliothek. Nr. 1012 [4].
Caesar: Der Bürgerkrieg. Hrsg. von Marieluise Deißmann. Stuttgart 1971 [u.ö.]. (Reclams Universal-Bibliothek. Nr. 1090 [3].)
Appian: Römische Geschichte. Übers. von F. L. Dillenius. Stuttgart 1828–37.
Appian's Roman History. Griech./Engl. Übers. von H. White. London 1913.
Dio Cassius: Römische Geschichte. Übers. von L. Tafel. Stuttgart 1831–44.
Dio Cassius: Historia Romana. Griech./Engl. London 1914–27.
Lucanus: Bellum civile. Der Bürgerkrieg. Lat./Dt. Übers. von W. Ehlers. München 1973 / Darmstadt 1977.
Sueton: Caesarenleben. Übers. von M. Heinemann. Stuttgart 1951.
Sueton: Leben der Caesaren. Übers. von A. Lambert. München 1978.
Velleius Paterculus: Römische Geschichte. Übers. von F. Eyssenhardt. Berlin 1930.
Velleius Paterculus: Compendium of Roman History. Lat./Engl. Übers. von F. W. Shipley. London 1924.
Geschichte im Altertum: Rom – Niedergang der Republik. Hrsg. von J. Rehork. Hamburg 1964.

Sekundärliteratur

Zu Plutarch

Barrow, R. H.: Plutarch and his Times. London 1967.
Dihle, A.: Studien zur griechischen Biographie. Göttingen 1956. (Abhandlungen der Akademie der Wissenschaften in Göttingen. Philol.-hist. Klasse. 3. Folge. Nr. 37.)
Hirzel, R.: Plutarch. Leipzig 1912.
Jones, C. P.: Plutarch and Rome. Oxford 1971.
Leo, F.: Die griechisch-römische Biographie nach ihrer literarischen Form. Leipzig 1901. Neudr. Hildesheim 1965.
Pelling, C. B. R.: Plutarch, Alexander und Caesar: Two new Fragments? In: Classical Quarterly 67 (1973) S. 343f.
Rabe, I.: Quellenkritische Untersuchungen zu Plutarchs Alexanderbiographie. Hamburg 1964.
Russell, D. A.: Plutarch. London 1973.
Steidle, W.: Sueton und die antike Biographie. München ²1963. (Zetemata. Bd. 1.)
Theander, C.: Plutarch und die Geschichte. Lund 1951.
Uxkull-Gyllenbrand, W.: Plutarch und die griechische Biographie. Stuttgart 1927.
Wardman, A. C.: Plutarch und Alexander. In: Classical Quarterly 49 (1955) S. 96–107.
Weizsäcker, A.: Untersuchungen über Plutarchs biographische Technik. Berlin 1931.
Ziegler, K.: Plutarchos von Chaironea. Sonderdruck aus: Paulys Realencyclopädie der classischen Altertumswissenschaft. Stuttgart 1949; München 1964.

Zu Alexander

Badian, E.: Alexander the Great [Literaturbericht]. In: Classical World 65 (1971) S. 37–56.

Bamm, P.: Alexander oder die Verwandlung der Welt. Zürich 1965.

Bamm, P.: Alexander. Ein königliches Leben. Zürich 1968.

Bengtson, H. (Hrsg.): Griechen und Perser. Die Mittelmeerwelt im Altertum I. Frankfurt a. M. 1967.

Berve, H.: Das Alexanderreich auf prosopographischer Grundlage. München 1926.

Demandt, A.: Politische Aspekte im Alexanderbild der Neuzeit. Ein Beitrag zur historischen Methodenkritik. Köln/Wien 1979. (Archiv für Kulturgeschichte. H. 54.)

Droysen, J. G.: Geschichte Alexanders des Großen. Berlin 1917; Stuttgart 1941; München 1955.

Fox, R. L.: Alexander der Große – Eroberer der Welt. München 1978.

Green, P.: Alexander der Große – Mensch oder Mythos. Würzburg 1970. [Mit Foto- und Kartenmaterial.]

Hampl, F.: Alexander der Große. Göttingen 1958. (Persönlichkeit und Geschichte. Bd. 9.)

Heuss, A.: Alexander der Große und die politische Ideologie des Altertums. Hamburg 1954. – Jetzt in: H. Kloft (Hrsg.): Ideologie und Herrschaft in der Antike. Darmstadt 1979. (Wege der Forschung. Bd. 528.)

Hoffmann, W.: Das literarische Porträt Alexanders im griechischen und römischen Altertum. Leipzig 1907.

Kaerst, J.: Geschichte des Hellenismus. Leipzig/Berlin ³1926/1927. Neudr. Darmstadt 1968.

Lauffer, S.: Alexander der Große. München 1978.

Renault, M.: Alexander. Wiesbaden 1978.

Schachermeyr, F.: Alexander der Große. Das Problem seiner Persönlichkeit und seines Wirkens. Wien 1973.

Schachermeyr, F.: Alexander in Babylon und die Reichsordnung nach seinem Tode. Wien/Köln/Graz 1970. (Österreichi-

sche Akademie der Wissenschaften. Philol.-hist. Klasse. Sitzungsberichte. 268, 3.) S. 81–186.
Seibert, J.: Alexander der Große. Darmstadt 1972. (Erträge der Forschung. Bd. 10.) [Mit ausführlicher Bibliogr.]
Stark, F.: Auf den Spuren Alexanders durch die unbekannte Türkei. Stuttgart 1962.
Stroux, J.: Die stoische Beurteilung Alexanders des Großen. In: Philologus 88 (1935) N. F. Bd. 42. S. 222–240.
Taeger, F.: Charisma. Stuttgart 1957.
Tarn, W.W.: Alexander der Große. Neudr. Darmstadt 1968.
Veloudis, G.: Alexander der Große, ein alter Neugrieche. München 1969.
Wilcken, U.: Alexander der Große. Leipzig 1931.
Wirth, G.: Alexander der Große. Reinbek 1971.

Zu Caesar

Altkamp, I.: Die Gestaltung Caesars bei Plutarch und Shakespeare. Bonn 1933.
Christ, K.: Krise und Untergang der römischen Republik. Darmstadt 1979.
Gelzer, M.: Caesar. Der Politiker und Staatsmann. Wiesbaden 1960.
Gesche, H.: Caesar. Darmstadt 1976. (Erträge der Forschung. Bd. 51.) [Mit ausführlichen Literaturangaben.]
Klingner, F.: G. Julius Caesar. In: Römische Geisteswelt. München 1961. S. 90–110. Neudr. Stuttgart 1979.
Kraft, K.: Der goldene Kranz Caesars und der Kampf um die Entlarvung des Tyrannen. Darmstadt ²1968.
Meyer, E.: Caesars Monarchie und das Principat des Pompejus. Stuttgart ³1922. Neudr. Darmstadt ³1978.
Oppermann, H.: Caesar, Reinbek 1968.
Rasmussen, D. (Hrsg.): Caesar. Darmstadt ²1976. (Wege der Forschung. Bd. 43.)

Seel, O.: Caesarstudien. Stuttgart 1967.
Strasburger, H.: Caesars Eintritt in die Geschichte. Darmstadt 1966.
Strasburger, H.: Caesar im Urteil seiner Zeitgenossen. Darmstadt ²1968. (Libelli. Bd. 158.)
Syme, R.: Die römische Revolution. Stuttgart 1957.
Willrich, H.: Cicero und Caesar. Göttingen 1944.
Wlosok, A. (Hrsg.): Römischer Kaiserkult. Darmstadt 1979. (Wege der Forschung. Bd. 372.)

Nachwort

Plutarch ist um das Jahr 46 n. Chr. in dem kleinen böotischen Städtchen Chaironeia geboren. Der Name des Ortes wurde zum Symbol für das Ende der griechischen Autonomie, seit die Griechen dort im Jahre 338 v. Chr. von Philipp und Alexander von Makedonien vernichtend geschlagen wurden. Plutarch hat fast sein ganzes Leben dort zugebracht (gest. 125 n. Chr.), abgesehen von einigen Reisen, die ihn auch mehrmals nach Rom führten, sowie seinen Aufenthalten in Delphi, wo er ein Priesteramt bekleidete. Von provinzieller Enge kann jedoch bei ihm keine Rede sein, dafür zeugt die ungeheure Fülle und Vielfalt seines Schaffens. Seine Bodenständigkeit hat eher einen positiven Einfluß auf ihn ausgeübt: Seine Schriften zeigen ihn als einen Menschen, der bei aller Differenziertheit und subtilen Intelligenz eines Spätgeborenen immer die Mitte und den sicheren Standpunkt wahrt. Als Anhänger der Platonischen Akademie sowie der Stoa nahestehend, rhetorisch gebildet und gewandt, sammelte er in seinem Hause einen Kreis interessierter junger Leute um sich, mit denen er in Lehrvorträgen und Diskussionen philosophische Fragen im weitesten Sinne behandelte. Die Frucht dieser Tätigkeit bildet eine umfangreiche Sammlung populärwissenschaftlicher Abhandlungen und Dialoge über religiöse, philosophische, politische, pädagogische und andere allgemein interessierende Fragen. Man faßt die Sammlung heute unter dem Titel *Moralia* zusammen.

Auch das Werk seiner späteren Jahre, die vergleichenden Lebensbeschreibungen, stehen unter einem lehrhaften Aspekt. In der Vorrede zum *Aemilius Paullus* berichtet Plutarch, er sei durch die Anregung anderer zum Verfassen von Lebensbeschreibungen gekommen, sei aber dabei geblieben, indem er versuche, vor der Geschichte wie vor einem Spiegel sein Leben nach dem sittlichen Vorbild der großen Männer zu formen. Verfasser wie Leser könnten jeden einzelnen wie einen Gast bei sich empfangen und seine großen und denkwürdigen Taten studieren und die bemerkenswertesten auswählen. Freilich sind nicht alle Gestalten Plutarchs nachahmenswerte Vorbilder. Im Anfangskapitel der Biographien des Demetrios und Antonius bemerkt Plutarch, es sei auch nützlich, das Leben solcher Männer zu kennen, die sich durch Laster und Gewalt hervorgetan hätten. Man werde dadurch um so bereitwilliger sein, die vorbildlichen Lebensläufe nicht nur zu betrachten, sondern nachzuahmen. Und Plutarch bringt in der für ihn charakteristischen Anschaulichkeit das Beispiel eines Flötenlehrers, der seinen Schülern sowohl gute als auch schlechte Flötenspieler vorführte und ihnen dadurch die Einsicht vermittelte, welches Spiel das bessere und daher nachahmenswerte sei.

Die Darstellung soll also eine moralische Wirkung auf den Leser haben. Das hört sich etwas streng und schulmeisterlich an, man braucht jedoch in Plutarchs Biographien keinen erhobenen Zeigefinger zu fürchten. Dazu nimmt er seine Aufgabe als Biograph zu ernst, als daß ihm seine Lebensbeschreibungen nur zur Illustration ethischer Themen dienten. Auch spürt man, mit welch innerer Anteilnahme Plutarch den Lebensweg seiner Helden begleitet. Nicht umsonst hat er eine solch große Wirkung auf die Nachwelt gehabt, auf Shakespeare, Goethe und Schiller, um nur die Allergrößten seiner Bewunderer zu nennen. Auch moderne Sachbücher über Themen aus der antiken Welt kommen nicht ohne Plutarch aus: Wo ein besonders lebendiger Zug die Aufmerksamkeit fesselt, kann man in den allermeisten Fällen sicher sein, daß er von Plutarch stammt.

Die Gegenüberstellung je eines Griechen und eines Römers zeigt Plutarch als einen Bürger des römischen Weltreiches trajanischer Prägung, das die Verschmelzung des griechischen und des römischen Kulturkreises anstrebt. Das Biographienwerk hat Plutarch einem vertrauten Freund und einflußreichen Mitarbeiter des Kaisers Trajan gewidmet: Sosius Senecio. Er war der Repräsentant einer Politik, die über die kulturelle Einheit hinaus auf eine friedvolle Zusammenarbeit von Griechen und Römern im Rahmen der römischen Provinzialpolitik gerichtet war. Männer wie Plutarch, die sich nicht mit einem nostalgischen Rückblick auf die ehemalige Größe von Hellas begnügten, sondern Ämter in der Verwaltung übernahmen, mochten sie auch untergeordneten Ranges sein, erwiesen sich als Diener dieser Aufgabe und genossen dafür die Wertschätzung des Kaisers und seiner Umgebung. 22 Parallelbiographien sind uns erhalten, dazu einige Einzelbiographien. Der Rahmen spannt sich von mythischen Helden wie Theseus und Romulus bis zur neueren römischen Geschichte, dem Leben der Kaiser Galba und Otho. Veröffentlicht wurden die Biographien etwa zwischen 110 und 115 n. Chr.

Wieviel Plutarch seinen Vorgängern im Hinblick auf die literarische Form der Biographie verdankt, läßt sich nicht genau bestimmen, da die frühhellenistische Literatur weitgehend verloren ist und wir daher nur auf Hypothesen angewiesen sind. Wir wissen von einer peripatetischen und einer alexandrinischen Form der Biographie, kennen auch die seit dem 4. Jahrhundert v. Chr. aufgekommene Enkomienliteratur (z.B. Isokrates und Xenophon in ihren Lobschriften des Euagoras und Agesilaos); aber Plutarch nimmt ebenso wie der Römer Cornelius Nepos eine Sonderstellung ein, für die keine unmittelbaren Vorbilder ersichtlich sind. Als Quellen dienten Plutarch Geschichtswerke verschiedenster Art. Spruch- und Anekdotensammlungen und all die reichen Früchte alexandrinischer Gelehrsamkeit.

Auch die Rhetorik hat Plutarch beeinflußt. Hier ist vor allem die Gattung der epideiktischen Beredsamkeit zu

nennen, die Lob- und Tadelreden umfaßt. In den Rhetorenschulen wurden Vortragsübungen abgehalten, bei denen berühmte Männer zu loben oder zu tadeln waren. Eine vergleichende Gegenüberstellung schloß sich an, in der festgestellt wurde, welcher Mann der bessere und welcher der schlechtere gewesen sei. Wie der römische Redelehrer Quintilian, ein Zeitgenosse Plutarchs, berichtet (Inst. 2,20), galten diese rhetorischen Übungen als sehr wertvoll, da sie nicht nur rednerische, sondern auch moralische Bildung vermittelten.
Worauf es Plutarch bei der Gestaltung seiner Viten ankam, sagt er in seiner Einleitung zum *Alexander*, wo er die Aufgabe des Biographen von der des Geschichtsschreibers abgrenzt: Nicht die Haupt- und Staatsaktionen will er hervorheben, sondern das Persönliche in verschiedenen Einzelzügen ist das Ziel seiner Darstellung; und so sind die Anekdoten jeweils das wichtigste charakterisierende Element, in denen wie in einem Brennspiegel die Eigenart des Wesens aufleuchtet. Alexanders Lösung des Gordischen Knotens und Caesars berühmter Ausspruch, er wolle lieber in einem kleinen Dorf der Erste sein als in Rom der Zweite, sagen in der Tat mehr über beide Männer aus als manche historisch-biographische Analyse. Freilich fand Plutarch diese Geschichten schon in seinen Quellen, doch er hat sie ausgewählt, oft nicht zur Freude der Historiker, die lieber andere Schätze aus dem reichen und heute verlorenen Gut der hellenistischen Überlieferung gehoben sähen, und hat ihnen ihren Stellenwert gegeben. Die Anekdoten bilden meist Schlußpunkt und Quintessenz einer vorausgegangenen historischen Darstellung. Als Beispiel sei die Geschichte vom Tode des Kleitos genannt (*Alexander*, Kap. 50 ff.). Plutarch beschreibt zunächst die Verschmelzungspolitik Alexanders, der Makedonen und Perser zu gleichberechtigten Partnern seines Reiches machen will. Er gewinnt zwar die Perser für sich, aber bei den Makedonen, beson-

ders bei den Älteren unter ihnen, wachsen Mißtrauen und Entfremdung. Die dramatisch gestaltete Bankettszene mit dem Streit, der in der Ermordung des Kleitos durch Alexander seinen Höhepunkt und sein jähes Ende findet, veranschaulicht den durch die Annäherungspolitik verursachten Konflikt; die Szene ist aber gleichermaßen bedeutsam für die Charakteristik Alexanders, dessen so oft geübte und gerühmte ἐγκράτεια, seine Selbstbeherrschung und Mäßigung, bei einer solch dämonischwilden Veranlagung als charakterliche Leistung erscheint.
Doch Plutarch beschränkt sich nicht auf das mehr indirekte Charakterisierungsmittel der Anekdoten; er gibt auch, wo es ihm nötig erscheint, sein wohlabgewogenes und oft überraschend treffsicheres Urteil ab. So sagt er über Caesar, an dem er wie an Alexander als hervorstechende Charaktereigenschaft die φιλοτιμία, den brennenden Ehrgeiz und das Streben nach Macht und Ruhm, hervorhebt, seine bisherigen Erfolge hätten ihn niemals zufriedengestellt, sondern ihn stets nur zu neuen Taten aufgestachelt. Diese seine Leidenschaft nennt Plutarch eine Art von Eifersucht auf sich selbst wie auf einen Rivalen, ein ehrgeiziges Bemühen, sich dauernd selbst zu übertreffen (Kap. 58). Dieses Machtstreben um jeden Preis verfolgt Plutarch in der Caesarvita in allen seinen Manifestationen. Caesars Laufbahn ist bei ihm von Anfang an auf den Aufstieg zur Alleinherrschaft ausgerichtet, und er betont Caesars unbeirrtes, skrupelloses Vorwärtsschreiten auf diesem Weg. Plutarch, der so oft von den Historikern allzu großer Quellengläubigkeit bezichtigt wird, ist hier hellsichtiger als manche seiner Kritiker. Er nimmt Caesars eigene Worte nicht für bare Münze; er glaubt an keine defensive Politik Caesars vor dem Ausbruch des Bürgerkrieges und bezweifelt seine oft beteuerte Versöhnungsbereitschaft im Kriege. Caesar ist für ihn stets der rücksichtslose Machtpolitiker und der über-

legene Meister aller politischen Mittel. Auch die kurze Bilanz am Ende der Caesarvita steht unter diesem Gesichtspunkt (Kap. 69).

Die schrankenlose *philotimia* des Bürgers einer Republik muß zwangsläufig zur Tyrannis führen, die Plutarch nicht billigen kann, während er den Makedonenkönig, der seine unersättliche Ruhmbegierde in die Bahnen von Kriegszügen in fremde Länder lenken kann, zuweilen mit dem Strahlenkranz eines zweiten Achill umgibt. Wie schon in seinem Jugendwerk *Über das Glück oder die Tüchtigkeit Alexanders* nimmt er seinen Helden gegen die alexanderfeindliche Überlieferung der Peripatetikerschule in Schutz, die aus persönlichen und politischen Motiven das Bild eines Despoten gezeichnet hatte, der seine großen Taten einzig dem Glück zu verdanken hatte und dann am Übermaß seines Erfolges zugrunde ging. Plutarch entwirft dagegen ein Porträt Alexanders, das dessen Großzügigkeit und Selbstbeherrschung hervorhebt. Er folgt dabei der Maxime, die er in der Vorrede zu *Kimon* und *Lucullus* formuliert hatte und die für sein gesamtes Biographienwerk verbindlich ist: Wie die Maler, die die Mängel ihrer Modelle weder allzusehr hervorheben noch ganz weglassen dürfen, so glaubt auch Plutarch sich verpflichtet, das Gute an jedem genau und der Wahrheit gemäß darzustellen. Da man aber schwerlich einen völlig tadellosen und in allem vorbildlichen Charakter finden kann, will er die Fehler und Schwächen eines jeden mehr als ein Zurückbleiben hinter dem Ideal denn als vorsätzliche Übeltaten ansehen, über die man nicht zuviel Worte machen soll, gleichsam mit einem Gefühl des Bedauerns darüber, daß es der menschlichen Natur in ihrer Unzulänglichkeit nicht möglich ist, einen völlig einwandfreien Charakter hervorzubringen.

Inhalt

Alexander	3
Anmerkungen zu »Alexander«	100
Zeittafel zu »Alexander«	114
Caesar	115
Anmerkungen zu »Caesar«	194
Zeittafel zu »Caesar«	207
Literaturhinweise	209
Nachwort	215

Griechische Literatur

IN RECLAMS UNIVERSAL-BIBLIOTHEK

Aischylos, Der gefesselte Prometheus. 988 – Orestie I: Agamemnon. 1059 – II: Die Totenspende. 1063 – III: Die Eumeniden. 1097 – Die Perser. 1008 – Die Schutzsuchenden. 1038 – Sieben gegen Theben. 1025

Aristophanes, Die Frösche. 1154 [2] – Lysistrate. 6890 – Die Vögel. 1379 [2] – Die Wolken. 6498 [2]

Aristoteles, Metaphysik. 7913 [6] – Nikomachische Ethik. 8586 [5] – Poetik. 2337 – Der Staat der Athener. 3010

Demosthenes, Rede über den Kranz. 914 [2]

Epiktet, Handbüchlein der Ethik. 2001

Euripides, Die Bakchen. 940 – Hippolytos. 8601 – Iphigenie bei den Taurern. 737 – Iphigenie in Aulis. 7099 – Medea. 849

Griechische Lyrik in deutschen Übertragungen. 1921 [3]

Griechische Satyrspiele von Euripides, Sophokles und Aischylos. 8387

Heliodor, Die äthiopischen Abenteuer von Theagenes und Charikleia. 9384 [5]

Herodot, Die Bücher der Geschichte. 1.–4. Buch. Auswahl. 2200 [2] – 5.–6. Buch. Auswahl. 2204 – 7. bis 9. Buch. Auswahl. 2206 [2]

Herondas, Mimiamben. 8569

Homer, Ilias. 249 [5] – Odyssee. 280 [4]

Longos, Daphnis und Chloe. 6911 [2]

Lukian, Gespräche der Götter und Meergötter, der Toten und der Hetären. 1133 [3]

Menander, Das Schiedsgericht. 8676

Platon, Apologie und Kriton. 895 – Charmides. Griechisch und deutsch. 9861 [2] – Euthyphron. Griechisch und deutsch. 9897 – Das Gastmahl oder Von der Liebe. 927 [2] – Gorgias oder Über die Beredsamkeit. 2046 [2] – Laches. Griechisch und deutsch. 1785 [2] – Phaidon oder Von der Unsterblichkeit der Seele. 918 [2] – Phaidros oder Vom Schönen. 5789 [2] – Der siebente Brief. 8892 – Der Staat. 8205 [8]

Plotin, Ausgewählte Schriften. 9479 [4]

Plutarch, Perikles. – Fabius Maximus. 2323 [2]

Polybios, Historien. 6210 [2]

Sophokles, Antigone. 659 – Elektra. 711 – König Oidipus. 630 – Oidipus auf Kolonos. 641 – Philoktet. 709

Theophrast, Charaktere. Griechisch und deutsch. 619 [2]

Thukydides, Der Peloponnesische Krieg. 1807 [5]

Xenophon, Anabasis. 1184 [3] – Erinnerungen an Sokrates. 1855 [2]

Philipp Reclam jun. Stuttgart